개정3판

글로벌시대의
국제금융론

최 해 범 저

도서출판 두남

개정3판을 출간하면서

21세기 이후 세계금융 흐름의 변화는 과거 수십년 간에 걸쳐 진행돼 온 환경적 변혁을 크게 추월하고 있다. 특히 2020년에 들어서 세계금융시장이 빠른 속도로 통합되고 있고, 그 동안 미국, 영국, 일본, 독일 등 선진지역의 전유물로 여겨지던 금융거래량이며, 그 규모가 세계 전역으로 골고루 확산되면서 금융을 근거로 발전해오던 다국적 기업들의 자금 조달과 그 윤용이 훨씬 다양화되고 효율화되고 있는 모습이다.

2020년이 끝나가는 오늘날, 여전히 세계금융 질서는 세계경제의 흐름을 좌우할 수 있는 중요한 부문이다. 특히 미국에서는 새 정부가 탄생하는 시점에 있는데다, 미·중 무역분쟁이라는 세계경제에의 먹구름이 서서히 감지되고 있는 모습이기도 하다. 세계경제의 특징으로 지정돼 왔던 침체와 불황은 자유무역에 대한 재검토가 시사되고 있는 시점이고, 지역에 따라서는 신보호무역에 대한 관심을 보여주기도 한다.

FTA라는 자유무역기조에 대해 각국은 그 이해관계에 따라 반성과 재고를 논의하고 있는 실정이고, 그 개선에 대해서도 각국들이 논의를 하고 있다. 선진국들의 자국 보호주의가 등장하면서 금리인상이며 해외투자 제한 등이 추진되고 있는 시점에서 환율의 급등락이 또 다른 경제풍향을 좌우할 수 있게 된 것이다. 환율의 급등락, 국제외환시장의 움직임 등에 따라 각국의 경제가 적잖게 영향을 받을 수 있는 시점이다.

우리의 경제를 보건대 매일의 환율변동이 수출과 수입에 엄청난 영향을 미치게 된다는 점은 익히 잘 아는 바이다. 대외의존도가 높은 국가들 대부분이 우리와 흡사할 것이다.

게다가 금년 초부터 확산되기 시작한 코로나 19는 그나마 조금씩 회복되던 우리경제에 엄청난 충격을 주기도 했다. 그럼에도 불구하고 외환거래를 하는 대부분의 외환거래자들에게는 어떻게 하면 그 같은 환율변동에 적절히 대응할 수 있을 것인가의 문제도 제기되고 있는 상황이다. 정부 차원에서도 외환문제를 소홀이 다룰 수 없는 입장이다. 예상과 다른 환율의 변동은 결국 수출입은 물론, 작금의 부채구조 등 국제재무상태에 큰 영향을 미침으로써 결과적으로 국가경제에 파급될 수밖에 없기 때문이다.

2013년 2월 『글로벌시대의 국제금융론』이란 제목으로 개정판을 낸 이후 국제경제에는 큰 변화가 있다. 그 동안 여러 가지 바쁜 일정 때문에 미루어 왔던 개정3판을 출간하기로 하였다. 기본적인 골격은 기존의 교과서를 기본으로 하고, 금융환경에서 변화된 부문이나 시기적으로 추가해야 할 내용 중심으로 작성하고자 한다.

이제껏 대부분의 대학이나 대학원에서 국제금융 관련 과목은 거의 필수로 학생들에게 가르치고 있다. 그만큼 오늘날 국제경제 흐름에서 실물경제 못지 않게 금융이 중요한 요소로 자리잡고 있다는 증거다. 심지어 최근에는 중고등학교에서도 부분적이긴 하나 국제금융에 관한 기본적인 소양교육을 실시하는 경우도 있다. 무엇보다도 학생들로 하여금 금융에 관한 기초지식이며 기본원리를 터득하도록 하는 게 필요한 시점이기 때문이다. 따라서 글로벌 시대의 국제금융의 이론과 실제에 관해 부분적인 보완과 개정을 시도하기로 하였음을 밝혀둔다.

개정3판 출간에서 중점적으로 고려했던 부문은 다음과 같다. 첫째, 국제금융과 세계경제를 효율적으로 연결시킬 수 있는 다국적 기업의 자금조달과 그 운용을 포함시켰다. 둘째, 환위험관리를 포함해서 파생금융상품 등에 관해 좀 더 구체적으로 언급하였고 특히 통화스왑거래, 통화선물거래, 통화옵션거래 등 최신 파생금융상품에 관한 내용을 보완하였다. 셋째, 국제수지 조정정책 내용을 신설하였고 한국의 국제금융 시스템을 추가하였다. 넷째, 국가 및 지역별 외환위기 발생현황 등도 점검하였다.

하지만 보완과 수정을 거듭하긴 했지만 본인이 보기에는 여전히 부족하고 미흡함을 인정하지 않을 수 없다. 한계가 많음을 인정하면서 죄송스런 마음을 금할 수가 없다. 통상 학문적 실력이 부족한 데 큰 원인이 있겠으나 국제금융론 자체가 비교적 변화가 심한 분야이고, 환경 자체에서 포괄해야 할 일부 분야들이 계속 추가되고 있는 게 사실이다. 특히 계량화가 요구되는 분야도 많이 등장하고 있는 실정이다. 거듭 말씀드리지만 저서라기보다는 학생들의 순수한 교재용임을 감안해 국내외의 문헌을 그대로 인용하는 경우도 있었음을 미리 알리고자 한다. 이번 개정3판을 마무리하는 과정에서 도서출판 두남과 그리고 참고한 여러 저서의 교수님들께 이 기회를 통해 감사의 말씀을 전하고자 한다.

2021년 8월
저자 씀

개정판에 즈음하여

『글로벌시대의 국제금융론』을 출간한 지도 어언 4년이 흘렀다. 그동안 세계경제 환경 특히 금융환경의 변화는 과거 10년 이상의 변화에 버금갈 정도로 크고, 다이나믹 했다. 리먼브러더스 사태로 대표되던 미국의 금융위기가 진정되자, 2010년에 들어서는 유럽 각국의 재정위기 현상이 세계경제를 비상시국으로 몰고 갔다.

특히 그리스, 스페인, 이탈리아로 이어지는 재정위기는 유로화를 공통통화로 사용하던 유럽경제 전역을 불안의 도가니로 몰고 갔었다. 자연히 유럽경제의 혼란은 그와 직·간접으로 교류하고 있던 여타 세계 각국의 경제사정에 심대한 영향을 미쳤다. 자본이동이 자유롭고 글로벌화가 심화되고 있는 작금의 각국경제로서는 그 영향권에서 벗어나기 어렵다고 볼 수 있다.

솔직히 본 저서가 출간한 2010년 이후부터는 당시까지의 경우와 달리 국가 간의 자본이동이 날로 확대되는가 하면, 국제금융시장에는 하루가 다르게 새로운 금융상품들이 등장하면서, 국제금융관련 리스크가 늘 수반되는 등 각국의 경제주변을 맴돌고 있는 상황이다. 더구나 세계금융시장이 크게 변혁되고 개혁되는 모습에 지구촌의 국가들과 기업 및 개인들이 직면하면서, 지금까지의 산업자본주의, 수정자본주의, 신자본주의의 범주를 넘어, 이제는 금융이 오히려 세계 경제의 흐름을 좌우하는 느낌을 더 강하게 받는다. 국제금융의 팩터가 정말 중요해지고 있음을 말해주는 것이다.

세계금융의 환경이 이렇게 급변하고 있는 이유는 FTA 등 각국 경제 간의 상호의존성이 그만큼 높아졌고, 따라서 상호의존성의 심화는 어느 국가든 세계경제의 한 부문으로 활동하고 있고, 그들 국가 간의 교류 폭이 상상을 초월할 정도로 확대되고 있는데 그 원인이 있으며, 여기에 그것을 가능케 하는 정보통신기술의 발전이다. 이에 따라 국제금융이론도 나날이 발전되고 있는바 본서가 출간될 때부터 자금까지 세계 금융관련 저서와 논문들이 많이 등장하고 있다.

결국 세계 각국들의 경제동향처럼 해외자본의 국내 유·출입에 대해 관심을 갖지 않을 수 없으며, 자연히 본서도 국제금융과 관련한 이론적 토대며 갖가지 효과에 관한 분석과 연구가 중요하다는 전제하에 출발했다. 게다가 국가, 개별기업이며 은행, 그리고 모든 경제주체들이 대외결제, 대외자금의 조달과 운용, 더구나 외환투기라는 현실적 문제에서부터, 국제수지에 이르기까지 국제금융에 관한 이론함양과 실무능력 배양을 더 없이 중시하고 있는 것도 사실이다.

2013년에 들어서도 계속적으로 선진제국은 물론, 국제금융활동을 하고 있는 모든 국가들에서 국제금융부문에 대한 관심이 높아지고 있음이 그것을 말해준다. 최근 들어 일부 실무가나 전문학자들의 전유물로 취급돼 오던 특수 분야라고 여겨지던 국제금융론이 이제는 개인이나, 기업, 정부 등 모든 경제주체들로 하여금 상식적인 학문분야로 인식될 정도로 그 중요성이 더없이 높아지고 있고, 어느 국가든 마찬가지다.

2012년 이후에도 세계 금융시장의 흐름과 그 파장이 바로 세계경제의 풍향을 좌우하고 있음을 우리는 지켜보고 있다. 국제금융이동의 원활화와 국제금융시장의 움직임 등에 따라 각국의 경제가 심하게 요동칠 수도 있다는 사실을 말해준다. 예컨대 미국 FRB의 금리정책 움직임이며, 미국 금융시장의 안정성 여부는 바로 세계 각국의 국내 주식시장 등 금융경제 바로 영향을 미칠 수 있음을 우리는 지켜보고 있고, 특히 유럽의 재정위기로 촉발된 세계 금융여건의 변화 가능성은 모든 국가들의 관심의 대상이 되고 있는 것이다.

저자가 이 책을 집필하게 된 목적은 국제금융 분야에서 새로운 흐름으로 등장하고 있는 환율경제학, 국제재무학, 국제거시경제학, 국제금융시장론, 환위험관리 문제 그리고 상호의존 경제이론 등을 일관성 있게 체계적으로 정리하여, 국제금융을 쉽게 이해할 수 있는 강의교재를 만드는 데 있었는데, 4년이 지나면서 많은 독자들의 지적과 금융환경의 변화를 폭넓게 수용하라는 질책이 여기저기서 제기됐던 게 사실이다. 그동안 개정판을 신속해 내놓지 못한 것은 순전히 저자의 태만 때문임을 고백하고자 한다.

본 개정판의 특징은 종전 서론의 몇 장을 대폭 바꾸었다. 기존의 내용 중 난해한 부문에 대해서도 보완하거나 오래된 자료의 경우도 가급적 최근 자료로 교체하였다. 금융이라는 실제에 충실함으로써 국제금융론의 본연에 맞추려고 했고, 그리고 간간히 처음부터 끝까지 달라진 국제금융제도나 경제환경 등을 가급적 최대한 수렴하려고 했다는 점도 밝혀둔다. 특히 이 개정판을 마무리하는데 교정과 마무리 정리에 힘써주신 박성규 교수님께 감사드린다.

다음에도 여러 독자들께서 본서의 내용이나 체계 등에 대해 지적을 해 주시면 다음 개정3판을 집필할 때 반영하고자 한다.

2013년 2월

저자 최해범 씀

머리말

Preface

2008년처럼 국제금융시장이 요동치면서, 세계경제를 불안하게 한 일이 일찍이 없었다. 1990년대 후반 일부 개발도상국들을 중심으로 국부적인 세계금융 위기가 발생한 경우는 있었으나, 글로벌 차원에서 실물 및 금융을 지배하고 있는 미국에서 금융권의 부실문제로 인해 세계 전체의 금융시장이 휘청거린 적이 없었던 점도 눈여겨 볼 문제다.

사실 21세기 들어 하루가 다르게 국제금융시장에는 새로운 금융상품들이 출현하는가 하면, 환율이 경제뉴스 등에 민감한 반응을 보이고, 동시에 부단히 변동하는 가운데 국가 간 자본이동이 급속하게, 순식간에 행해지곤 한다. 결국 세계금융시장이 크게 변혁되고 개혁되는 모습을 지구촌의 국가들과 기업 및 개인들은 지켜보고 있는 것이다. 금융이 오히려 세계 경제의 흐름을 좌우하는 느낌을 강하게 받는다. 국제금융의 중요성을 절감케 하는 대목이다.

세계금융의 이러한 변화의 주된 원인은 각국 경제 간의 상호의존성이 그만큼 높아졌기 때문이며, 상호의존성의 심화는 정보통신 기술의 발전과 금융의 글로벌화가 급속히 진행되고 있는 데 있다. 이에 따라 국제금융이론도 나날이 발전되고 있는바 최근 경제학 측면에서 수많은 학술논문들이 세계금융 및 환율과 관련된 것들이 나타나고 있음이 이를 반증하고 있다.

세계 각국들의 동향에서 보듯이 국가를 막론하고 오늘날 자본시장 개방도를 높이고 있고, 자연히 해외자본에 대해 보다 적극적으로 도입하고 또 해외에 유출하려는 모습을 감안할 때 국제금융과 관련한 이론적 토대며 갖가지 효과에 관한 분석과 연구야말로 국가경제의 한 명제로 대두되고 있다. 더구나 국가, 개별기업이며 은행, 그리고 모든 경제주체들이 대외결제, 대외자금의 조달과 운용, 더구나 외환투기라는 현실적 문제에서부터, 국제수지에 이르기 까지 국제금융에 관한 이론함양과 실무능력 배양을 더 없이 중시하고 있는 것도 사실이다.

2009년에 들어서도 여전히 선진제국은 물론, 국제금융활동을 하고 있는 모든 국가들에서 국제금융부문에 대한 관심이 높아지고 있는 이유도 거기에 있다. 종전에는 일부 실무가나 전문학자들의 전유물로 취급돼 오던 특수 분야라고 여겨지던 국제금융론이 이제는 개인이나, 기업, 정부 등 모든 경제주체들로 하여금 상식적인 학문분야로 인식될 정도로 그 중요성이 높아지고 있는 것이다. 우리나라 역시 예외가 아니다.

2008년 이후에도 세계 금융시장의 흐름과 그 파장이 바로 세계경제의 풍향을 좌우하고 있음을 우리는 지켜보고 있다. 국제금융이동의 원활화와 국제금융시장의 움직임 등에 따라 각국의 경제가 심하게 요동칠 수도 있다는 사실을 말해준다. 예컨대 미국 FRB의 금리정책 움직임이며, 미국 금융시장의 안정성 여부는 바로 세계 각국의 국내 주식시장 등 금융경제 바로 영향을 미칠 수 있음을 우리는 지켜보고 있는 것이다.

저자가 이 책을 집필하게 된 목적은 국제금융 분야에서 새로운 흐름으로 등장하고 있는 환율경제학, 국제재무학, 국제거시경제학, 국제금융시장론, 환위험관리 문제 그리고 상호의존 경제이론 등을 일관성 있게 체계적으로 정리하여, 국제금융을 쉽게 이해할 수 있는 강의교재를 만드는데 있다.

이를 위해 지난 22년간 외환론과 국제재무 및 국제금융을 강의해 온 내용을 정리하는 한편 그동안 국내의 각종 교재의 한계를 부분적으로 보완함으로써 국제금융론의 본 모습을 최대한 그려내는데 주안점을 두었다. 게다가 국제금융의 중요성을 염두에 두고 현재 대다수의 대학에서 국제금융론을 필수과목으로 채택, 그동안 꾸준히 강의와 연구를 계속해 오고 있다. 지금이야말로 학생들로 하여금 국제금융 현상에 관한 기초지식이며 기본원리를 터득토록 하는 게 필요한 시점이다.

다만 이제껏 국제금융론을 공부하거나 강의하시는 교수님들이 겪는 가장 큰 어려움의 하나는 국제금융의 현실과 이론을 적절히 겸비한 교과서가 없다는 것이다. 대부분이 외국의 서적을 번역한 것이거나, 아니면 지금까지 집필된 교과서를 조금씩 보완하다 보니, 난삽하고 시대에 뒤떨어진 내용을 그대로 담고 있는 경우가 많았다. 그 점을 염두에 두면서 이 책을 집필하려고 했음을 밝혀둔다.

사실 이 책에 앞서 『새외환론』과 『국제재무론』을 강의 교재용으로 이미 집필하면서, 국제금융에 관한 기본적 이론배경이나, 실무 부문은 정리를 해 둔 상태이며, 따라서 부분적으로 두 교과서를 국제금융이란 관점에서 필요한 부문을 정리하고자 많이 원용했음을 밝혀둔다. 어쨌든 21세기 국제금융 환경을 제대로 반영하도록 했으며, 가급적 더 쉽게 집필하면서도, 필요한 분야를 포괄하려고 했었다.

끝으로 본 국제금융론을 내면서 또 다른 많은 문헌들의 도움을 받았다. 이강남 선생님의 『국제금융론』, 지호준 교수님의 『국제재무관리』, 성범용·심경섭 선생님의 『국제금융론』, 최생림 외 2인의 『국제재무관리론』, 국제금융연구회의 『국제금융론』 등이 있고 그밖에 많은 국제금융관련 저서들을 참고했다. 그리고 그러한 저서들은 본인이 그동안 강의를 하면서 몇 번씩 교재로 채택한 바 있는데, 그 과정에서 본인이 학생들의 이해를 돕는 데 필요하다고 생각되는 부문에 대해서는 그대로 인용하는 경우가 있었음을 고백한다. 하지만 초판인 만큼 만족스런 교과서로 보기가 어렵다고 여겨진다. 앞으로도 계속 보완을 추진할 것을 약속드리고자 한다.

2009년 2월
저자 씀

차 례

Contents

Part 1 금융관련 기초이론

Part 2 환율의 결정과 환율제도

Part 3 국제수지와 국민소득 균형

Part 4 국제수지 조정정책론

Part 5 국제통화제도

Part 6 금융상품시장

Part 7 환위험관리와 측정

part 1

국제금융과 국제금융시장

CHAPTER 1

국제금융의 개요

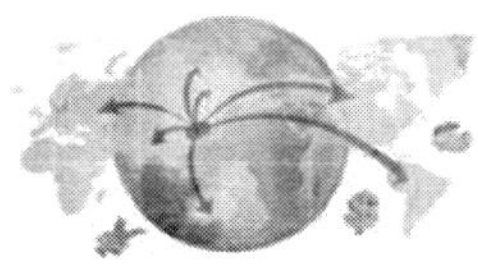

INTERNATIONAL FINANCIAL

제1절 국제금융의 이해

1. 국제금융의 개요

21세기 들어 세계경제의 특징은 FTA 등으로 대표되는 국가상호 간의 경제통합 내지 교류확대로 요약할 수 있겠다. 여기에는 기어활동의 국제화 내지 해외투자 증대가 수반되고 있고, 동시에 해외투자 기업들의 해외자본조달이며 국가간 자금이동이 활발하게 진행되고 있다. 특히 2008년 이후 미국의 금융위기 발생과 함께 세계경제환경의 축은 실물보다는 금융 쪽으로 급속히 기울고 있는 느낌도 든다. 게다가 2010년 들어서면서 경제공동체를 통해 단일통화권을 형성하고 있는 유럽 국가들이 재정위기를 겪으면서 또다시 세계경제를 혼란에 빠뜨리기 시작했다. 다행히 2012년 후반에 들어 유럽의 재정문제가 다소 진정되면서, 세계경제가 금융의 위기에서 다소 벗어나는 듯 하는 것은 다행한 일이다.

때문에 그동안 국제금융에서는 별다른 문제가 되지 않던 환율이나 국제금리와 같은 요소들이 경제활동의 중요변수로 등장하면서 이에 대한 효율적인 관리가 그 어느 때보다도 중요한 팩터로 등장하고 있다. 사실 2010년 이후 들어 국제경제활동에서 가장 중시되고 있는 부문이 국제금융 현상과 그것의 적절한 관리가 아닐까 싶다. 이 같은 추세는 2020년대 들어서도 계속 확대되고 있다. 효율적인 자본조달과 운용전략, 기업 및 정치적 위험의 분산, 환율 및 금리 불확실성에의 대비, 다국적기업의 활동증대 등 어디서든 국제금융과 그 재무관리가 중요한 과제로 등장하고 있으며, 이 같은 추세는 앞으로도 계속 확대될 것이다. 그래서 국제금융 문제는 국제재무관리와 함께 그 내용을 정확하게 이해하고 응용할 필요가 있는 것이다.

기업들의 글로벌화 내지 국제화·세계화는 국내금융 문제뿐만 아니라, 해외금융시장의 효율적인 활용과 대비라는 새로운 명제를 안겨주고 있는 것이다. 즉 기업활동 영역이 국내에서 세계로 확대되는 소위 글로벌 경영시대가 도래하면서, 해외투자는 물론 해외자본시장에의 참여 등 기업들의 해외의존도가 높아지고 있는 추세인 것이다. 게다가 각국들이 외환자유화를 추진하면서 국제적인 자금운용과 조달, 그리고 그 관리업무의 중요성이 날로 커지고 있는 것이다. 솔직히 지금 국제경영활동에 종사하고 있는 기업으로서는 필요한 자금을 조달하고 조달된 자금을 효율적으로 투자·운용하는 소위 국제금융 업무가 전부를 차지한다 해도 과언이 아닐 정도다.

국제금융관리(International financial management)란 범세계적 금융시장에서 기업이 필요한 자금의 조달과 운용에 직접 또는 간접적으로 관련된 의사결정(decision making)을 효율적으로 지원하는 관리기능이라고 말할 수 있다. 국제금융은 원래 다국적기업(multinational corporation; MNC)의 출현과 더불어 급속히 발전되어 왔으나 최근에는 각국 자본시장의 자유화를 배경으로 전개된 국제금융시장의 범세계적 통합화(global integration)과정에서 다국적기업의 자본관리 전략으로서 그 중요성이 크게 부각되면서, 종전의 이론적 영역을 벗어나 새로운 차원에서 논의되고 있는 것이다.

2. 국제금융의 목표와 기능

1) 국제금융의 목표

국제금융의 목표 역시 일반 금융관리와 별로 차이가 있을 수 없다. 다만 경영활동의 영역이 확대되면서 세계를 하나의 시장으로 생각하면서 금융현상과 재무관리를 한다는 정도의 차이가 있을 뿐이다. 그러므로 국제금융의 목표도 궁극적으로 기업의 부를 극대화(wealth maximization)하는데 있다. 여기서 부(富)라 하는 것은 미래에 발생할 수익을 경과시간과 장래의 불확실성을 고려하여 현재가치(present value)로 환산한 것이라 할 수 있겠다. 따라서 국제금융은 환율 및 금리전망의 불확실성, 정보처리 및 금융기법의 성숙도, 외환·금융제도상의 제약성, 기업의 신용도 및 시장접근성 등 다양한 금융환경 하에서 의사결정을 하게 된다.

한편 국제자금의 조달·운용이란 관점에서 국제금융의 목표를 정의하면, 기업은 장단기 재무 등 금융전략에 따라 국내외 외환금융시장에서 조달자금의 최적조합과 운용자금의 최적배분을 통해서 기대수익률과 위험을 적절히 구성함으로써 기업가치의 극대화(value maximization) 또는 안정화를 도모하는데 그 목적이 있다.

결국 국제금융의 목표는 기업가치의 극대화라는 점에서는 일반 금융 및 재무관리의 그것과 동일하나, 여기에 직·간접적으로 영향을 미치는 갖가지 요인과 자본조달 및 운용시장이 다르다는 차이점이 있을 뿐이다.

중요한 것은 국제금융이 갖고 있는 이론적 배경과 그 내용이다. 예컨대 국가 간 자금이동이 발생하는 원인이 무엇이며, 특히 최근 들어 환율의 변화가 초래되는 이유가 무엇인지 등을 규명하고 정리하는데도 그 목적이 있다. 아울러 현재 다국적기업의 경우 자금조달과 그 운용이 해외시장에서 행해지고 있는 바 국제금융시장의 특성과 그 내용을 제대로 이해할 필요가 있는 것이다.

나아가 국제금융은 경제학의 논리를 많이 원용하고 있는 예컨대 거시경제의 내용처럼 국민소득 수준이 결정되는 원리에서 개방경제의 특성상 수출입이 어떤 역할을 하며, 여기에 국가 간 자금이동이 또 어떤 기능을 하는지를 살펴보는 것도 국제금융이 갖고 있는 기능이다. 특히 2013년 이후에도 국제 자본이동이 강화될 것인바 각종 파생금융상품에 대한 효율적 관리와 그 운용, 그리고 환율의 급변동에 따른 환리스크 관리문제 등도 사실 국제금융이 다루고자 하는 부문이다.

2) 국제금융의 기능

국제금융은 기업가치 극대화를 위해 통합된 범세계적 금융시장에서 외화 자산·부채의 효율적 관리라는 기능을 수행하는데 이론적 근거를 제공해 줄 수 있어야 한다. 따라서 국제금융에 입간한 국제재무관리는 첫째, 기업의 자산관리(management of assets)기능을 수행하게 된다. 즉, 이것은 기업이 보유한 외화자산을 어떤 형태로 보유·운용할 것인가 하는 투자결정(investment decision)기능을 의미한다. 여기서는 일정 위험 하에서 투자수익의 극대화를 위한 최적자산배분(optimal mix of assets)에 초점을 맞춘다.

둘째로는, 국제금융은 기업의 자금조달 기능과도 관련이 있다. 기업이 필요한 외화자금을 어떠한 형태로 어느 지역의 시장에서 어떤 통화로 어느 시기에 조달할 것인가 하는 조달결정(financing decision)기능 또는 부채관리(management of liabilities)기능을 말한다. 여기서는 자본비용의 극소화를 위한 최적자본조달배합(optimal mix of financing)이 중요시된다.

셋째, 국제금융은 기업활동이나 외화자산의 운용결과 실현된 이익을 어떻게 배분할 것인가 하는 배분결정기능과 재무회계자료의 평가관리(performance evaluation and control) 기능도 있다.

넷째, 국제금융은 효율적 자산·부채관리를 위해 환율, 금리, 물가 등 거시경제지표의 정확한 예측기능을 수행하여야 하며 이를 토대로 국제금융시장에서 적절한 헷징 및 투기거래 또는 재정거래를 기민성 있게 결합·구성함으로써 換 및 금리위험을 효율적으로 관리하는 기능을 갖고 있다.

제2절 국제금융과 국제재무관리

1. 금융의 국제화와 국제재무관리

1990년대 말 이후 2013년인 이 시점에서 세계경제의 가장 커다란 변화는 세계경제의 범세계적 통합화다. 즉, 세계경제환경의 변화에 따라 세계경제가 통합화되는 과정인 글로벌화(globalization)가 진행되고 있는 것이다. 게다가 최근에는 그 속도가 더 빨라지고 있다.

최근의 경향을 보건대 FTA의 확산과 함께 이제까지 각국마다 엄격히 설치되었던 진입장벽이 철폐되고 국가 간 교류의 증대가 강화되고 있다. 따라서 글로벌화는 각국 시장들의 상호관련성이 높아지고 진입장벽이 제거되면서 국가별로 분리되었던 시장이 하나로 통합화되어 가는 과정으로 볼 수 있다.

이러한 글로벌화는 특히 금융거래에 있어서 현저해지고 있다. 예컨대 금융의 글로벌화는 금융시장이 통합되어 각국 경제가 급속히 개방되고 국내외환금융시장 간에 연계성이 높아지면서 상호의존성이 확산되고 있는 것이다. 결국 세계 각국의 금융시장을 하나의 시장으로 인식하면서 금융거래가 이루어지고 있는 것이다. 소위 금융의 국제화가 진전되고 있다는 이야기다.

금융국제화는 국내금융시장이 해외금융시장과 밀접하게 연결되면서 국제간 자금교류가 자유화되고, 이에 따라 금융기관이나 기업 등 각 경제주체들로 하여금 국제금융시장을 통한 자본조달 및 투자를 추진시키는 과정으로 해석할 수 있다. 이러한 금융국제화 단계에서는 거시적으로 국가가 보유중인 외화자산의 효율적 활용은 물론 개별기업 자신의 외화자산운용에 따른 換·금리 및 신용위험 등에 대해서도 효율적 관리가 요구된다. 나아가 이들 자산의 수익성이나 유동성을 극대화할 수 있는 국제재무관리 능력의 축적과 거래기법의 고도화를 함께 추구해야 할 입장이다.

금융기관이나 개별기업의 국제재무관리는 각국의 국제수지상태에 영향을 받기 때문에 그 형태와 성격이 달라진다. 일반적으로 국제수지 적자국의 금융기관이나 기업은 외화자금의 조달과 유동성 관리에 국제재무관리의 비중을 두게 되나, 국제수지 흑자국에 있어서 금융기관이나 기업의 국제재무관리는 외화자산의 수익성 제고나 자산·부채의 연계적 관리를 통한 포트폴리오의 적절한 구성을 중시하게 된다.

또한, 거시적 측면에서 보면 금융국제화를 배경으로 한 국제재무관리기법의 축적은 해외금융자산에 대한 투자확대는 물론 흑자 재원의 효율적 운용을 통한 금융자산의 소득증대, 즉 해외요소소득의 증대로 이어져, 결과적으로 국민소득을 증대시키게 된다.

2. 국제금융시장의 효율성과 국제재무관리

오늘날 국제재무관리에서 주로 사용되고 있는 국제금융자산의 관리방법으로는 첫째, 국제금융시장의 불완전을 전제로 해서 제기되는 "동일금융자산간의 가격차"를 이용한 재정거래(arbitrage)와 둘째, 가격전망의 불확실성에서 초래되는 환 및 금리변동위험을 방지하기 위한 헷징(hedging), 셋째, 시장기대가격과 상이한 가격예측을 활용한 투기(speculation)기법 등이 있다.

국제재무관리에 있어 사용되는 이상과 같은 기법들의 경우 국제금융시장에서의 시장가격이 수집가능한 모든 정보를 즉시 반영하고 또한 시장 간의 자본이동이 자유스럽고 모든 금융자산의 가격이 항상 균형에 접근하는 완전한 금융시장에서는 그 효용가치가 없다. 이는 국제금융시장이 완전하고 효율적인 상태에서는 시장예측가격이 미래에 실현될 실제가격과 동일하게 될 뿐만 아니라, 시장가격간에 완전한 균형이 이루어져 물가·금리·환율간의 균형이나 금융자산 간에 일물일가의 법칙이 성립되어, 헤징이나 재정거래 또는 투기거래의 필요성이 제기되지 않기 때문이다.

가령, 외환시장에서의 선물환율이 미래의 실현환율과 같아지는, 소위 선물환율이 환율의 불편추정치(不偏推定値, unbiased predictor)가 될 수 있는 효율적인 외환시장에서는 헤징의 필요성이 사라진다. 그러므로 국제금융시장은 단기적으로 예측의 불확실성과 일물일가의 법칙의 이탈 등 비효율적 요소가 존재하는 경우에 재정거래나 헤징 또는 투기거래가 행해지게 되는 것이다. 현실적으로는 그러한 경우가 대부분이다. 그런데 국제금융시장의 비효율성 또는 불완전성은 자금관리자에 대하여 재정·투기거래를 통한 추가 이익실현의 기회를 부여하지만 동시에 이에 상응하는 위험도 수반하고 있음을 고려할 때 국제재무관리의 실행에는 고도의 시장정보 분석과 다양한 금융기법의 활용 그리고 신속성이 요청된다 하겠다.

CHAPTER 2

국제금융시장

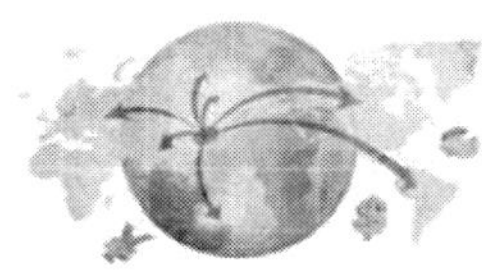

INTERNATIONAL FINANCIAL

제1절 국제금융시장의 개요

1. 국제금융시장의 의의

국제금융시장(international financial market)이란 금융거래 당사자 중 어느 일방이나 또는 쌍방이 비거주자인 경우의 금융을 말한다. 따라서 금융거래 당사자가 모두 거주자인 국내금융시장(domestic financial market)과는 구별된다. 국제금융은 3가지 형태로 분류된다. 즉 자금 공급자가 비거주자(거주자)이고 자금의 수요자(차입자)가 거주자(비거주자)인 경우 그리고 자금공급자와 수요자가 모두 비거주자인 경우이다. 특히 자금수요자와 공급자가 모두 비거주자인 경우, 즉 비거주자 상호간의 금융거래를 역외금융거래(offshore financial transactions)라 부른다. 따라서 국제금융의 최소한의 필요조건은 거래당사자중 어느 한쪽은 반드시 비거주자이어야 한다는 것이다.

국제금융거래 역시 국내금융과 마찬가지로 직접금융과 간접금융, 단기금융과 장기금융 등으로 나누어지며 거래 당사자에 비거주자를 포함한다는 것을 제외하면 근본적으로 국내금융과 다를 바가 없다. 국제금융시장은 원래 영국 런던을 중심으로 발달하였으나 오늘날에는 뉴욕, 파리, 프랑크푸르트, 취리히, 동경, 싱가포르, 홍콩, 바레인, 케이만 군도 등을 포함하여 범세계적으로 확산 발전하고 있다.

2. 국제금융시장의 기능

국내금융시장이 국내에서의 흑자부문과 적자부문의 자금의 흐름을 원활하게 하여 자금배분의 효율성을 제고하는 것과 마찬가지로 국제금융시장도 국가 간의 흑자부문과 적자부문을 연결하여 국제적 자금배분의 효율성을 제고하는 것이다. 그 주요 기능은 다음과 같다.

첫째, 국제적인 대차의 결제이다. 국제적인 무역 등의 경상거래와 자본거래에 따른 국제적 채권·채무의 결제를 원활하게 해준다.

둘째, 국제무역금융을 통한 국제무역의 촉진이다. 국제금융시장을 통해 국제적 무역거래에 수반되는 무역금융을 원활하게 함으로써 국제무역을 촉진한다. 그것은 전후 GATT를 중심으로 한 자유무역주의 하에서 무역의 급속한 성장에 중요한 역할을 하였다. 특히 2010년 이후 각국들의 FTA 추진에 따른 교역자유화 내지 자본이동의 확대에 따라 국제금융시장의 중요성이 높아지고 있다.

셋째, 국제유동성 편재의 시정이다. 국가 간의 국제수지 불균형이 심화됨에 따라 국제유동성의 편재현상이 나타나게 되는데 국제금융시장에서의 수급균형 조절기능을 통해 그와 같은 국제유동성의 편재현상을 시정하는 역할을 한다. 즉 적자국의 원활한 국제수지적자 보전을 가능케 하고 흑자국에게는 효과적인 국제유동성의 활용처를 제공해 주는 것이다. 특히 지난 70년대초 석유파동때 산유국에 과도하게 편중되었던 국제유동성을 재환류하는데 국제금융시장의 기여가 컸던 것은 이를 잘 말해준다. 2000년대 들어서는 오히려 여유자본을 갖고 있는 국제기업이나 국가들의 투자 장소로 국제금융시장이 활용되고 있는 상황이다.

넷째, 효율적인 국제자금관리를 가능하게 한다. 다국적기업의 활동 증대, 각국의 경제개방화 및 국제화의 촉진 등으로 환위험, 컨트리 리스크 등 다양한 국제투자의 위험에 직면하게 되는데 국제금융시장이 발달함에 따라 다양한 국제자금 관리기법이 개발되고 이를 이용하여 효율적인 국제자금관리를 할 수 있다. 최근 금융선물, 스왑, 옵션 등 새로운 금융기법의 발달은 국제적 자금관리의 효율성을 제고하는 데 중요한 역할을 하고 있다. 특히 2010년대 후반 이후 그 같은 기능의 중요성이 점증되고 있다.

3. 국제금융시장의 발전요건

국제금융시장이 역사적으로 생성되고 발전해 온 과정을 살펴보면 다음과 같다. 세계경제 변화에 따라 그 내용이 다양하게 변모돼 왔음을 알 수 있다.

1) 국제경제거래의 중심지

국제금융거래의 중심지가 되기 위해서는 그곳이 국제경제거래의 중심지가 되어 국제적 자본력과 경제력의 뒷받침이 있어야 한다. 그러나 최근 크게 늘어나고 있는 역외금융시장의 경우는 경제규모가 반드시 대규모일 필요는 없다. 왜냐하면 역외금융시장의 경우 국내금융과 국제금융이 엄격히 구분·차단되어 있으며, 경제력이나 자본력의 뒷받침 없이도 정치적 안정, 금융시장에 대한 각종 특혜의 부여 등 다른 조건만 구비하면 시장의 형성이 가능하기 때문이다. 그러나 이러한 역외금융을 제외하면 경제력과 자본력에 대한 국제적 신뢰가 중요하기 때문에 국제거래의 중심지가 되는 것은 국제금융시장을 형성·발전시키는 데 중요한 요건이 된다.

2) 통화의 교환성 보장

당해국가가 국제금융의 중심지가 되려면 그 나라 통화의 교환성이 보장되어 국제결제에 사용될 수 있어야 한다. 그렇지 않으면 당해 국가의 통화를 국제결제에 사용할 수가 없어서 국제금융거래에 큰 불편이 따를 것이기 때문이다.

3) 정치·사회적 안정

국제금융거래는 최소한 거래의 일방이 비거주자이기 때문에 정치·사회적 위험이 중요한 변수로 작용하게 된다. 따라서 정치·사회적 안정으로 그러한 위험을 줄이는 것이 국제금융시장의 형성에 중요한 역할을 하게 된다.

4) 외환관리·금융 등의 규제 철폐 또는 완화

외환관리·자본거래 등에 대한 규제를 철폐 또는 완화하여 외환 및 자본자유화를 실시해야 국제금융거래가 원활하게 이루어질 수 있다. 또 당해 지역에서의 국제금융거래에 대해서는 지불준비금제도 또는 예금보험제도 등의 적용을 면제하여 금융활동을 촉진해 주어야 한다. 뿐만 아니라 세제 등에 있어서 우대조치를 취하여 외국금융기관의 진출을 적극적으로 촉진해야 한다. 역외금융시장의 경우 그러한 우대조치는 특히 중요하다. 2000년대 이후 국제자본 이동이 확대되는 것도 따지고 보면 각국들의 외환관리 및 규제의 철폐와 완화에 기인하고 있다고 볼 수 있다.

5) 통신시설의 완비

국제금융거래의 신속하고 원활한 수행을 위해서는 전화, 텔렉스 등 통신시설을 완비하여 국제금리, 금융환경의 변화 등에 관한 정확한 정보를 시시각각 입수할 수 있어야 한다. 2013년 현재 금융관련 국제통신시설 현황은 지구촌 어디서든 외국의 어느 국가들의 금융시장과 자본거래를 할 수 있는 시스템을 구축하고 있다.

6) 영업시간대의 중복

영업시간대가 여타 국제금융시장과 겹치도록 지리적 여건 혹은 전자통신망이 충족되어야 한다. 그것은 같은 영업시간 내에 외환 및 자금의 포지션을 조정하여 자금관리의 효율성을 제고할 수 있어야 하기 때문이다.

제2절 전통적 국제금융시장

1. 뉴욕 국제금융시장

미국은 제1, 2차 세계대전을 통하여 세계 최강의 경제대국으로 등장하였다. 그 같은 미국의 강대한 경제력을 배경으로 하여 뉴욕은 미국의 금융중심지로부터 세계 최대의 규모를 갖는 국제금융시장으로 발전하게 되었다.

현재 뉴욕이 국제금융시장으로서의 요건을 거의 완전히 갖추고 단기간 내에 국제금융의 중심시장으로 등장하게 된 이유는 달러가 국제통화로서 가장 중요한 위치를 차지하고 있고, 또 미국이 외환관리를 시종일관 채택하지 않은 유일한 국가인데 연유한다. 미국의 금융기관은 거주자예금과 비거주자예금과의 사이에 어떠한 차별도 두고 있지 않으며, 따라서 외국인은 미국인과 동일한 조건으로 뉴욕의 상업은행에 당좌예금을 개설하고 이를 통하여 미국 또는 제3국과의 거래의 결제수단으로 사용하고 있다.

더구나 미국의 경제적 지위향상과 더불어 영국의 경제력 약화는 파운드화의 불안을 가져와 런던금융시장의 권위를 약화시켰으며, 특히 미국이 1913년에 연방준비제도이사회(the Board of Federal Reserve System)를 창설함으로써 대규모의 은행인수어음시장이 발달하였기 때문이다.

뉴욕 국제금융시장 구조를 보면 뉴욕은 런던에 비해 국제금융의 중심지로서 그 역사가 짧을 뿐 아니라 런던과 같은 국제적인 상품거래소나 해운 및 보험시장 또는 자유금시장도 가지고 있지 않은 단순한 금융시장이다. 그러나 뉴욕의 맨해튼 지구에 있는 월가(Wall street)는 런던의 시티(the City)와 마찬가지로 다수의 은행, 주식거래소, 투자금융업자, 증권브로커, 증권딜러 등의 사무소가 밀집하여 거대한 미국경제뿐만 아니라 국제무역과 국제투자에 대한 장·단기 금융의 세계적 중심지가 되고 있다.

뉴욕의 가장 중요한 금융기관은 뉴욕연방준비은행(Federal Reserve Bank of New York)이다. 이 은행은 외국의 중앙은행과 코레스계약을 체결하고 이들의 예금을 예수하고 또 이들의 주문에 따라 미국 재무성 증권과 은행인수어음의 매매를 대행하고 있다. 또 이 은행은 다른 모든 연방준비은행 및 재무성의 대리인으로서 외국의 중앙은행과 스왑조작을 행하면서 현물과 선물의 외국환시장에 개입하고 있다.

다음으로 뉴욕 자본시장에서 가장 중요한 금융기관은 투자은행(invest- ment bank)인데, 이들은 투자회사(investment house) 또는 증권인수업자(underwriting house)라고도 불리워지며, 내외증권의 발행, 인수, 판매, 그리고 중개 등의 업무를 행한다.

이밖에 뉴욕의 금융시장은 상업어음(Commercial Paper; C/P) 시장, 은행인수어음(Banker's Acceptance)시장, 연방기금(Federal Fund)시장, 재무성증권(Treasury Bill)시장 그리고 자본시장 등으로 구성되어 있다.

2019년 말 현재 뉴욕 국제금융시장의 1일평균 외환거래량은 대략 4,800억 달러에 이르고 있다.

2. 런던 국제금융시장

금본위제도가 채택되었던 19세기 후반부터 제1차 대전 전까지만 하더라도 런던은 세계 유일의 국제금융시장이었으며 파운드는 유일한 국제통화였다. 그리하여 런던의 은행에 예금되어 있는 외국인 보유의 파운드 자금, 즉 파운드 잔고가 국제결제의 가장 중요한 수단으로 사용되었다. 즉 런던에 세계의 단기자금이 집중되어 이곳에서 모든 국제간의 다각적인 결제가 이루어졌다. 그리고 런던은 세계의 금, 상품, 해운, 보험의 중심시장이었고, 또 당시 영국은 막대한 해외투자를 행하고 있었기 때문에 런던은 세계의 자본시장이기도 하였다.

그러나 제1차 대전 이후에 채권국에서 채무국가로 전락한 영국에서 파운드화의 화폐가치가 하락하고 런던이 국제금융시장으로서의 그 지위가 약화됨에 따라 국제금융시장은 뉴욕과 런던으로 양분하게 되었다. 그러나 1950년대 말부터 유로달러시장이 형성됨으로써 다시 활기를 되찾게 되었다.

오늘날 런던의 금융시장은 외국환거래에 대한 기술적인 경험과 시차상의 유리한 점을 충분히 활용하여 뉴욕과 유럽대륙과의 외국환거래를 연결함에 있어 중추적인 역할을 담당하고 있다. 2013년인 오늘날에도 여전히 세계 제1의 국제금융시장으로 자리하고 있다.

이러한 런던의 금융시장은 다음과 같은 다섯 시장이 일체가 되어 조직을 구성하고 있다.

첫째, 런던의 은행조직은 영국의 중앙은행인 영란은행(bank of England), 예금은행(deposit bank), 머천트뱅크(merchant bank), 할인상사(discount house), 그리고 외국은행 지점 등으로 구성되어 있다.

둘째, 영국의 전통적인 단기금융시장인 할인시장에서는 외환어음과 상업어음의 할인이 행해지고 또 대장성증권의 입찰이 행해진다.

셋째, 런던의 자유금시장이다. 이 시장은 1939년 9월에 폐쇄된 후 1954년 3월에 재개된 세계 최대의 자유금시장이며 여기서 결정된 금의 가격은 전세계의 공정 금가격으로 활용된다.

넷째, 런던의 장기금융시장은 기채시장과 런던 주식거래소로 이루어져 있는데, 전자는 증권의 발행시장이고 후자는 그 유통시장이다. 기채는 인수보증발행의 방법에 의해 행해진다.

다섯째, 국제상품, 보험, 해운시장이 있다. 런던은 유럽의 상거래 중심지로서 각종 상품거래소뿐만 아니라 세계최대의 해운시장을 보유하고 있다.

특히 런던 국제금융시장의 경우 최근에 들어서도 계속적인 성장을 거듭하고 있다. 게다가 런던은 다수의 금융기관이 집결되어 다양한 형태의 금융거래를 취급하고 있음에 따라 시장 유동성이 풍부하고, 거래비용이 저렴한 특성을 지니고 있다.

시간대면에서도 오전에는 동경과 오후에는 뉴욕과 영업시간대가 겹침에 따라 전세계 금융시장과 당일에 거래할 수 있는 지리적 장점도 갖고 있다.

3. 동경 국제금융시장

1980년대 후반 이후 자국통화 강세를 배경으로 동경시장의 국제금융센터로서 역할이 한층 높아지고 있으나 아직까지는 뉴욕이나 런던에 미치지 못하고 있다. 그 이유는 동경시장의 대두가 일본의 거액의 무역흑자를 배경으로 한 현상으로 국제금융시장의 기본이 충분히 발전된 상태라고 하기는 어렵기 때문이다.

일본은 국제자본거래에 전통적 주도권을 갖추지 못하고 있으며 여전히 국내시장에 대한 규제가 상존해 있다. 뿐만 아니라 뉴욕, 런던에 비하여 국제금융기법의 경험축적이 미약하다. 그리고 엔화 또한 아직까지는 무역거래 결제 등에 있어서는 기축통화로서의 충분한 신뢰를 확보하지 못하고 있다. 뉴욕과 런던에 비해 금융수단의 이용가능성이나 국제금융의 경험축적, 외환 및 자본거래의 자유화면에서는 아직까지 두 시장에 미치지 못하고 있는 실정이다.

그러나 1987년 역외금융시장인 JOM(Japan Offshore Market)을 창설하여 활발한 활동을 하고 있으며, 외국채와 유로채시장이 급속히 성장해가는 추세이다. 특히 동경시장은 한국기업이 외국채(Samurai Bond)를 발행하고자 할 때 가장 유리한 시장이다.

아울러 국제금융시장의 발전, 성숙요인인 정치적 안정성이나 국내 장단기 금융시장규모 및 통신거래시설의 확충 정도로 미루어 향후 주요국제금융시장으로 성장하리라 전망된다. 2021년 현재도 여전히 일본은 대규모의 외환보유고를 바탕으로, 특히 역외금융시장의 도입과 국제금융거래의 자유화를 통해 아시아지역의 금융 중심지 역할을 하고 있다.

제3절 유로금융시장

1. 개요와 생성과정

유로커런시(euro-currency)시장이란 그 통화의 발행국 이외의 지역에 예치되어 있는 통화시장을 말한다. 예컨대, 미국인이 영국의 상업은행에 예금을 한 것을 유로달러라 부르고 동시에 영국인이 미국 상업은행에 예금한 것은 유로스터링이라고 부른다.

이러한 형태로 예금된 은행잔고는 그들 각국들이 추가적인 외국통화자금을 투자하거나 또는 취득할 필요가 있을 때 주요 국제은행이나 다국적기업에 의해서 통상적으로 조달 운영되게 된다. 처음에는 달러만이 이러한 형태로 이용되었고 이러한 금융시장을 유로달러시장이라고 불렀다. 그러나 그 후에 다른 주요국통화, 즉 영국의 파운드스터링, 일본의 엔, 중국의 위엔화 등도 이러한 방법으로 이용되기 시작하였고 이러한 금융시장을 통칭하여 유로커런시시장이라 부른다.

유로커런시시장의 원조는 유로달러시장이므로 유로달러시장의 생성·발전을 먼저 파악하게 되면 기타 통화의 유로커런시시장 생성·발전도 자연히 이해할 수 있게 된다. 왜냐하면 유로달러시장과 기타 통화, 예를 들어 유로파운드시장은 그 생성·발전 배경 또는 성장 촉진 요인이 매우 유사하기 때문이다. 따라서 유로달러시장의 생성·발전 과정을 살펴보면 다음과 같다.

첫째, 전후 미·소간의 냉전에 따라 주로 동유럽 여러 나라 은행들은 미국이 그들의 보유달러 예금에 대한 동결 또는 규제조치를 취할 것을 우려하여 미달러예금을 대량으로 런던 등 서유럽 여러 나라로 이체하게 되었는데 이것이 유로달러예금을 창출하는 기원이 되었다.

둘째, 1957년 영국은 당시 파운드화 위기대책의 일환으로 비거주자에 대한 파운드 리파이낸스의 금지, 제3국 무역에 있어서 파운드유전스 사용금지 등 국제금융거래에 있어서 파운드의 사용을 대폭 제한하였는데 이로 인하여 그 동안 국제금융거래에서 중요한 비중을 차지해 왔던 파운드가 자금원으로서의 기능을 크게 상실하게 되었다. 그것은 결국 미달러표시 국제금융거래의 증대를 가져오고 그에 따라 유로달러에 대한 수요가 증대하게 되었다.

셋째, 서유럽 여러 나라의 경제부흥과 통화의 교환성 회복을 들 수 있다. 즉 전후 독일, 프랑스 등은 미국의 막대한 지원 등에 힘입어 급속한 경제회복을 이룩하였으며 그에 따라 1958년에는 이들 나라의 통화가 교환성을 회복하기에 이르렀다. 그 결과 이들 나라의 외환관리가 크게 완화되고 국제자본이동은 급속히 증가하게 되었다. 그것은 유로달러시장을 통한 국제금융거래의 대폭적인 증대를 촉진하는 계기가 되었다.

넷째, 미국의 금리규제이다. 미국은 예금기관의 과당경쟁을 막기 위해 이른바 '연방은행규정Q'(regulation Q)에 의거, 예금금리의 상한제를 실시해 왔다(1986년폐지). 이는 미국 국내금리와 유로시장금리간의 격차를 초래하여 미국으로부터 유로시장으로의 자금유출을 촉진하여 유로달러의 공급을 증대시키는 요인의 하나가 되었다.

다섯째, 유로시장에 대한 규제의 완화 또는 철폐이다. 서유럽 여러 나라는 경제성장에 따른 자금수요를 충족시키기 위하여 금융시장의 발전을 촉진하게 되었으며 그에 따라 외환자유화, 자본자유화 등을 실시하여 유로시장에 대한 각종 규제를 철폐하였다. 특히 유로예금의 경우 지준율 적용의 면제, 예금보험의 면제 등으로 유로은행의 자금운용 코스트가 국내금융에 비해 더 저렴하게 되었는데 이는 유로은행의 활발한 영업활동을 보장하는 중요한 역할을 하였다.

여섯째, 미국의 자본이동 규제이다. 1960년대 중반 미국은 만성적인 국제수지적자와 그에 따른 달러가치의 하락 및 국제통화불안의 가중으로 자본유출을 억제하는 일련의 규제조치를 취하였다. 이는 미국 국내에서의 외국인 차입을 억제하게 하였으며, 이에 따라 차입수요자들이 유로시장으로 눈길을 돌리는 계기가 되었다. 예를 들면 이자평형세(1964), 해외금융 및 국제투기에 관한 자율규제(1965) 등이 그것이다. 달러를 제외한 기타 통화, 즉 파운드, 위엔, 엔 등의 유로통화시장의 발달 역시 유로달러와 같은 맥락에서 찾을 수 있다. 앞에서와 같이 유럽 여러 나라의 경제부흥과 통화의 교환성 회복, 외환 및 자본자유화 등이 그 성장의 주요 요인이 되었다. 1996년에 들어 독일 마르크, 일본 엔, 스위스 프랑 등 이른바 강세통화들이 달러화의 약세에 따른 국제통화불안을 틈타 유로통화로서의 기능을 강화하였으며(2000년에 들어 유로통화의 등장으로 마르크와 프랑화는 없어졌음), 특히 1998년에 와서는 아시아지역의 금융위기, 예컨대 태국, 한국, 인도네시아 등의 금융불안, 그리고 일본엔화의 가치하락 등이 이어졌고, 2008년 미국 리먼브러더스 등 미국의 금융위기, 2010년에 와서 유럽 각국들의 재정위기 등이 겹치면서 지면서 유로금융시장에도 변화가 발생하고 있고, 2020년대에 들어서는 유로화란 단일통화의 정착과 유럽경제 활력 회복이 진행되고 있으며 유로시장의 규모가 점점 커지고 있다.

2. 유로자금시장

유로자금시장(euro-money market)은 유로통화시장 중에서 만기 1년 미만의 단기자금시장이며 유로통화예금의 창출과 함께 형성되는 시장이다. 유로예금은 유로통화의 발행국 은행에 예치된 자금을 발행국 이외의 지역에 소재하는 은행으로 단순히 이체시킴으로써 창출된다. 유로달러예금을 예로 들어 보면 다음과 같다.

미국소재 뉴욕은행에 예금을 가진 A가 백만 달러를 인출하여 런던소재 유로은행인 런던은행에 정기예금으로 이체한다고 하자. 이때 A가 인출한 백만 달러는 수표나 다른 방법으로 뉴욕은행에서 빠져나와 런던은행으로 이체된다. 런던은행은 뉴욕은행의 코레스(corres) 계정을 통해 뉴욕은행 구좌에서 백만 달러를 인출하여 A의 명의로 정기예금 백만 달러를 개설함으로써 유로달러예금이 창출된다. 즉 미국 내에 있던 달러표시예금 백만 달러가 그 통화의 발행지가 아닌 런던에 있는 은행에 예치된 것이다. 이를 대차대조표상에서 살펴보면 <표 2-1>과 같다. 런던은행 측에서는 부채항목에 달러예금 백만 달러가 증가하고 자산항목에 뉴욕은행에 대한 당좌예금(코레스 계정) 백만 달러가 증가한다. 뉴욕은행 측에서는 자산항목에서 지준이 백만 달러 감소하고 부채항목에서는 A의 정기예금 백만 달러가 소멸되어 런던은행의 정기예금 백만 달러가 증가하게 된다.

여기서 한 가지 유의할 것은 유로예금으로 사용된 달러자금은 어디까지나 미국 내에 그대로 존속하고 있으므로 유로달러예금은 미국 내의 은행에 있던 달러예금 중 일부가 유로은행으로 재예치 되는 장부상의 이체에 지나지 않는다는 것이다. 이와 같이 창출된 유로달러예금은 기업, 개인에 대한 대출 또는 은행 간 재예치 등으로 활용되는데 특히 은행 간 재예치가 가장 큰 비중을 차지한다. 즉 일차적으로 조성된 유로예금은 유로은행의 신용을 바탕으로 보다 높은 금리를 제공하는 다른 은행으로 재예치 되는데 이런 과정이 연쇄적으로 진행되어 유로예금의 규모를 확대시키게 된다. 이와 같은 유로예금의 연속적 확대현상을 피라미딩(pyramiding)이라 한다.

표 2-1 유로예금의 창출과정

뉴욕은행

지불준비금(−) U$ 1,000,000	A당좌예금(−) U$ 1,000,000 런던은행당좌예금(+) U$ 1,000,000

런던은행

뉴욕은행 앞 당좌예금(+) U$ 1,000,000	A의 정기예금(유로달러예금)(+) U$ 1,000,000

3. 유로통화금리의 결정

1) 유로금리와 국내금리와의 관계

유로통화금리는 당해 통화의 국내금리와 밀접한 관련을 가지고 있다. 국제자본이동이 완전히 자유로운 상태 하에서는 유로금리와 국내금리 간에 괴리가 발생할 이유가 없다. 그러나 현실적으로 유로금리는 국내금리와 어느 정도 격차를 두고 움직일 뿐만 아니라 유로시장 자체의 자금수급사정, 외환관리 등 여건의 변화로 독자적인 움직임을 보이기도 한다. 여기서는 달러화를 중심으로 유로금리와 국내금리와의 관계를 먼저 살펴보고 다음에 유로달러금리가 독자적으로 움직이게 되는 제요인을 살펴보기로 한다.

유로시장의 경우는 일반적으로 지급준비금의 적립, 예금보험 또는 보상예금(compensating balances) 등을 면제받기 때문에 비용면에서 국내금리에 비해 유리하게 결정된다. 그러나 유로달러시장과 미국 국내의 달러자금시장은 자본이동이 자유로운 경우 기본적으로 대체성을 지니고 있기 때문에 양자는 상호의존성을 갖는다. 특히 유로달러시장에 비해 미국의 국내 달러자금시장은 그 규모가 엄청나게 크기 때문에 전자가 후자에 미치는 영향은 미미하나 전자가 후자로부터 받는 영향은 아주 크다. 예를 들어 유로달러금리가 미국의 국내금리에 비해 상승(하락)하면 미국에서 유로달러시장으로 단기자본공급이 대폭 증가(감소)하고 유로달러시장에서의 단기자본에 대한 미국의 수요는 대폭 감소(증가)하게 된다. 이에 따라 유로달러금리는 하락(상승)하고 유로달러금리와 미국 국내금리간의 격차는 다시 축소되어 일정한 관계를 유지하게 된다.

반대로 유로달러금리는 불변인데 미국 국내금리가 상승(하락)하면 미국 국내로 단기자본의 공급이 크게 증가(감소)하고 미국시장에서의 단기자본에 대한 유로시장의 수요가 크게 감소(증가)하게 될 것이다. 그러나 이 경우 미국 국내시장의 달러유동성 규모가 워낙 크기 때문에 유로시장에 의한 미국 국내시장으로의 단기자본 공급증가는 미국 국내금리에 큰 영향을 미치지 못하고 다만 유로달러시장 자체의 금리만 상승하는 결과를 가져올 것이다. 유로달러금리는 미국 국내의 예금금리와 대출금리 사이를 움직인다. 그러면 이러한 유로달러금리의 변동폭은 어떻게 설정되는가를 살펴보자.

2) 유로달러금리의 하한

유로달러의 예금금리는 우선 미국 국내 예금금리보다 낮을 수 없다. 왜냐하면 시장의 선택이 자유로운 경우 달러자금을 가진 자는 유로달러 예금금리가 미국의 국내 예금금리보다 낮으면 유로시장에 예금할 이유가 없고 미국의 국내 은행에 예금할 것이기 때문이다. 따라서 유로달러 예금금리는 미국 국내 예금금리를 상회하여 유로시장의 예금에 대한 인센티브를 제공해 주어야 달러자금을 가진 자가 유로시장에 예금을 할 것이다. 그러면 여기서 미국 국내 예금금리는 과연 무엇을 지칭하는 것인가? 그것은 일반적으로 미국 국내의 상업은행이 직면하는 양도가능 정기예금(NCD)의 실효조달비용을 말한다. 실효조달비용은 CD의 액면금리에 지불준비금 부담비용과 연방예금보험부가료를 가산한 실질총비용이다. 즉

유로달러금리의 하한 = CD의 실효조달비용
= CD의 액면금리 + 지불준비율 부담비용 + 예금보험료율

이 된다.

3) 유로달러금리의 상한

한편 유로달러 대출금리는 일반적으로 미국 상업은행의 단기대출 실효금리보다 높을 수 없다. 그 이유는 두 시장이 선택적인 경우 유로시장에서의 대출금리가 미국의 국내대출금리보다 높으면 달러자금차입자는 유로시장에서 대출을 받으려 하지 않을 것이기 때문이다. 현실적으로 미국 상업은행의 단기대출금리는 프라임레이트(prime rate; 우량기업 대출금리)가 기준이 되는데 그 실효금리는 프라임레이트에다 보상예금비용과 기타 수수료를 가산한 것이다. 보상예금이란 미국의 경우 대출시 대출총액의 10~20%를 무이자로 예치해 두는 강제예금을 말하며 대출자금의 실효금리를 올리는 역할을 한다. 유로달러금리의 상한은 다음의 공식으로 표시할 수 있다.

즉,

유로달러금리의상한 = 미국상업은행의실효대출금리

$$= \text{프라임레이트} \times \frac{1}{1-0.2} + \text{기타수수료}$$

(보상예금을 20%로 한 경우임)

유로달러의 대출금리가 미국 국내은행의 대출금리보다 낮아야 하는 것은 유로시장이 미국시장과 경쟁하기 위해서는 유로은행으로부터의 차입이 미국 국내은행으로부터의 차입에 비해 코스트가 더 낮아서 유로시장에 대한 인센티브가 있어야 하기 때문이다.

4. 유로자금시장의 특징

첫째, 유로자금시장은 유로달러가 주도하는 시장이다. 유로달러가 전체 시장의 60%이상을 차지하여 압도적인 비중을 보였으나 최근 달러화의 약세를 반영하여 유로달러의 비중은 점차 줄어들고 있다.

둘째, 유로자금시장은 범세계적으로 확산되고 있다. 전통적으로 유로자금시장은 유럽지역에 집중되어 있었으나 최근 그 비중이 점차 줄어들고 대신 미국, 역외금융센터 등의 비중이 늘어나고 있다(<표 2-2> 참조). 따라서 유로자금시장은 전세계적으로 확산되는 추세를 보이고 있다.

표 2-2 유로자금시장의 구성

(단위 : %)

연말	유로달러비중	지역별구성				
		합계	유럽	미국	역외금융센터	기타
1985	72	100.0	47.4	23.4	20.7	8.5
1986	67	100.0	51.7	14.4	21.7	12.2
1987	65	100.0	52.1	13.0	21.2	13.7
1988	66	100.0	51.6	13.0	22.1	13.3
1995	71	100.0	50.1	12.2	20.7	17.0
1997	67	100.0	48.7	12.5	24.2	14.6
1999	71	100.0	48.9	12.9	24.5	13.7
2000	66	100.0	53.5	11.8	22.3	12.4
2005	65	100.0	52.7	11.4	20.1	15.8
2008	65	100.0	53.7	11.1	24.5	10.7
2009	64	100.0	54.5	10.8	22.4	12.3
2010	60	100.0	54.6	10.2	20.7	14.5

자료 : Morgan Guaranty Trust Co. World Financial Markets 각호 및 BIS 연차보고서 각호.

셋째, 유로자금시장은 은행 간 거래시장이다. 유로자금시장은 대고객시장과 은행 간 시장으로 나누어지는데 은행간시장이 큰 비중을 차지하고 있다. 즉 유로예금의 총규모 중에서 은행 간 예금이 거의 50%이상을 차지하여 동 시장이 은행 간 예금에 의해 주도되고 있음을 알 수 있다. 그것은 유로은행들이 비록 좁은 폭의 비드-애스크 스프레드(bid-ask spread)라도 이윤포착의 기회가 있으면 즉시 수취한 예금을 재예치하는 과정을 연속적으로 행하기 때문이다.

넷째, 유로자금시장은 통화당국으로부터 규제를 받지 않고 유로은행들이 자율적인 거래를 할 수 있는 시장일 뿐만 아니라 신용을 바탕으로 한 무담보 거래시장이다. 금융규제를 받지 않고 있다는 것이 유로은행들로 하여금 국내금융에 비해 아주 좁은 폭의 예대금리마진으로도 금융거래를 할 수 있는 중요한 요인이 된다.

5. 유로시장의 문제점

유로시장이 국제금융시장의 중심으로서 각국의 금융국제화, 새로운 금융기법의 개발촉진, 오일달러의 원활한 재환류, 국제유동성 편재의 시정 등 국제금융시장의 효율성을 재고하는 데 큰 기여를 한 것은 사실이지만 국제통화불안, 국제인플레이션, 유로은행의 신용불안 등을 야기시켜 국내의 통화신용정책에 혼선을 초래하는 등 여러 가지 문제점도 제기되어 왔으며 그에 따라 동시장에 대한 규제논의도 활발하게 전개되고 있는 상황이다.

첫째, 유로시장은 국제유동성의 공급으로 국제적인 인플레이션을 유발시킬 우려가 있다. 유로시장은 미국, 영국 등 주요 선진국들의 규제 또는 감독대상에서 제외되어 있기 때문에 신용팽창의 가능성이 국제금융시장에 비해 더 크고 따라서 국제유동성의 팽창은 결국 신용의 증대를 초래하여 인플레를 유발할 수 있는 추가적인 요인이 될 수 있다는 것이다. 물론 유로시장에서의 신용확대는 유로예금이 지급수단이 아니기 때문에 신용창조의 기능이 없다고 본다면 위의 논의는 설득력이 약해지지만 유로시장이 국내금융시장과는 달리 규제나 감독을 받지 않는 자유로운 시장이라는 점에서 보면 국제유동성의 증발에 따른 인플레이션 조장의 여지가 없지 않다고 할 수 있다.

둘째, 유로시장은 국제통화불안을 가속화시킬 우려가 있다. 즉 동 시장의 자금이자율이 기타 시장여건의 변화에 아주 민감하게 움직이기 때문에 외환시장이 불안정하여 국제통화불안이 일어나게 되면 환투기가 증폭되어 국제통화불안을 더욱더 가속화시킬 소지가 많다. 특히 유로시장의 자금은 핫머니(hot money)라는 점에서 보면 그러한 국제통화불안을 가속화시킬 가능성은 더 크다.

셋째, 유로은행의 안전성 문제를 지적할 수 있다. 누차 지적한 대로 유로시장은 규제나 감독이 없기 때문에 자유로운 금융활동을 하여 국제금융의 효율성은 높지만 그 반면에 그것이 유로은행의 안전성을 저해하는 요인으로 작용할 수가 있다. 유로은행의 안전성에 대한 위험에는 그 은행의 유동성 위험, 금리리스크, 환리스크, 컨트리리스크 등 여러 가지가 관련되며 국내은행과는 달리 자금의 최종대여자가 존재하지 않는 것도 큰 위험요인이 된다. 예를 들어 어떤 신용불안이 발생하여 유로은행 가운데 한 은행이 파산을 하게 되면 그에 따라 연쇄적인 유로예금의 인출사태가 발생할 것이고 그것은 유로금융시장 전체를 뒤흔드는 신용위기를 초래할지도 모른다. 국내은행의 경우에는 중앙은행이 자금의 최종대여기능을 하게 되어 그러한 연쇄적인 신용위기의 파급은 방지할 수가 있지만 유로은행의 경우에는 그것이 사실상 불가능하다.

6. 역외금융시장

1) 의의

역외금융시장(offshore financial market)이란 비거주자를 상대로 한 국제금융시장을 의미한다. 역외(offshore)란 원래 연안으로부터 떨어져 있는 해역이란 의미에서 시사하는 바와 같이 이 시장은 그 소재지국의 규제대상에서 대부분 제외된다는 점에서 유로시장의 한 부분을 형성한다고 할 수 있다. 그러나 역외금융시장은 반드시 거래대상이 비거주자이어야 한다는 점에서 거주자와의 거래도 포함하는 유로시장에 비해서는 그 범위가 좁다고 할 수 있다.

또 여기서 역외금융시장에서의 국제금융업무는 예금 및 대출의 은행업무만을 취급하는 경우도 있고 은행업무뿐만 아니라 채권의 발행·매매 등 증권업무까지 포함하는 경우도 있다. 특히 은행업무만을 포함하는 경우는 옵쇼어뱅킹센터(offshore banking center)라 부르고 있다. 역외금융시장이 은행업무만 포함하느냐 아니면 증권업무까지 포함하느냐 하는 것은 그 나라의 금융관행에 달려 있다. 즉 미국과 같이 은행의 겸업주의를 금지하는 경우는 역외금융시장이 전적으로 은행업무에 국한되고 있으며 런던 또는 룩셈부르크의 경우와 같이 은행의 겸업주의를 허용한 경우는 증권업무까지 병행해서 하고 있다.

역외금융시장은 조세피난지(tax haven)와는 구별된다. 조세피난지란 통상 조세상의 우대조치(법인세, 소득세, 영업세, 이자·배당에 대한 원천세 등에 대한 경감 또는 면제)를 취해 줄 뿐만 아니라 은행 및 기업의 비밀을 보장해 줌으로써 외국의 금융기관 또는 기업을 유치하여 그 나라의 고용과 소득을 제고시키고자 하는 국가, 도시 또는 지역을 의미하나 조세피난지 그 자체가 역외금융시장이 되는 것은 아니다. 물론 많은 역외금융시장이 조세피난지의 성격을 띠고 있으나 조세피난지가 역외금융시장이 되기 위해서는 자금거래·외환거래 등이 자유로워야 하고 지준율, 예금보험, 예금금리 등에 대한 규제가 없어야 한다.

2) 생성요건

역외금융시장은 다른 국제금융시장과는 달리 국가경제의 발전에 수반된 자연발생적 시장이 아니고 정부의 시장육성 노력에 따라 인위적으로 개발된 성격이 강하다. 따라서 다음과 같은 구비요건을 그 발전의 필요요건으로 한다.

첫째, 금융의 자율화가 이루어져야 한다. 여기에는 외국은행의 설립, 자본의 유출입, 외환거래, 은행경영 등에 대한 자유화를 포함한다.

둘째, 자금거래의 코스트가 낮아야 한다. 이를 위해서는 지준율 의무의 감면, 예금보험의무의 철폐, 조세상의 우대조치, 이자소득세에 대한 감면 등을 실시해야 한다. 실제로 역외금융시장의 거래는 전문적인 금융기관 상호간의 거래가 대종을 이루기 때문에 예금자를 보호하기 위한 예금보험이나 금융정책의 일환으로 사용되는 지준율제도는 필요가 없으며 오히려 이러한 제도를 철폐하여 자금거래의 코스트를 줄임으로써 자금의 최종수요자의 부담을 경감시키는 것이 더 효과적이라 하겠다.

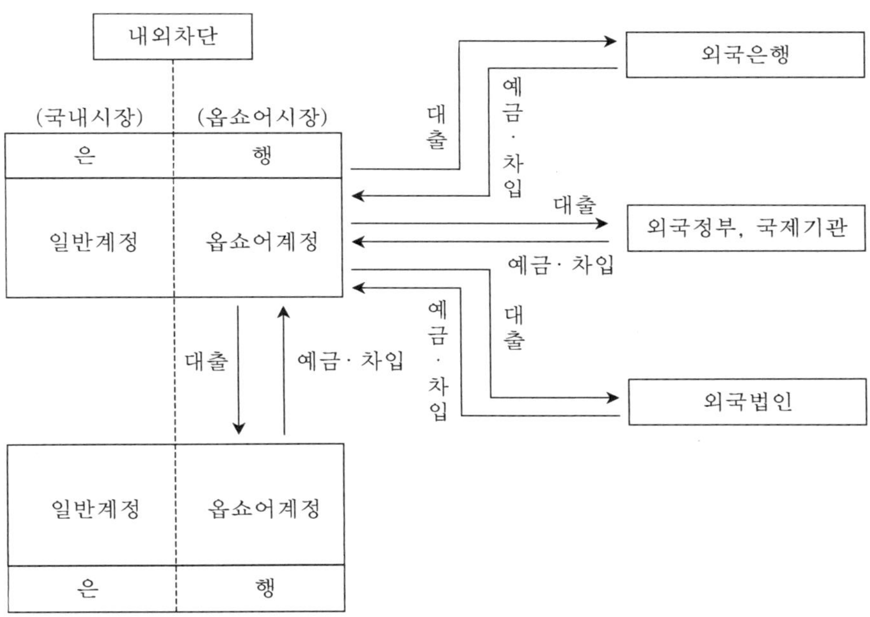

자료 : 한국금융연수원, 『국제금융 2』, 2001, p.37.

▶ 그림 2-1 역외금융시장의 구조

3) 역할

첫째, 국제적인 자금공급의 원활화를 기할 수 있다. 즉 역외금융시장은 시장규제의 완화 또는 철폐 등에 힘입어 거액의 자금을 낮은 비용으로 능동적으로 공급할 수 있다.

둘째, 국내에 역외금융시장을 설립함으로써 단순히 국내금융시장에 머물지 않고 세계시장으로 도약함으로써 국제금융시장으로서의 기능을 확대하고 신인도를 높이며 나아가 금융시장의 폭을 넓혀 그 층을 더욱 두텁게 할 수 있다.

셋째, 금융서비스무역을 통하여 국제수지를 개선할 수 있다.

넷째, 국내통화의 국제거래를 활성화하여 이른바 금융의 국제화를 촉진할 수 있다.

다섯째, 외환 및 자본거래의 자유화로 다국적기업의 영업기지로 기능할 수 있다.

여섯째, 조세상의 우대조치로 개인, 기업 또는 금융기관의 자금도피처로 활용될 수 있다.

4) 주요 역외금융시장

역외금융시장은 런던, 룩셈부르크, 스위스의 리히텐슈타인, 영국근해의 아일오브맨(Isle of Man)등으로부터 미국의 IBF, 카리브해 연안의 바하마, 버뮤다, 케이만군도, 파나마, 네덜란드령 안틸레스(Antilles)제도, 아시아지역의 동경 IBF, 싱가포르, 홍콩, 중동의 바레인에 이르기까지 전세계적으로 광범위하게 확산되어 있다. 여기서는 런던, 룩셈부르크, 리히텐슈타인 등과 같이 유로시장과 함께 자연발생적으로 생성·발전한 것을 제외하고 조세피난지와 같은 유인조치에 따라 인위적으로 조성된 시장을 몇 개 골라서 소개하기로 한다.

(1) 미국의 IBF

미국의 IBF(International Banking Facilities)란 미국내의 비거주자를 대상으로 한 역외금융시장으로서 연방준비이사회가 1981년 12월부터 은행기관에 대해 그 설립을 허용한 것이다. 미국의 은행은 증권업무 등 다른 업무를 겸업할 수 없기 때문에 미국의 IBF는 반드시 예금의 수취 및 대출에 관련된 은행업무에 국한되고 있다. 여기서 한 가지 유의할 것은 IBF가 별개의 독립된 기관이 아니라는 점이다. 즉 IBF는 예금취급기관에 소속되어 있는 별도의 자산과 부채계정을 지칭하는 것이다.

미국이 IBF를 설립하게 된 것은 미국의 만성적인 국제수지적자와 그에 따른 자본유출, 유로시장의 발전, 미국 금융기관에 대한 규제 등과 깊은 관련이 있다. 즉 미국은 제2차 세계대전 이후 지속적으로 국제수지적자를 시현해왔으며 한편으로는 유로시장의 발달과 이자율상한제, 지준율부과 및 예금보험제 등에 따른 금융기관규제로 말미암아 자본유출이 심화되고 그 결과 미국 국내금융기관들이 이러한 규제가 없이 자유로운 금융활동을 할 수 있는 기타 시장에 비해 상대적으로 불리한 여건에 직면해 왔던 것이다. 물론 미국의 자본유출현상을 억제하기 위한 조치의 일환으로 이자평형세나 대외여신 자율규제 등을 실시하였으나 이러한 조치 역시 결국에는 폐지되어 버렸고 미국내 금융기관의 국제경쟁력이 상대적으로 약화되었던 것이다. 따라서 미국은 해외에 유출된 달러자금의 미국 내 유입을 촉진하고 미국내의 금융기관의 국제금융활동과 대등한 기반 위에서 영업할 수 있도록 여건을 조성해 주며 미국 금융시장의 국제적인 지위를 높이는 한편, 미국내 금융기관의 고용을 창출하고 수익을 제고하며 세수를 증대시키고자 하는 목적에서 IBF의 설립을 시도하게 된 것이다.

IBF의 예금 및 대출고객은 반드시 비거주자, 다른 IBF 및 IBF를 설립한 다른 기관에 한정되어 있다. 따라서 이들 기관을 제외한 어떤 다른 거주자에 대한 대출이나 이들로 부터의 예금수취는 금지되어 있다.

IBF의 활동범위에 대해서는 엄격하게 규제하고 있는데 그것은 IBF를 통상적인 국내금융과 완전히 분리시켜서 국내통화정책의 수행에 혼잡성을 배제시키고자 하는 데 그 주요 목적이 있다.

IBF 예금에 대해서는 지준율 적용 및 예금보험의 적용이 면제되며 예금금리상한제 역시 면제되었다. 다만 IBF 설립기관이 IBF 자금을 내부적으로 활용할 경우에는 마치 미국은행의 외국지점이 수취한 예금과 동일하게 취급하여 유로통화예금에 대한 지준율의 적용을 받게 된다.

(2) 싱가포르시장

싱가포르는 아시아달러시장의 중심지로서 1968년 11월 이른바 ACU(Asian Currency Unit)계정의 성립을 인가하여 비거주자 예금의 이자지급에 대한 과제를 폐지함으로써 싱가포르 역외금융시장은 그 막을 올리게 되었다. ACU계정은 국내계정과 구분하여 아시아달러의 거래만을 기장하기 위한 특별계정인데 싱가포르가 이와 같은 역외금융 계정제도를 도입하게 된 것은 아시아달러시장을 육성하여 기타국제금융시장과 대등한 경쟁력을 갖게 하고, 국제금융거래와 싱가포르 국내금융거래를 완전 분리하여 전자가 후자를 교란하는 일을 차단하고자 하는데 그 목적을 두고 있다.

싱가포르 정부는 ACU계정이 국내금융시장을 교란하는 것을 차단하기 위해 싱가포르 통화관리청(The Monetary Authority of Singapore; MAS)의 엄격한 관리통제를 받고 있다. MAS는 ACU 제관리규정의 개정, ACU취급인가, 제보고, 통계 등을 통해 ACU시장을 관리·감독하고 있다.

ACU는 MAS로부터 ACU취급인가를 받은 은행만이 보유할 수 있으며 그러한 취급인가를 받은 은행을 ACU은행이라 부른다. 싱가포르 국내은행, 머천트뱅크, 외국은행의 싱가포르 국내지점 등이 ACU은행의 인가를 받을 수 있다.

싱가포르 시장이 취급하는 금융업무는 아래와 같다.

첫째, 예금업무이다. ACU은행은 보통예금 및 당좌예금을 취급할 수 있으나 반드시 실명제에 한한다. 그 거래대상은 비거주자, 기타 ACU은행 및 국내의 외국환 취급은행이며 단 거주자예금에는 외국환관리법에 의해 그 보유한도에 제한을 가하고 있다.

둘째, 대출업무이다. 예금과 마찬가지로 ACU은행은 예금거래 대상자들에 대해 대출업무를 취급할 수 있다.

셋째, CD업무이다. ACU은행은 MAS의 인가를 받아 미달러표시 CD를 발행할 수 있다. 금액은 5만 달러이상 100만 달러까지로 하고 기간은 최단 3개월 최장 5년으로 제한되어 있다.

넷째, 채권업무이다. ACU은행은 외화표시채권을 매입은 할 수 있으나 스스로 발행할 수는 없다.

(3) 바레인시장

바레인 역외금융시장은 1975년 10월 바레인 통화청(Bahrain Monetary Agency; BMA)이 OBU(Offshore Banking Unit)계정의 개설을 허용함으로써 처음 형성을 보게 되었다.

바레인은 1880년 이래 영국의 보호령으로 있었으나 1971년 8월에 독립한 나라로 주변에 막대한 석유달러를 보유하고 있는 중동산유국에 대해 금융서비스를 제공한다는 점에서 역외금융시장의 육성 발전은 큰 의의를 지닌다.

바레인이 중동지역의 역외금융센터로 발전하게 된 것은 우선 지리적으로 런던과 싱가포르의 중간에 위치하여 두 도시와 3시간의 시차를 갖고 있어서 유럽금융시장과 아시아금융시장을 연결하는 중요한 기능을 수행할 수 있다는 데 큰 이유가 있다. 뿐만 아니라 사우디아라비아, 카타르, 쿠웨이트 등 주요 인접산유국들의 석유달러를 흡수하고 여기에다 전신, 전화 등 각종 통신망이 잘 발달되어 있으며 정치적으로도 안정이 되어 있는 데서 바레인 역외금융센터의 발전배경을 찾을 수 있다.

OBU은행은 다음과 같은 규제를 받는다.

첫째, OBU은행은 반드시 BMA의 인가를 받아야 한다. 그 인가조건은 외국은행의 완전한 지점이면 되고 OBU의무를 지키겠다는 보증장을 BMA에 제출해야 된다.

둘째, OBU은행은 바레인 거주자와의 거래는 원칙적으로 금지하여 정부, 정부기관, 기타 은행 또는 BMA가 인가한 개발프로젝트의 참여는 허용된다.

셋째, BMA는 OBU은행의 거래를 감독하기 위해 OBU거래에 대한 기장을 철저히 분리할 뿐 아니라 대차대조표를 포함한 각종 월례정기보고서와 연말 손익계산서, 재무제표 등의 제출을 요구한다.

역외금융의 육성 발전을 위해 OBU계정에 대한 지준율, 유동성비율 등에 대한 규제가 없으며 또 외국금융기관의 진입을 촉진하기 위해 법인세, 개인소득세, 이자소득에 대한 원천세 등이 면제된다.

바레인 역외금융시장의 주요 업무는 예금대출 등의 은행업무가 주종을 이루고 여기서 채권발행 등의 증권업무가 부가되고 있다.

(4) 동경 IBF

일본대장성은 1986년 12월 1일자로 동경 역외금융센터, 즉 동경 IBF를 설치하였다. 일본의 동경 IBF 설치는 일본경제의 급성장과 경제대국으로의 부상, 외국으로부터의 일본시장개방압력 증대, 국제통화로서의 일본엔화의 지위증대 등을 배경으로 한 것으로 그 주요 내용은 다음과 같다.

첫째, IBF에는 외국환공인은행 중에서 일본대장성의 승인을 받은 은행만이 참가할 수 있다.

둘째, IBF의 거래상대방은 일본 국내소재와 외국환은행의 특별금융계정, 해외소재은행(일본의 외국환은행 및 증권회사의 해외현지법인, 외국환은행의 해외지점을 포함), 외국정부, 세계은행 등 공식 기관, 외국법인(일본기업의 해외현지법인 포함) 등이다.

셋째, 외국환공인은행은 IBF 거래를 위하여 IBF 거래계정의 B/S 계정으로서 특별국제금융계정(Japan Offshore Market Special A/C; JOM Special A/C)을 신설하고 동 계정의 결제를 위하여 별도의 계리목적으로 특별금융계정의 상대계정과목으로서 일반계정 내에 특별국제금융 이체계정(transfer to JOM)을 신설해야 한다.

넷째, IBF의 자금조달과 운용은 반드시 비거주자를 대상으로 하도록 규제하고 있다.

다섯째, IBF거래 시에는 일반계정과 원칙적으로 차단하며 반드시 거래상대방이 은행, 외국정부 및 공적기관이 아닌 경우 비거주자임을 확인할 의무가 있으며 대출자금의 국내유입방지를 위해 국외의 영업활동에 한해서만 사용하겠다는 확인서를 요구하도록 되어 있다.

이와 같은 IBF에 대해 일본대장성은 금리규제, 준비금제도 및 예금보험제도 등의 적용을 면제하는 한편 예금이자소득에 대한 원천세를 면제하여 금융세제상의 우대조치를 취해 주고 있다.

그리고 동경 IBF는 그것이 일본 국내경제에 미치는 영향을 최소화시키기 위해 미국의 IBF와 같이 엄격한 내외분리원칙을 채택하고 있다. 동경 IBF의 창설로 일본 국내적으로는 국제금융업무의 중심이 동경으로 옮겨짐에 따라 일본 내 은행의 해외부문 경비를 절감하고 수수료 수입이 늘어나는 등 은행의 수익기회가 증대되고 업무확대에 따른 금융기관의 고용이 증가하며 나아가 동경금융시장의 국제적 지위가 향상되는 등의 이점을 누릴 수가 있다. 또 해외금융시장에 대해서는 엔화거래가 확대됨에 따라 일본엔의 기축통화로서의 기능이 늘어나 달러의 국제통화기능을 보완하고 경제성장률이 높은 아시아 여러 나라에 대한 자금공급능력이 제고될 것으로 보이나 홍콩, 싱가포르 등 기존 아시아 국제금융시장을 상대적으로 위축시킬 가능성을 지니고 있다.

5) 문제점

역외금융시장에서의 국제금융활동은 지준율의 철폐, 세제상의 우대조치, 외환관리의 철폐, 은행규제의 완화 등을 배경으로 자금의 원활한 수급을 통한 효율성을 제고하는 등 긍정적인 측면도 많지만 다국적 은행이나 다국적 기업이 비윤리적 영업활동을 할 수 있는 소지를 다분히 가지고 있어서 부정적인 측면도 적지 않다.

첫째, 역외금융시장이 건전한 시장발전에 악영향을 미칠 위험성이 있다. 역외금융센터의 은행은 거주자와의 자금거래가 대부분 금지되어 있지만 국내금융업무와 역외금융업무의 겸업을 허용하는 나라에서는 국내금융의 건전성을 저해할 위험성이 있다. 특히 투기성자금의 유출입이 극심한 시장에서 이러한 위험은 더 크다.

둘째, 조세피난지로서의 역할이다. 개도국의 경우 대부분의 역외금융시장은 조세피난지의 기능을 하고 있는데 그것이 개도국의 금융발전보다는 선진국의 단순한 조세피난지로서의 역할에 그쳐 선진국에 예속될 위험이 있다.

셋째, 국내금융정책을 교란시킬 위험이 있다. 금융시장이란 본래 건전한 자금수요와 운용이 통상의 시장원리에 입각하여 이루어질 수 있어야 하는데 역외금융시장의 경우는 조세피난지를 따라온 도피적 자금이 대량으로 유입·축적될 수 있어 그것이 적절한 금융 감독의 범위를 벗어날 때에는 국내금융정책의 수행을 교란하는 요인으로 작용할 위험이 있다. 특히 이러한 자금이 국내금융시장으로 누출될 경우 국내금융정책은 중대한 차질을 가져오게 된다.

넷째, 금융시장의 리스크가 높을 수 있다. 역외금융시장은 시장에 대한 규제가 없고 거액의 자금이 자유로이 이동하기 때문에 순식간에 자금경색현상이 일어나는 등 금융리스크가 높은 수도 있다.

다섯째, 금융범죄가 격화될 수 있다. 역외금융센터는 조세피난지 성격을 악용한 탈세자금, 금융규제감독의 부재에 따른 불공정금융거래 등 제반 금융범죄가 격화될 가능성을 배제할 수 없다.

CHAPTER 3

국제금융시장의 종류

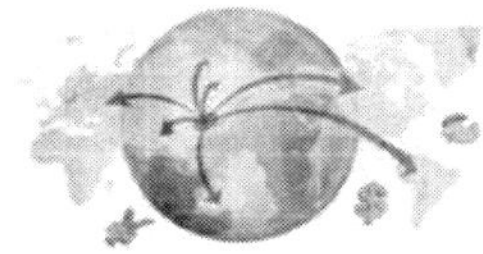

INTERNATIONAL FINANCIAL

제1절 국제채시장

1. 국제채시장

국제채시장은 국제금융시장에서 가장 대표적인 역할을 담당하는 시장이다. 국제채시장은 기업이나 정부기관 등이 해외에서 채권을 발행하여 자금을 조달하거나 발행된 국제채가 유통되거나 거래되는 시장을 말한다. 사실 국내채권시장에서 채권을 발행하여 자금을 조달하려면 여러 가지의 정부의 규제나 간섭을 받게 된다. 특히 조세 등에서도 엄격한 적용을 받는다. 자연히 조달비용이 올라가게 되거나, 채권발행 자체가 어려울 때가 많다. 따라서 그러한 국내시장에서의 규제나 제한요소를 피해 좀 더 유리한 조건하에서 자금조달이 행해질 수 있는 국제채시장이 등장하게 된 것이다.

1970년대 접어들어 등장한 석유위기나 브레튼우즈체제의 붕괴, 금리변동폭의 확대 등 세계금융환경이 달라짐에 따라 국제채시장에도 적지 않은 변화가 나타났다. 즉 국제채권투자자들은 이제까지의 단순한 여유자금의 대출과 차입이라는 금융형태에서 변화를 보였다. 특히 국제채투자자의 수요변화로 인해 규제완화(deregulation)가 이루어지면서 국제채시장은 급속한 발전을 가져왔다. 2010년 이후에 와서도 다국적기업을 중심으로 국제채가 발행되고 있으며, 유럽의 재정위기와 함께 다소 추춤거리긴 했으나, 여전히 해외투자기업의 자금조달원으로서 역할을 하고 있다.

특히 1980년대 중반 이후부터 다양한 파생금융상품의 등장과 함께 차입자나 투자자의 수요에 부응하는 금융혁신이 계속되어 현재 국제채시장에서는 수많은 상품들이 개발되어 이용되고 있다. 물론 21세기에도 국제채시장은 양적·질적으로 발전이 계속될 것으로 보이며, 투자자나 차입자 모두의 요구를 충족시켜 줄 금융상품의 출현이 이어지고 있다.

흔히 우리가 국제채(international bond)라고 말하는 것은 외국채(foreign bond)와 유로채(Euro bond)를 포함하는 개념이다. 이 중 외국채란 발행국의 거주민이 아닌 외국의 발행자에 의해서 발행되어 발행국의 화폐로 발행국 내에서만 판매되는 채권을 말한다. 예를 들어 한국기업이 미국 내에서 달러로 발행하여 미국투자자들에게 판매하는 채권은 외국채이다. 한편, 채권이 애초에 표시통화의 국가가 아닌 다른 나라에서 거래될 목적으로 발행되는 경우 이를 유로채라고 부른다. 예를 들어 미국기업이 달러로 채권을 발행하되 미국이 아닌 다른 지역에서 이 채권을 발행, 매각한다면 이는 유로채가 되는 것이다.

이러한 발행방식의 차이 때문에 유로채와 외국채는 여러 가지 면에서 서로 다른 특징을 갖게 되는데 이를 요약하면 다음과 같다.

첫째, 유로채는 액면에 표시된 통화의 발행국이 아닌 표시통화국 이외의 지역에서 모집되고 판매되기 때문에 통화소속국가의 발행허가, 감독, 신용등급평가절차 등의 여러 가지 규제를 받지 않고 비교적 자유롭게 발행되고 있다. 반면, 외국채는 일반적으로 표시통화국 내에서 모집되고 판매되므로 해당국가의 자본시장에 대한 모든 규제를 동일하게 적용받는다.

둘째, 유로채의 경우에는 여러 나라의 기관들로 구성되는 국제적인 인수단이 참여하는 반면에, 외국채의 경우에는 주로 표시통화국 내의 금융기관 또는 증권회사로 참여인수단을 구성하므로 초기의 시장형성자의 구성이 다르다.

셋째, 유로채의 경우에는 개인투자자의 투자비중이 상당히 큰 반면에 외국채의 투자자는 주로 보험회사, 연금기금 등의 기관투자자로 이루어진다.

넷째, 외국채는 발행지국의 증권거래소에 상장되어 거래소 또는 점두거래로 유통되나 유로채는 주로 점두거래로 이루어진다.

2. 외국채시장

1) 외국채시장의 의의

외국채(foreign bond)란 한 나라의 국내자본시장에서 외국차입자가 국내통화로 채권을 발행하는 경우이다. 즉 채권발행을 통한 자금이 채권발행국내에서 사용되지 않고 채권발행국 이외의 지역에서 활용되는 채권을 의미한다. 가령 한국기업이 일본에서 일본투자자를 대상으로 채권을 발행할 경우 이러한 채권은 외국채가 된다.

따라서 외국채시장(foreign bond market)이란 통화표시 채권발행국에서 외국차입자가 채권발행국 투자자를 대상으로 발행하는 외국채가 거래되는 시장을 말한다. 이러한 외국채의 발행은 주로 미국, 영국, 일본, 독일, 스위스 등 주요 선진국에서 이루어지고 있다.

한편 외국채는 일반적으로 보통채(straight bond)의 형태로 발행됨과 동시에 고정금리와 일정한 상환기간을 갖는 경우가 대부분이다. 외국채는 발행되는 시장이 위치한 국가의 통화로 표시되며 그 나라 금융당국의 법적·제도적 규제를 받게 된다.

또한 외국채시장에서의 차입자 구성은 주로 정부기관, 국제기구, 은행 및 기업들이다. 여기서 가장 큰 차입자는 각국의 정부기관인데 일부 국가에서는 정부를 대표하는 재무부 또는 중앙은행의 이름으로 차입할 때도 있으며, 국영기업체나 지방정부도 주요한 차입자이다.

특히 국제기구도 외국채시장의 차입자가 되는 예가 많다. 가령 세계은행(International Bank for Reconstruction and Development; IBRD), 아시아개발은행(Asian Development Bank; ADB), 미주개발은행(Inter-American Development

Bank; IADB)과 북구투자은행(Nordic Investment Bank) 등 국제금융기구들이 이에 해당된다. 각국의 상업은행과 기업도 외국채시장을 이용하는 경우가 있으나, 이들은 외국채시장보다는 오히려 유로채시장에서 차입활동을 하고 있다.

그리고 외국채 투자자를 크게 분류하면 개인투자자와 기관투자자가 있다. 개인투자자는 자금원의 다양화, 투자수익의 극대화 및 환차익을 겨냥해 외국채시장에 참여하고 있으나 개인투자자의 비중은 유로채시장에 비해 크게 낮다. 기관투자가에는 각국 중앙은행, 정부기관, 보험회사, 은행, 기업 및 국제금융기구 등이 포함된다. 가령 각국의 중앙은행은 자국의 유동성과 안정성을 추구하고자 미국과 일본의 외국채시장에서 외화를 차입하거나 투자하고 있다.

2) 외국채시장의 특징

외국채의 경우 외국채시장에서의 모집하는 방법에 따라 공모발행(public offering)과 사모발행(private placement)으로 구분된다. 우선 공모란 발행된 채권을 다수의 기관으로 구성된 인수단이 일단 인수한 후, 판매단을 통해 불특정 다수의 투자자를 대상으로 증권거래소 등에서 판매케 하는 방식이다. 그리고 사모란 공식적인 인수단을 구성하지 않고 대리인의 주선으로 특정한 소수의 전문투자자에게 비공개로 직접 판매하는 방식이다. 그리하여 사모의 경우는 거래소에 상장되지 않는다.

따라서 공모발행은 투자자가 광범위하므로 대규모 발행에 적합하며 공신력에서도 인정받을 수 있고, 나아가 대규모의 선전효과를 얻을 수 있다는 이점이 있다. 문제는 발행절차가 복잡하고 발행하는데 장기간이 소요됨으로써 시간적 융통성이 결여되어 있다는 점과 발행비용이 과다하며 약정조건의 갱신도 어려운 단점이 있다. 사모발행의 장단점은 공모발행과 반대라고 할 수 있다.

한편 1980년대 중반까지만 해도 외국채시장에서 미 달러화 표시채가 대부분을 이루었으나 1980년대 중반 이후에는 그 비중이 점점 낮아지고 독일 마르크, 스위스 프랑 및 일본 엔화 표시채의 비중이 점차 높아졌으며, 1990년대 후반에 와서는 다시 미달러화 표시채의 비중이 높아졌다. 발행통화를 어느 통화로 할 것이냐 하는 것은 발행국의 금융시장 상황뿐만 아니라 환위험과 금리위험 같은 요소들을 감안하여 결정하여야 한다.

통상적으로 외국채 발행은 장기자금을 조달하기 위한 것이므로 5~10년 이상의 장기채가 일반적이다. 그러나 만기가 반드시 발행자의 요구에 따라서 결정되는 것만은 아니며 발행자의 신용도나 발행시점의 시장환경 등에 의해서도 달라질 수 있다.

3) 외국채시장의 종류

채권발행국에서 외국인이 발행하는 외국채에는 채권발행국의 별칭을 붙여서 여러 가지로 부르고 있다. 미국에서 발행되는 외국채는 양키본드(Yankee bond), 일본에서 발행되는 외국채는 사무라이채(Samurai bond), 쇼군채(Shogun bond), 영국에서 발행되는 외국채는 불독본드(Bulldog bond) 등으로 부른다. 즉 양키본드는 특히 미국시장에서 비거주자가 달러표시채권을 발행하는 경우를 말하며, 사무라이채는 외국차입자가 일본의 자본시장에서 엔화표시채권을 발행하는 경우이다. 한편 쇼군채는 외국차입자(비거주자)가 일본시장에서 발행하는 비엔화 예컨대 달러화채권을 말한다. 역시 불독본드는 영국 자본시장에서 비거주자가 발행하는 파운드화표시채권을 말한다. 이밖에 한국 자본시장에서 비거주자가 발행하는 원화표시채권을 아리랑본드(Arirang bond)라 한다. 외국채는 통상 소지인식으로 채권보유의 익명성이 보장될 수 있으며, 발행국에서 비거주자들의 이자소득에는 원천세가 면제된다.

3. 유로채시장

1) 의의 및 생성발전

유로채시장이란 중장기 유로채를 발행, 인수 및 매매하는 국제장기자본시장을 말한다. 유로채란 기채자가 유로시장을 통하여 2개국이상의 채권인수업자들로 구성된 국제적 신디케이트에 의해 인수, 판매되어 2개국 이상의 시장에서 유통되는 채권을 말한다. 앞서 설명한 것처럼 유로채와 외국채를 합하여 국제채라 부른다. 국제채는 비거주자에 의해서 기채한 자금이 기채지(예를 들면 런던)내에서 사용되지 않고 다른 지역에서 사용된다는 점에서 통상적인 내국채와 구별된다.

투자자들의 입장에서 유로채가 지닌 장점은 유로채의 이자에 대한 소득세는 원천징수가 되지 않는다는 점이다. 따라서 투자자 본인이 자국정부에 신고하지 않으면 유로채에 대한 이자소득에 대해서는 세금을 내지 않는 경우가 매우 흔하다. 또한 유로채는 대부분 소유채(bearer bond)이지 등록채(registered bond)가 아니다. 따라서 채권의 소유자 이름이 명부에 올라있지 않으며 이자와 원금 지급은 쿠폰과 채권을 제시함으로써 이루어진다. 이 때문에 유로채는 자신의 신분을 드러내고 싶지 않은 많은 투자자에게 특히 인기가 있다.

한편 유로채는 1963년 7월 이탈리아의 고속도로 관리회사(autostrade)에 의해 최초로 발행되었으며 미국의 국제수지 적자, 자본유출규제, 서유럽 여러나라들의 금융시장개방, 외환규제 완화 또는 철폐 등에 힘입어 급속한 발전을 보게 되었다. 그러나 외국채의 경우는 유로채보다 먼저 런던, 뉴욕 등을 중심으로 형성되었으며 최근에는 동경에 이르기까지 그 시장이 크게 확산되었다.

2) 시장의 특징

첫째, 유로채시장은 장기자본시장이다. 유로채의 만기는 5년 이상 20년 이하인 장기자본시장이다. 개별 유로채의 만기는 발행자의 신용도, 시장여건 등에 따라 달라지며 차입자의 신용도가 높을수록 그리고 시장여건이 좋을수록 장기화되는 경향이 있다.

둘째, 선진국이 유로채 총발행액의 90%이상을 차지하므로 유로채시장은 선진국 주도시장이다. 그것은 동 시장이 장기채시장으로 신용리스크, 컨트리리스크 등 각종 위험에 노출되기가 쉬워, 자연적으로 선진국의 우량차입자가 발행한 채권에 선호가 쏠리기 때문이다.

셋째, 유로채의 표시통화는 다양하다. 유로채의 경우 표시통화에 대한 제약은 없다. 기채자나 투자자의 선호에 따라 어떤 통화로 유로채가 발행될 것인가가 결정된다. 표시통화별 유로채의 발행실적을 보면 종래 미달러 표시채의 비중이 70%이상을 차지하여 아주 높았으나 유로화, 일본 엔 등 기타 통화표시채의 비중이 높아졌을 뿐만 아니라 ECU 등 복합통화표시 유로채까지 등장하여 표시통화가 아주 다양화되었다. 유로채의 표시통화는 각국의 국내금리, 환율 등에 따라 결정되는데 이와 같이 표시통화가 다양하게 나타나는 것은 그만큼 국제금융시장에서 환리스크 등 각종 금융리스크의 변화에 적극적으로 대처하고자 하는 노력을 반영한 것으로 보인다.

넷째, 유로채시장은 유통시장이 덜 발달되어 있다. 유로채는 발행자의 지명도에 의해 최종 투자자를 상대로 발행되고 있는데 투자자의 경우 유통시장이 발달되어 있지 못하기 때문에 대부분 만기까지 보유하는 것을 전제로 투자하고 있는 실정이다. 따라서 만기 전 매각의 경우 아주 낮은 가격으로 매각하는 일이 많다.

다섯째, 변동금리에 의한 유로채가 증가하고 있다. 유로채에 대한 금리변동 리스크를 줄이기 위해 고정금리보다는 변동금리채로 발행하는 것이 크게 증가하고 거의 보편화되었다. 그것은 유로채시장이 만기가 최단기 5년을 넘는 중·장기자본시장이기 때문에 장기간에 걸친 금리변동 리스크가 큰 데 연유한다. 변동금리채의 경우 기준금리는 6개월 LIBOR(London Interbank Offered Rate)가 주로 통용되고 있다.

3) 유로채의 유통시장

신규로 발행되는 유로채의 거래는 채권의 발행일(offering day)로부터 시작되는데, 대부분의 유로채는 사모발행되거나 최초발행이 이루어진 후 단기간 내에 매매되고 개인투자가나 기관투자가에 의해서 만기까지 보유되는 것이 일반적이다. 그러나 일부 유로채, 특히 지명도가 높은 차입자가 대량으로 발행한 유로채는 유통시장에서 활발하게 거래되기도 하는데, 이들 채권에 대해서는 영국, 취리히, 홍콩 등지의 은행으로 구성된 시장조성자들이 매입-매도(bid-offer) 양방향(two-way)가격을 고시한다. 유통되는 채권의 발행자로는 신용도가 높은 정부차입자, 세계은행(World Bank)과 같은 초국가적 기구, 세계적인 거대 다국적기업 등이 포함되는데, 특히 세계은행이 발행한 채권은 다른 유로채의 가격을 결정하는데 있어서 중심지표(bench mark)가 된다.

유로채 유통시장의 중요한 참가자는 브로커와 시장조성자(market maker)로 구분할 수 있다. 브로커는 단순히 수수료의 획득을 목적으로 고객의 매매주문을 중개하는 역할과 특정증권의 매입과 매도를 대행하는 위탁매매인 또는 대리인으로서의 역할을 수행한다. 브로커의 가장 중요한 기능은 이러한 중개업무를 수행하는 과정에서 증권가격에 대한 정보를 시장에 널리 전파하는 것이라고 할 수 있다.

한편 유로채의 유통시장에서 보다 중요한 역할을 하는 것은 시장조성자들인데, 이들은 자신의 이익획득을 목적으로 자기자본과 자기계정을 가지고 유로채의 매매거래를 수행한다. 은행, 금융회사 등의 기관투자가들이 주로 시장조성자의 역할을 하게 되는데 이들은 양방향 거래를 위해서 매입가격과 매도가격을 제시하여 거래의 상대방이 되어 줄뿐만 아니라 자기계정을 가지고 이익극대화를 위한 매매활동을 하기 때문에 유로채의 유통시장이 형성되고 가격이 성립되는데 중요한 기능을 담당하고 있다.

현재 대부분의 달러표시 유로채는 미국 재정증권 수익률곡선(Treasury curve)에 연결되어 가격이 고시된다. 즉, 이들 유로채의 수익률은 만기가 유사한 재정증권 수익률에 스프레드를 가산한 방식으로 표시되는 것이다. 가격이 고시되고 거래가 체결되는 기준은 순수익률, 즉 수수료를 제외한 수익률이 기준이 된다. 시장조성자가 매입가격(bid price)과 매도가격(offer price)을 고시하기 때문에 투자자가 매도가격대로 채권을 매입하는 경우, 매도가격에 경과이자(accrued interest)를 가산한 금액만을 지급하면 되고 그 외에 지급하여야 하는 금액은 없다.

유로채 쿠폰은 1년에 한번 지급되기 때문에 유로채시장에서의 수익률은 매년 1회의 지급을 가정하여 최종만기일까지의 수익률로 표시한다. 반면, 중장기재정증권의 경우에는 1년에 2회 이자를 지급하는 쿠폰을 첨부하고 있으므로 유로채를 재정증권과 비교하기 위해서는 그 수익률을 매년 2회의 지급기준으로 환산하여야 한다. 그러나 이보다 유로채의 가치평가를 보다 어렵게 만드는 것은 많은 유로채가 발행자에게 콜옵션(조기상환권)을 부여하고 있다는 점이다. 따라서 유로채의 가치계산 시에는 이러한 콜옵션의 가치를 일반채권의 가치에서 빼주는 것이 타당할 것이다.

4) 유로채의 가격결정

유로보통채는 대개 액면가액으로 발행되지만 일부는 액면에서 할인 발행되거나 액면가액에 수수료를 가산한 형태로 발행되기도 한다. 채권가격은 채권액면가액에 대한 비율로 표시하고, 이자는 통상 연 1회 지급되지만, 연 2회 또는 매분기마다 지급되는 경우도 있다. 이하에서는 유로채의 매매로부터 발생하는 수익률과 채권가격 등을 계산하는 기본적인 공식에 대하여 알아본다.

일반적으로 채권의 수익가치를 비교하는 방법으로 수익률을 사용하는데, 가장 간단한 수익률 측정방법은 채권의 당기수익률(current yield)을 계산하는 것으로 다음과 같이 계산한다.

$$\text{당기수익률} = \frac{\text{이자지급액}}{\text{시장가격}} \times 100 \qquad \cdots(3.1)$$

그런데 당기수익률은 채권의 취득원가나 취득 후 발생한 자본이득이나 손실(capital gain or loss)을 반영하지 못하고 있다. 따라서 당기수익률은 서로 다른 만기를 갖는 채권들을 비교하거나 할인가격 또는 할증가격으로 발행되는 채권을 비교하는 데에는 사용할 수 없다.

단순수익률(simple yield)은 이러한 문제점을 해결하기 위하여 채권의 액면가액과 시장가격의 차이를 고려해서 만기까지의 남은 기간 동안의 스프레드로 표시한 수익률이다. 단순수익률을 구하는 식은 다음과 같다.

$$\text{단순수익률} = \frac{\text{쿠폰금리} + \dfrac{\text{원금} - \text{시장가격}}{\text{만기까지의 잔여년수}}}{\text{시장가격}} \times 100 \qquad \cdots(3.2)$$

그렇지만, 단순수익률로 수익률을 측정하는데 있어서의 모든 금액을 동일시점 선상에 놓고 있어서 화폐의 시간가치를 무시하고 있다는 문제점이 있다.

따라서 단순수익률의 문제점을 보완하고 화폐의 시간가치를 고려한 수익률 계산방법이 필요한데 이것이 바로 만기수익률(yield to maturity) 또는 상환수익률(redemption yield)이다. 이 수익률은 채권의 미래 현금흐름의 가치를 채권을 매입하는데 투자되는 채권의 현재가격과 일치하게 만드는 할인율로써 내부수익률(internal rate of return)이라고도 부른다.

국제증권시장협회(ISMA; International Securities Market Association) 방식의 내부수익률 계산방법은 다음과 같다.

$$P + C(1-f) = \frac{C}{(1+i)^f} + \frac{C}{(1+i)^{1+f}} + \cdots + \frac{C}{(1+i)^{n+f}} + \frac{FV}{(1+i)^{n+f}}$$

$$= \frac{FV}{(1+i)^{n+f}} + \frac{C}{i(1+i)^{f-1}}\left\{1 - \frac{1}{(1+i)^{n+1}}\right\} \qquad \cdots(3.3)$$

FV : 채권의 액면가(face value)
C : 채권의 쿠폰이자
f : 채권 매매 후 최초 쿠폰지급일까지의 기간 쿠폰지급기간
i : 내부수익률(만기수익률)

위 식의 좌변은 채권의 매매 시에 결제하여야 할 금액으로서, P는 매매시점에서의 채권의 현재가치이며 C(1-f)는 매매시점까지의 경과이자이다.

단, 위의 식에서 채권의 가격이 액면가액과 일치하는 경우에는 당기수익률과 단순수익률 및 만기수익률이 모두 동일하게 된다.

앞에서도 설명한 바와 같이 채권의 수익률을 서로 비교하기 위하여 1년마다 이자가 지급되는 채권의 수익률과 반년마다 이자가 지급되는 수익률간의 환산이 매우 중요한데 다음 공식을 사용하면 연 2회 쿠폰지급수익률이나 분기별 지급수익률을 연 1회 지급수익률(annual yield)로 환산할 수 있다.

$$\text{연 1회 쿠폰지급수익률} = \left(1 + \frac{\text{반기별지급수익률}}{2}\right)^2 - 1 \qquad \cdots(3.4)$$

$$\text{연 1회 쿠폰지급수익률} = \left(1 + \frac{\text{분기별지급수익률}}{4}\right)^4 - 1 \qquad \cdots(3.5)$$

한편, 연 1회 쿠폰지급수익률을 반기별지급수익률(semiannual yield)이나 분기별지급수익률(quarterly yield)로 환산할 때는 다음과 같이 공식이 변환된다.

$$\text{반기별 지급수익률} = \{(1 + \text{연간지급수익률})^{1/2} - 1\} \qquad \cdots(3.6)$$

$$\text{분기별 지급수익률} = \{(1 + \text{연간지급수익률})^{1/4} - 1\} \qquad \cdots(3.7)$$

한편 유로채 이자산출은 관행적으로 '실제일수/360'기준으로 이루어진다. 따라서 매월은 30일인 것으로 간주되며 31일 이상인 달의 경우 계산 시 하루가 없는 셈이 된다. 국제채권시장에서는 국가별 채권별로 이자계산의 기초가 되는 베이스 날짜수가 다양하므로 국제채권거래 시에는 이를 유념하여야 한다.

5) 유로채의 결제

유로채의 결제는 주로 유로클리어(Euroclear)나 CEDEL와 같은 국제적인 결제기구를 통하여 이루어지는데, 거의 대부분이 장부간 이체방식(book entry)을 사용한다.

유로클리어는 1968년 12월에 모건개런티(Morgan Guaranty Trust Company)에 의해서 유가증권과 CD의 이체를 목적으로 브뤼셀에 설치된 조직으로써 유로채의 결제도 취급하고 있다. 현재 50여개국의 1,300여개의 금융기관이 이 기구에 가입하고 있는데, 유로클리어를 이용하기 위해서는 모건 개런티의 유로클리어에 증권계좌를 개설함과 동시에 브뤼셀지점에 현금계좌를 개설하여야 한다. 현재 전체 유로채거래의 3분의 2를 유로클리어가 처리하고 있다.

CEDEL은 98개 유럽 주요은행의 공동출자에 의하여 1971년에 룩셈부르크에 개설되었는데, 이 기구는 유로클리어와는 달리 비영리적인 조직이다. CEDEL과 유로클리어의 가장 큰 차이점은 CEDEL을 이용하고자 하는 투자자는 유로클리어에서와는 달리 예금계좌와 증권계좌를 모두 CEDEL에 개설해야 한다는 점이다. CEDEL은 증권결제(clearance), 증권임치(custody), 증권대여와 차입(security lending and borrowing) 및 자금이체 등의 업무를 수행하고 있는데, 이 중 가장 중요한 기능은 증권결제업무로서 결제기구상호간, 또는 가입회원간의 증권거래는 증권실물이나 자금의 물리적 이동 없이 장부간 이체로서 결제된다.[1)]

4. 국제채의 종류

1) FRN(Floating Rate Note; 변동금리채)

변동금리채는 액면금리가 시장금리에 연동하여 일정기간마다 변경되는 채권을 의미한다. 변동금리채는 신디케이트대출의 유동성위험이나 고정금리채의 금리변동위험을 완화시키기 위한 방안으로 등장하였다. 즉, 유로신

1) 박영규, 『글로벌 파이낸스』, 삼영사, 1999, pp.436~441.

디케이트대출의 변동금리 적용의 장점을 살리면서 채권형식을 빌어 유동성을 높이려 한 것으로 유로대출과 채권의 특성을 결합한 금융상품이라고 할 수 있다.

변동금리채의 금리는 신디케이트 대출에서와 마찬가지로 기준금리인 LIBOR에 일정률의 가산금리(spread)를 더하여 결정하는 방식이 일반적이다. 이자 지급은 3개월 또는 6개월 단위로 이루어지며 상환기간은 5~7년의 중기물이 대부분이다. 또, 일정한 최저금리를 정하여 금리하락에 따른 투자가의 위험을 헷지하고 있다.

투자자의 입장에서 보면 변동금리채는 금리가 단기 국제금리에 연동되어 있어 시장금리를 반영한 수익률을 얻을 수 있으며, 고정금리채에 비하여 채권가격이 안정적이어서, 자본손실위험(capital loss)이 적다. 또, 신디케이트대출의 최소 참여금액 수준에 비하여 소액 단위로 발행되기 때문에 일반 투자자의 참여가 용이할 뿐만 아니라, 만기가 짧기는 하나, 비교적 유통시장에서 거래가 자유로와 유동성이 확보된다. 따라서 은행을 비롯한 기관투자가들이 자산운용(portfolio management) 수단으로 많이 이용하고 있으며, 특히 국제금리가 불안정하게 움직일 때 적합한 투자대상이라고 할 수 있다.

발행자의 입장에서 보면 유로신디케이트대출(Euro Syndicated Loan)보다 총조달비용(all-in-cost)이 다소 저렴하고, 고정금리채 등 직접금융시장에 본격적으로 진출하기에 앞서 그 준비단계로 이용할 수 있는 상품이다. 또 금융기관이 발행자인 경우 단기자금을 조달하여 중·장기 대출을 실행함에 있어 조달자금과 운용자산의 기간 불일치에 따른 금리변동 위험을 회피할 수 있는 이점이 있다. 유로시장에서 예금기반이 취약한 금융기관이 국제금리가 고금리인 경우 영업자금조달 수단으로 변동금리채를 많이 발행하고 있다.

2) 주식연계채

(1) CB(Convertible Bond; 전환사채)

CB는 채권 소지자에게 계약당시 미리 정한 조건에 따라 발행자의 다른 증권 또는 자산으로 전환할 수 있는 권리를 부여한 채권을 말한다. 대체로 전환대상은 주식이 되므로 CB는 보통채와 주식의 중간 형태라 할 수 있다. 주식으로의 전환권을 부여한 대가로 액면금리(coupon)가 보통채보다 낮다. 또한 CB의 표시통화가 주식의 표시통화와 다를 경우 환율은 CB의 가치를 결정하는 중요한 요소가 된다.

차입자 입장에서 CB 발행은 다음과 같은 장점이 있다.

첫째, 저렴한 장기 안정자금의 조달을 기할 수 있다. 왜냐하면 보통채보다 낮은 금리와 장기로 발행하기 때문이다.

둘째, 주식의 시가발행 효과를 들 수 있다. 주식으로의 전환권 행사시 전환가격을 CB 발행당시의 주가보다 높게 설정하므로 향후에 상승한 시가로 증자한 것과 같은 효과를 얻을 수 있기 때문이다.

셋째, 재무구조 개선을 도모할 수 있다. 전환권 행사시 타인자본(CB)이 자기자본(주식)으로 대체되기 때문에 '부채감소 → 자본증가'의 재무구조 개선효과가 있다. 또한 CB 표시통화가 주식의 표시통화와 다를 경우 전환에 의한 환위험이 경감된다.

넷째, 채권과 주식의 중간형태라는 특성 때문에 투자자 기반을 넓힐 수 있고 국제시장에의 신인도 제고효과가 있으며, 주식으로의 점진적 전환으로 주가 압박요인과 배당 압력이 비교적 가벼워진다고 할 수 있다.

반면, CB의 단점은 다음과 같다.

첫째, 주가수준에 따른 손실이 발생할 수 있다. 전환권 행사 시점에 주가가 전환가보다 훨씬 높게 형성된다면 보통주 발행에 비하여 기회손실을 입게 된다. 반대로 주가가 전환가 이하로 유지된다면 발행자의 신용도 저하로 다음 기채에 불리한 영향을 미친다.

둘째, 절차상의 번거로움을 들 수 있다. 전환기간 중 빈번하게 일어나는 전환 실무의 처리라든가 전환 시기의 불확정으로 인한 재무관리상의 어려움 등이 있다.

한편 투자자 입장에서는 주가 상승 시 자본이득을 얻을 수 있는 이점이 있으나 반대로 주가가 전환가격에 미치지 못할 경우 액면금리 수취로 만족해야 한다.

(2) BW(Bond with Warrant; 신주인수권부사채)

BW는 채권 소지인에게 미리 정한 조건에 따라 발행자의 다른 자산을 매입할 수 있는 권리를 부여한 채권이다. 일반적으로 매입권 행사의 대상 자산이 발행 기업의 주식이 되기 때문에 신주인수권부사채라 부른다.

BW는 주식 매입을 위한 옵션(option)이 부여된다는 점에서 CB와 비슷한 성격을 가지나, 주식 매입권(warrant)이 당초 채권으로부터 분리되어 거래될 수 있다는 점에서 차이가 있다.

즉, BW는 주식 매입권을 분리하여 그 자체만의 양도거래가 가능하며, 매입권행사시 주식 매입을 위한 별도의 자금이 필요하고 당초 채권은 그대로 남는다. 반면에 CB는 전환권을 행사하면 채권이 주식으로 전환되어 당초 채권이 소멸된다. 따라서 발행회사의 입장에서 볼 때 CB는 부채가 자본금으로 대체되는 것에 불과하나, BW는 기존 채무 외에 자기자본이 증가하는 효과를 갖는다. BW의 유통시장에서는 워런트가 분리되지 않은 상태(cum-warrant), 워런트가 분리되어 나간 당초 채권(ex-warrant), 그리고 워런트(warrant) 그 자체의 세 가지 형태로 거래가 이루어진다.

한편 주식 매입권이 행사되었거나 워런트 그 자체가 분리 거래되어 남게 된 당초 채권은 낮은 액면금리 때문에 대체로 유동성이 떨어진다. 이를 보완하기 위하여 최근에는 국제 상업은행들(특히 일본계 은행)이 ex-warrant채권을 매입하여 변동금리 조건의 채권으로 바꾸어 일반에게 판매하는 합성거래 방식이 늘어나고 있다.

BW의 발행은 차입자의 입장에서 다음과 같은 장점이 있다.

첫째, 장기저리의 자금조달이 가능하다. 신주인수권(warrant)이라는 선택권을 부여한 대가로 낮은 금리로 장기 조달이 가능하다. 또한 향후 주가 상승이 부진하여 신주인수권이 행사되지 않는다면 그 효과는 더욱 높아진다.

둘째, 자기자본이 확충된다. 신주인수권이 행사되면 신주 발행에 의한 자기자본이 추가 조달되어 재무구조 개선의 효과를 갖는다.

반면, BW 발행의 단점은 다음과 같다.

첫째, 신주인수권의 행사로 주식의 공급 물량이 증가하면 발행 기업 주식에 대한 주가압박 요인으로 작용할 수 있다.

둘째, 기존 주주의 지분율이 감소한다. 워런트 행사에 따른 신주의 추가 발행은 유상증자와는 달리 채권자들이 주주로 참여하게 되므로 대주주의 입장에서 보면 경영권 확보에 문제가 발생할 수도 있다.

셋째, 사후관리 절차가 번잡하다. 신주인수권 행사시마다 신주발행 절차를 밟아야 하고, 외국 주주들에 대한 통지의무 등으로 사후관리가 번거롭다.

(3) DR(Depository Receipt; 주식예탁증서)

DR은 외국에서 발행 기업의 국내 주식을 대신하여 유통되는 외화표시증서를 말한다. DR은 주식의 발행자와 투자자가 서로 다른 자본시장에 소재하는 데서 발생하는 여러 가지 불편을 해소하기 위하여 등장한 방식으로서, 직접금융 수단으로서의 주식 발행/투자의 국제화를 위한 중간단계의 형태라 할 수 있다. 즉, 어느 기업이 해외 자본시장에서 주식을 발행하여 자금을 조달함에 있어 국내 주식이 해외에서 유통되기 어려운 점을 보완하기 위하여 발행주식(原株)은 발행기업의 국내 금융기관(保管機關)에 보관시키고, 해외 대상지역의 금융기관(預託機關)이 보관주식을 담보로 외화표시 예탁증서(DR)를 발행하여 유통시킨다. 따라서 DR은 주주권 행사에 있어서 국내 原株와 동일한 지위를 갖는다.

DR은 판매대상 지역 또는 상장거래소별로 ADR(American DR), EDR(European DR), LDR(London DR), GDR(Global DR) 등의 다양한 명칭이 부여되나, 그 기본적 성격 및 거래구조는 거의 같다. 또한 DR은 발행기업의 후원 여부에 따라 발행기업이 DR발행 관련비용을 부담하는 sponsored DR과 외국 금융기관의 DR프로그램 설정요청에 대하여 발행기업이 동의만 해주고 발행비용은 투자자가 부담하는 unsponsored DR로 구분할 수 있다.

발행기업의 입장에서 DR의 장점을 설명하면 다음과 같다.

첫째, 자기자본 확충과 조달재원의 다양화가 가능하고 다른 국제 조달수단에 비하여 환위험이 발생하지 않는다.

둘째, 해외에서 발행·유통되므로 발행기업과 동 기업 제품의 해외시장 홍보효과가 있다.

셋째, 국내 자본시장에서의 증자발행은 공급물량 증가로 주가에 나쁜 영향을 줄 수 있으나, DR의 해외 발행은 국내로의 환류 가능성이 적어 주식수급관계에 직접적으로 영향을 미치지는 않는다.

발행기업의 입장에서 DR의 단점으로는 주식의 국내 발행에 비하여 발행비용이 많이 든다는 점과 발행절차가 복잡하고 재무제표, 주요 영업활동 등에 관한 공시의무를 지켜야 한다는 점 등이 있다.

한편, 투자자의 입장에서 DR의 장점을 들어보면 다음과 같다.

첫째, 해외 주식투자와 관련된 절차상의 번잡성을 겪지 않으면서 투자자산의 국제적 다각화(international diversification)를 기할 수 있다.

둘째, 기관투자가의 경우 외화표시증권 투자를 규제하는 내부지침을 충족할 수 있다.

셋째, 예탁기관의 정보전달 기능으로 투자정보의 입수가 용이하다.

투자자의 입장에서 DR의 단점으로는 유통시장이 활발하지 않아 유동성이 비교적 적은 편이라는 점을 들 수 있다.

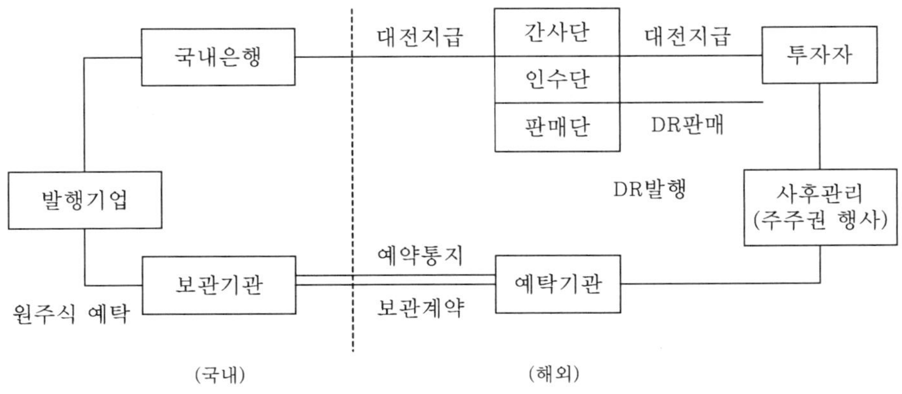

자료 : 한국금융연수원, 『국제금융 2』, 2001, p.283.

▶ 그림 3-1 DR의 발행구조

3) ABS(Asset-Backed Securities; 자산유동화증권)

ABS는 특정한 금융자산을 독립된 수탁기관에 수탁 보관시킨 후, 동 담보자산을 기초로 채권을 발행하여 투자자로부터 중·장기 자금을 직접 조달하는 방식을 말한다.

전통적 의미의 채권이 채권 발행자의 일반 영업수익에서 원리금 지급이 이루어지는 반면, ABS는 별도로 수탁한 금융자산이 원리금 지급의 기초가 된다는 점에서 커다란 차이가 있다. 즉, ABS는 채권 발행자의 신용위험과 관계없이 수탁자산 자체의 신용도를 근거로 한 자금조달방식으로서 금융자산을 증권상품화한 것이라 할 수 있다.

ABS시장은 미국의 부동산 대출증서(mortgage) 시장으로부터 시작되어 최근에는 금융증권화를 배경으로 하여 자동차대출(vehicle loan), 신용카드대출(credit card loan), 리스금융(lease receivable) 등의 대출채권의 유가증권화로 진전되어 급속한 신장세를 보이고 있다.

ABS를 매입하는 투자자 입장에서는 ABS가 신용위험이라는 점에서 안정성이 높고 수익성이 비교적 뛰어나다는 이점이 있다. ABS의 신용위험은 관련 담보채권의 원소유주(대출취급 금융기관)의 신용도가 아니라 자산 자체의 신용도에 바탕을 두고 있고, 담보로 제공되는 금융자산은 일반적으로 원리금 상환성이 높고 충분한 담보 여력을 갖고 있기 때문에 신용등급 사정기관(rating agency)으로부터 매우 높은 신용등급(rating; 보통 AA 이상)을 받는다. 한편 같은 기간의 정부채에 비하여 1~2%포인트 이상 높은 수익률을 형성하는 것이 일반적이어서 비교적 높은 수익성을 갖고 있으나, 일반 채권에 비하여 유통성이 뒤떨어지는 단점이 있다.

대출채권을 유동화 하여 매각하려는 원대출자 입장에서는 대출자산의 장기 고정화에 따른 재무구조 악화를 방지할 수 있는 이점이 있다. 즉 대출자산과 관련 부채를 재무제표에서 동시에 감소시킬 수 있어 자산·부채 관리의 효율성을 높이고 새로운 자금부담 없이 영업확대가 가능해진다. 또한 자금조달 비용이라는 면에서 자신의 신용도가 아니라 매각자산의 신용도에 근거하여 차입행위가 일어나므로 보다 저렴한 비용으로 자금을 조달하는 효과가 있다.

(1) pass-through증서 발행방식

이 방식은 1970년대부터 미국에서 주택금융을 중심으로 하여 부동산 담보 대출채권의 유가증권화를 위한 대표적 방식으로 이용되어 왔다. 그 과정을 살펴보면 먼저 주택 구입자에게 장기 고정금리부 주택매입자금을 융자한 금융기관들이 부동산 대출기간의 장기화에 따른 유동성제약과 금리변동 위험을 완화하고자 주택금융 수혜자로부터 받은 대출증서를 부동산저당증서 취급전문기관에 매각한다. 동 전문기관은 여러 금융기관으로부터 매입한 대출증서를 만기, 금리, 금액 등이 비슷한 것들끼리 함께 묶어 하나의 풀(pool)을 형성하고, 동 풀에 대한 소유권 내지 지분권을 나타내는 저당증서(MBS; mortgage-backed securities)를 발행한다. 이 증서는 증권회사를 통하여 일반 투자자에게 매각되고 주택금융 차입자가 매달 상환하는 원리금은 지급 대행기관을 경유(pass-through)하여 투자자에게 지분에 비례하여 지급된다.

부동산저당증서 전문기관은 미국 정부로부터 직간접으로 후원을 받고 있으며, 정부저당조합(GNMA), 연방주택대출저당공사(FHLMC), 연방국민저당조합(FNMA) 등이 있다.

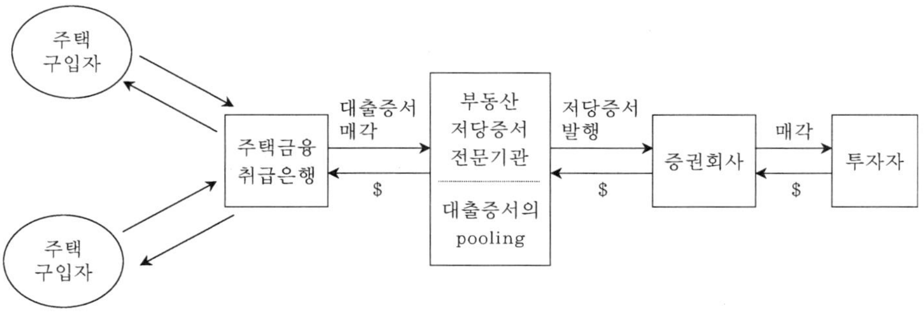

자료 : 한국금융연수원, 『국제금융 2』, 2001, p.285.

▶ 그림 3-2 pass-through 증서 발행 방식

(2) 자산담보부 채권 발행방식

이는 대출채권의 pool에 대한 지분권을 매각하는 형식이 아니라 대출채권을 담보로 하여 새로운 채무증서를 발행, 매각하는 것이다. 이 방식은 pass-through 방식의 단점을 보완하기 위하여 부동산 대출채권의 증권화에 이용되었으며, 1985년부터는 금융자산적 성격의 다른 대출채권으로 그 활용이 확대되고 있다.

예를 들어 자동차 구입자에게 할부금융을 제공한 자동차회사는 할부금융채권을 일정한 금액으로 함께 묶어 수탁기관에 매각하여 자금을 조달한다. 수탁기관은 할부금융 채권을 담보로 하여 별도의 채무증서(ABS)를 발행, 증권회사를 통하여 일반 투자자에게 판매한다. 이 때의 채무증서는 담보자산의 현금흐름(cash flow)에 맞추어 각종 만기와 형태의 채권으로 발행되어 투자가의 다양한 수요에 대응할 수 있다.

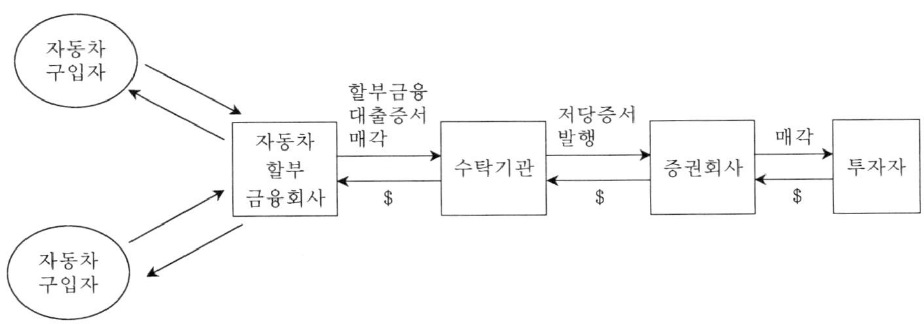

자료 : 한국금융연수원, 『국제금융 2』, 2001, p.286.

그림 3-3 자산담보부 채권발행 방식

제2절 국제은행시장

1. 의의 및 특징

국제은행시장이란 자금조달과 대출 및 투자와 같은 은행업무가 국경을 넘어 국제적으로 행해지는 시장을 말한다. 즉 국제은행업무(international banking), 곧 다국적기업을 비롯한 기업들의 국제적인 자금조달과 은행의 대출 내지 투자가 국경을 넘어서 일어나고 있으며, 여기에는 국제상업은행(international commecial bank)의 금융중개기능(intermediation)을 통한 대출 및 예금거래, 그리고 국제투자은행(international investment bank)의 사무주간사(bookrunner) 또는 주간사(lead manager) 역할을 통한 주식과 채권의 발행 및 유통거래 등이 해당된다. 세계은행(IBRD), 아시아개발은행(ADB), 유럽투자은행(EIB), 유럽부흥개발은행(EBRD) 등 국제금융기구도 국제은행시장의 주요 참가자로 활동하고 있다. 국제은행업무의 영역에는 외환의 매입 및 매도로부터 외국정부에 대한 프로젝트금융을 위한 컨소시엄 은행단에의 참여까지 지역적 및 기능적으로 매우 다양한 업무들을 수행하게 된다. 더구나 국제은행업무는 영업의 유형에 있어 국내은행업무와 공통점도 있으나, 국내금융과 달리 보다 복잡하고 다양한 특징을 지니고 있다. 이는 국제금융업무와 관련하여서는 2개 이상의 통화, 법적 환경 및 금융제도의 차이, 정치적 위험의 존재 등이 추가적인 변수로 작용하기 때문이다. 한편, 세계경제 및 금융시장의 통합추세에 따라, 각국의 상업은행들은 글로벌 은행업무(global banking)를 주요 수익원으로서 적극적으로 추진하고 있다.

국제적으로 자금의 대출 및 예금업무를 담당하는 국제은행시장에는 다음과 같은 것들이 있다. 첫째는 여러 은행들이 모여 공동으로 자금을 대여하는 신디케이트론시장이고 둘째는 유로통화로 대표되는 역외통화표시 예금과 대출업무를 수행하는 유로은행시장이다. 셋째는 해외현지의 각국 은행들이 국제은행시장에 포함될 수 있다.

2. 신디케이트론시장

1) 의의

신디케이트론(Syndicate loan)이란 2개 은행 또는 그 이상의 은행이 차관단 혹은 은행단을 구성하여 공통의 조건으로 일정금액을 융자하는 중·장기대출을 말한다. 이를 그룹대출 또는 공동융자(group 또는 joint lending)라고도 한다. 신디케이트론을 구성하는 차관단은 유로은행들만으로 구성되는 경우가 대부분이지만 때때로 국내은행들만으로 또는 유로은행과 국내은행들이 함께 구성될 수도 있다.

특히 신디케이트론 형태의 대출은 유로시장이나 미국자본시장에서 대규모 중·장기자금을 대출하는 중요한 수단의 하나가 되고 있다. 신디케이션 방식에 의한 유로시장의 대출은 전통적인 은행대출업무와 투자은행의 인수업무 기능을 혼합한 성격을 지니고 있다고 볼 수 있다.

2) 신디케이트론의 특징과 이점

신디케이트론 방식에 의한 유로크레디트시장의 대출은 광범위한 시장참여자, 대형거래, 장기대출, 국제적 신용을 바탕으로 한 무담보대출 등을 그 주요 특징으로 한다.

첫째, 신디케이트론은 공개모집의 과정을 통한 광범위한 참가은행의 결정, 참가은행들의 능력에 따른 차등인수, 유통시장의 형성 등을 통하여 대출이 행해지는 대규모시장이다.

둘째, 보통 만기가 5~15년에 달하는 비교적 장기대출시장이다. 그것은 유로통화시장에서는 연쇄적인 자금조달이 가능하고 유로 CD 등 다양한 자금조달기법이 존재하여 단기자금의 조달에 의한 장기자금으로의 운용이 가능한 데 연유한다.

셋째, 유로신디케이트론은 국제적 무담보대출이다. 그것은 금융, 법, 관습이 다른 여러 나라의 금융기관들이 공동으로 참여하기 때문에 담보제공에 의한 채권확보가 곤란하고 또 유로신디케이트론이 시장의 공개성을 지니고 있어서 국제적 신용이 극히 중요한 역할을 하기 때문이다.

이와 같은 특징을 지닌 신디케이트론을 조직함으로써 자금공여자의 입장에서 볼 때 유로시장 대출리스크를 여러 기관이 공동으로 부담할 수 있어 위험을 분산시킬 수 있다는데 가장 큰 이점이 있다.

자금차입자 입장에서의 이점으로는 대규모 차입의 가능, 차입협상 및 시기조정 등에 대한 신축성, 저렴한 차입비용, 간편한 차입절차, 시장접근의 용이성, 변동금리 등에 의한 신속한 시장변화에의 대응, 무담보대출 등을 들 수 있다.

3. 유로크레디트시장

1) 의의

유로크레디트시장(euro-credit market)이란 만기 1년 이상의 유로 통화 중·장기자금시장으로서 일반적으로 은행대출의 형식으로 자금을 공여한다.

유로시장은 원래 1년 이내의 단기자금시장으로 발전되었으나 다국적 기업의 급성장, 정부기관의 차입수요증대, 개도국의 개발자금 수요증대 등에 힘입어 1960년대 후반 이후 유로크레디트시장이 크게 성장하게 되었다. 지난 70년대에도 석유파동을 계기로 각국 간 국제수지의 불균형이 심화됨에 따라 이른바 오일달러의 환류와 관련하여 동 시장은 급신장하기에 이르렀다. 1980년대 및 1990년대에 와서도 세계금융의 개방화 내지 자유화에 힘입어 계속적인 성장세를 유지하고 있다.

2) 유로크레디트의 창출

유로크레디트의 실체를 좀 더 명확하게 파악하기 위하여 유로달러를 예로 들어 유로크레디트의 창출과정을 살펴보기로 하자.

뉴욕은행 런던지점이 한국의 A사에 1,000만 달러를 대출해 주었다고 가정하자. 이것이 유로크레디트가 되며 그 과정은 <표 3-1>과 같다.

▶▶ 표 3-1 유로크레디트의 창출과정

뉴욕은행의 런던지점

대출금(A社 앞) + US $ 10,000,000	유로예금(A社 앞) + US $ 10,000,000

A사

유로예금(뉴욕은행 런던지점) + US $ 10,000,000	은행대출금(뉴욕은행 런던지점) + US $ 10,000,000

유로크레디트거래에 있어서도 유로예금거래에서와 마찬가지로 유로달러 자금 자체는 결코 미국지역을 벗어나지 않는다.

3) 유로크레디트시장의 특징

첫째, 유로크레디트시장은 중·장기대출시장이다. 유로은행의 대출은 일반적으로 그 만기가 5년 이상 15년에 이르는 중·장기대출시장이다.

둘째, 거액도매시장이다. 유로크레디트시장은 그 규모가 건당 최소 1,000만 달러, 최고 수십억 달러에 달하는 거액 도매시장이다.

셋째, 변동금리제도가 보편화되고 있다. 유로크레디트시장은 금액이 대규모일 뿐만 아니라 만기가 장기화되고 있기 때문에 장래의 금리변동리스크가 크다. 따라서 이러한 금리변동리스크를 줄이기 위해 기준대출금리에 일정 스프레드를 가산하여 금융시장의 실세금리를 반영하도록 하는 변동금리제도를 일반적으로 채택하고 있다. 여기서 기준대출금리는 국제금융시장의 지표금리(reference interest)라 불리는데 일반적으로 런던금융시장의 3개월 또는 6개월 은행 간 대출금리(LIBOR)가 적용되며 경우에 따라서는 미국의 프라임레이트, 싱가포르의 은행간 대출금리(Singapore Interbank Offered Rate; SIBOR)가 적용되기도 한다.

넷째, 신디케이트론이 주를 이룬다. 유로크레디트의 규모가 크고 기간이 장기이기 때문에 개별은행으로서는 단독으로 대출하기에는 그 리스크가 대단히 크다. 따라서 유로크레디트시장은 대부분 수개의 은행이 공동으로 참여하는 신디케이트론의 형식을 취하게 된다.

다섯째, 선·후진국이 공존하는 시장이다. 유로크레디트시장은 원래 선진국이 지배적인 시장참여자였으나 60년대 이후 개도국의 급속한 경제개발에 따른 자금수요의 확대 및 그에 따른 외자조달의 증대, 70년대의 석유파동에 따른 산유국의 막대한 오일머니의 형성 등으로 개도국의 참여가 크게 늘어나게 되었으며 그에 따라 동 시장은 선진국과 후진국이 공존하는 시장이 되었다.

여섯째, 무담보 신용대출시장이다. 유로크레디트시장은 차입자 또는 차입자가 소속한 국가의 신용을 배경으로 대출이 이루어지는 전적으로 무담보대출시장이다. 그것은 유로시장이 본질적으로 신용을 중심으로 모든 거래가 이루어지고 있고 국제금융시장에서 신용이 실추되었을 때 차입자 또는 차입자의 국가에 돌아가는 국제적 신용위기가 가져오는 파급효과가 너무나 크기 때문에 그만큼 차입에 신중을 기하게 되고, 결과적으로 신용의 회수불능위험이 상대적으로 적은 데 연유한다.

일곱째, 차입코스트가 다양하다. 유로크레디트의 차입코스트는 차입금리와 대출에 수반된 수수료(fee)로 구성되는데 차입금리는 LIBOR 또는 미국의 프라임레이트 등 국제적 지표금리와 거기에 가산되는 일정스프레드에 의해 결정되고 수수료는 대출에 참여하는 각 대출참여은행이 징수하는 대출약정수수료(commitment fee), 대출관리수수료(management fee) 등의 이른바 부대수수료(front-end fees)로 구성된다. 여기서 지표금리에 가산되는 일정 스프레드는 차입자에 따라 격차를 보이게 되는데 이것은 차입자의 신용도를 반영하는 좋은 지표가 된다. 일반적으로 선진국의 경우는 스프레드가 낮고 개도국의 경우는 그보다 훨씬 높게 나타난다. 뿐만 아니라 부대수수료의 경우도 차입자에 따라 격차를 보인다.

4. 유로은행시장

유로은행(Eurobank)이란 은행소재국 밖의 국가가 발행한 통화로 표시된 자금의 예금 및 대출업무를 수행하는 은행을 말한다. 즉 유로시장에서 예금 및 대출업무를 중개해주는 금융기관이 유로은행이 된다. 이와 같은 유로은행이 유로통화시장에서 비은행 고객으로부터 받은 예금 또는 영업외이익 등 자체적으로 조성된 자금을 일시적으로 다른 유로은행에게 대출해주는 은행 간 시장을 유로은행 시장이라고 한다.

가령 한국의 K은행이 고객으로부터 여분의 달러화를 예금 받거나 수출기업이 받은 달러화 수출대금을 예금 받아 조성된 1백만 달러를 갖고 있다고 하자. 미국의 A은행은 사정상 3개월간 1백만 달러를 LIBOR 조건으로 차입하였다. 이 때 한국의 K은행이나 미국의 A은행은 모두 유로은행이 된다. 이와 같이 유로은행은 지역적으로 유럽과는 아무런 관계를 가지고 있지 않으며 과거 유럽에서 달러화거래가 많았기 때문에 붙여진 이름이다.

유로은행시장에서 거래되는 주요 상품으로는 유로정기예금, 유로CP, 유로CD 등이 있다. 이 가운데 가장 많이 이루어지고 있는 상품은 위에서 예를 든 유로은행 간에 일시적으로 자금을 예금하고 이를 대출받는 유로정기예금(TD)이다.

1) 유로정기예금

유로정기예금(Euro time deposit)은 표시통화 소재국의 은행감독기관으로부터 규제를 받지 않는 유로은행이 다른 유로은행에 예치시키는 양도불가능한 만기가 정해진 예금을 말한다. 이 때의 자금은 주로 개인, 기업, 중앙은행, 정부기관 등 비은행 고객으로부터 받은 일정한 만기를 가진 예금과 유로은행이 자체적으로 조성한 자금으로 구성된다.

유로정기예금은 차입한 은행이 이자를 지급할 의무가 있으며 만기일이 정해진 예금으로 유로예금의 가장 큰 비중을 차지하고 있다. 많은 은행들은 이러한 유로정기예금을 통해 자국통화 이외의 표시통화로 필요한 단기자금을 조달하고 있다.

유로정기예금은 1일 예금에도 이자가 지급되며 예금단위가 백만 달러인 것이 특징이다. 유로정기예금의 만기는 1일부터 5년까지 다양하지만 주로 1월, 2월, 3월, 6월, 9월, 12월이며 추가적으로 1일, 1주일, 2주일의 만기를 갖는 예금도 있다. 유로정기예금은 거래계약 후 익익일, 즉 2일 후부터 유효하다. 하지만 당일물 예금은 거래가 발생하고 동시에 결제되어 다음날 만기가 도래하고, 익일물 예금은 거래일 다음날에 결제되고 만기결제는 하루 뒤에 하게 된다.

유로은행들이 유로정기예금을 상호간에 예치할 때에 LIBOR를 기준금리로 적용하고 변동금리부대출을 실시할 경우에도 LIBOR에다 일정한 베이시스포인트를 가산하여 대출금리를 결정한다. 현재 LIBOR는 1년을 360일로 하여 연이자율로 나타낸다. 예를 들어 한국 K기업이 U$1,000,000를 90일 LIBOR 3.375% 유로정기예금에 예치해 두었을 때 이자는 U$8,437.5 [=0.03375×(90/360)×U$1,000,000]가 될 것이다.

2) 유로CP

유로CP(Euro Commercial Paper; Euro CP)란 유로시장에서 발행되는 CP로 유로노트퍼실리티(Note Issuance Facilities; NIFs)의 발전형태라 할 수 있다.

여기서, NIFs란 변동금리에 의한 유로시장의 중·장기 자금조달수단의 하나로 차입자는 금융기관과 먼저 어음인수계약을 체결하고 단기어음을 투자자에게 매각하여 자금을 조달하도록 하되 그 어음의 매각이 제대로 되지 않을 경우에는 인수약정을 맺은 금융기관의 어음을 인수함으로써 차입자의 원활한 자금조달을 보장하여 주는 것이다.[1]

유로 CP는 여러 가지 측면에서 NIFs와 유사하나 우선 NIFs의 경우 백업퍼실리티(Back-up Facility; 증권인수보증)[2]가 있는 데 반해 유로 CP는 그러한 인수약정 없이 발행되는 데 큰 차이가 있다. 따라서 유로 CP는 인수약정퍼실리티의 설정에 따른 비용과 기간이 절감되어 차입코스트가 저렴하다. 특히

---

1) NIFs는 신디케이트론에서 대출참가은행들이 전량 인수하는 조건으로 차입자가 3개월부터 12개월까지의 증권을 발행하여 자금을 조달한 후 만기에 가서 자금을 상환하거나 다시 증권을 발행함으로써 계속적인 자금조달의 편의를 제공하는 제도를 말한다.

2) 백업퍼실리티는 차입자가 발행한 단기증권의 미소화 잔액을 은행이 인수하거나 미소화된 분만큼 대기성 신용(stand-by credit) 공여를 보증하는 금융방식이다. 일명 증권인수보증이라고도 하며, NIFs도 이것의 일종이다.

금융기관의 백업퍼실리티는 그만큼 채무잔고를 늘리게 되어 대출여력을 축소시키는데 비해 유로 CP는 그러한 백업퍼실리티 없이 발행되므로 유로시장에서 더 큰 인기를 끌게 되었다. 최근 NIFs의 비중이 줄어들고 유로 CP에 의한 차입비중이 늘어난 것은 바로 이러한 이유가 크게 작용한 것이다.

3) 유로CD

양도성예금증서(negotiable certificate of deposit; CD)는 정기예금증서를 양도할 수 있게 하여 정기예금에 유동성을 부여한 것으로 이것을 유로은행시장에서 취급하게 되면서 유로CD가 발달하게 되었다. 이 증서는 은행이 기업의 자금을 끌어들이기 위해서 개발하였는데, 은행에게는 발행기간 동안에 안정적으로 필요한 자금을 확보할 수 있게 해주고 매입자에게는 현금이 필요할 때 유통시장에서 손쉽게 현금으로 전환할 수 있도록 해주고 있다.

유로CD는 유통시장이 존재한다는 점에서 일반 정기예금과 다르다. 유로CD는 예금증서에 발행금액, 금리 및 금리계산방법 등이 명시되어 있다. 일반적으로 유로CD는 거래단위가 백만 달러이며 대부분 3개월에서 6개월의 만기를 갖고 있다.

또한 유로CD의 발행금리는 시장에서 자금 수급상황을 감안하여 발행자와 투자자의 협의를 통해 결정되지만 유동성이 높다는 이점 때문에 동일 만기구조를 갖는 유로정기예금의 금리보다 0.125~0.25% 낮게 발행된다. 따라서 발행자는 자금을 조달할 때 비용을 절감할 수 있게 된다. 만일 유로CD 소유자가 만기 전에 자금을 회수하기를 원한다면 유통시장에서 유로CD를 시장에서의 현재가치로 매도할 수 있다.

유로CD는 유로달러CD가 주종을 이루고 있으며 유로스털링CD, 유로엔CD, SDR표시CD 등도 유통되고 있다. 그런데 현재 유로은행시장에서 보면 유로CD보다 유로CP, 유로정기예금(TD)이 훨씬 더 많이 거래되고 있다.

제3절 국제주식시장

1. 국제주식시장의 의의

주식발행에 있어서 국내시장의 범위를 넘어 주주기반의 확대, 주가 수익률의 개선, 발행자의 국제적 명성의 제고 등의 목적을 위해서 국제주식시장에서 주식을 발행하는 경우가 점차 늘고 있다. 게다가 국내시장의 규모가 발행물량을 소화할 수 없을 정도로 소규모이거나 외국인투자자가 특정주식을 선호할 때에도 국제주식이 발행될 수 있다. 국제주식시장은 유로주식시장으로도 불리우는 초국가(supra-national)시장을 말하는 것으로 주식의 발행, 인수, 배분, 거래 등은 투자은행들의 국제적 신디케이트에 의해 이루어지게 된다. 국제주식의 발행 장소로서는 미국, 일본, 영국 등 주요 선진국 시장들과 최근에는 싱가포르, 홍콩 등 아시아 시장으로 확대되고 있는 추세다. 최근 들어 전 세계적으로 포트폴리오를 분산시키고자 하는 기관투자자들의 행태와 투자은행들의 24시간 시장조성(market-making) 능력 등도 국제주식시장의 활성화에 큰 역할을 하고 있다.

국제주식시장에서 자기자본을 조달하는 주요 요인을 살펴보면 다음과 같다. 첫째, 발행자가 새로운 또는 추가적인 자본조달원을 확보하기 위해서이다. 이러한 배경으로 최근 전 세계 주식시장의 통합이 진전되고 있는 것을 들 수 있다. 심지어 유럽과 미국의 기업들의 경우 국제주식 발행의 역사가 상대적으로 길며, 1970년대 초반과 중반에 걸친 유로채시장의 발전에 버금가는 유로주식시장 및 다국가주식시장(multi-market)의 성장이 있었고, 1990년대 후반에 이미 국제주식시장은 성숙단계에 접어들었다. 많은 기업들에 있어 1980년대 유로채시장이 국내채권시장의 대체시장이 되고 글로벌 채권시장이 된 것과 마찬가지로 1990년대 들어서도 기업들은 이제 주식발행을 국제적으로 하게 됨에 따라 글로벌 주식시장이 출현하였다. 2000년대 들어서는 그 규모나 참여기업 수가 크게 늘고 있다. 이렇게 국내시장을 넘어서 여러 시장에서 주식을 발행할 수 있는 기회는 기업으로 하여금 보다 효율적으로 자본조달을 가능하게 하여 장기적으로 기업의 자본비용절감에도 크게 기여할 것이다.

둘째, 투자자 내지 주주 기반의 확대 및 주식수익률의 개선을 위해서도 필요하다. 예컨대 해당 주식의 유동성이 증가하며 이러한 주주 기반의 확대와 유동성의 증대는 중장기적으로 주가수익률을 개선시키는 계기가 된다. 특히 미국 기관투자자들이 주요 주주를 형성하고 있는 미국 기업들의 경우 외국의 개인 및 기관투자자들을 대상으로 국제주식을 발행하는 것은 미국 기관투자자들의 기업경영에 대한 비중을 줄이는데도 이바지하고 있다. 게다가 유로시장의 기관투자자들은 미국의 기관투자자들보다 투자기간이 장기적인 경향이 있고 이에 따라 보다 일관성 있고 확고한 주주층을 형성할 수 있는 이점이 있다.

셋째, 다양한 주주 기반은 외국의 금융 및 기업세계에서 그 기업의 인지도를 제고하는 역할을 하게 된다. 즉 국제적인 영업확장을 꾀하고 있는 기업에게는 국제주식 발행이 인지도 제고를 위한 주요한 수단이 될 수 있다. 인지도를 넓히는 과정은 소위 로드쇼(roadshows)를 통해 투자자 모임에서 기업을 소개하고, 기업설명서(prospectus)를 배포하며, 투자자와의 관계를 증진시키는 활동 등을 포함하게 된다. 또한 이러한 기업인지도의 개선은 궁극적으로 국제채권 및 주식시장의 자금조달을 한층 더 용이하게 할 것이다.

2. 국제주식투자수단

1) 직접투자

해외주식에 투자하는 첫 번째 방법은 해외시장의 주식을 직접 매입 또는 매도하는 것이다. 이를 위해서는 거래하는 증권회사가 해외의 지점이나 코레스 관계를 맺고 있는 현지국 증권회사를 통해 매매주문을 처리해 주어야 한다. 해외주식 매매 주문의 경우 통화의 환전서비스가 발생하고, 중개회사에 지불하는 수수료 역시 국내외 양측에서 발생하기 때문에 국내증권투자보다 거래비용이 많이 발생하게 되는 것이 일반적이다.

해외주식투자에서는 거래비용만 높게 발생하는 것이 아니라 투자위험도 높다고 할 수 있다. 이는 외국증권에 직접 투자하는 투자자는 국내증권투자에 비해 추가적으로 국가위험과 환위험을 갖게 되기 때문인데, 이러한 위험의 정도는 선진국에서보다 개발도상국의 경우에 더욱 크게 나타난다. 반면, 해외증권투자에 있어서 투자자가 감당하는 또 다른 위험인 시장위험과 개별주식위험은 큰 문제가 되지 않는다. 왜냐하면 개별주식위험은 비체계적 위험이기 때문에 한 시장 내에서도 포트폴리오를 구성하는 종목이 다양해지면 자연히 제거되는 위험이다. 그리고 시장위험의 경우는 체계적 위험이기 때문에 국내시장에서는 제거할 수 없는 위험이지만 국제주식투자의 경우 여러 국가에 분산투자 함으로써 오히려 국내시장보다 체계적 위험을 낮추는 효과를 갖게 되기 때문이다.

이렇게 볼 때, 해외주식 투자위험은 그 자체로 볼 때는 국내투자보다 다소 높지만 분산투자의 효과까지를 고려해 보면 결코 부정적인 것은 아니다. 특히, 국가위험이 높은 후진국을 투자대상에서 제외한다면 오히려 긍정적인 효과가 더 크다. 결국, 국내주식투자에 해외투자를 어렵게 만드는 것은 해외투자의 위험보다는 거래절차의 불편함과 투자를 위한 정보 취득의 비용과 시간문제 때문이다.

그러나 다행히 이러한 해외주식투자의 문제점들은 해외주식투자를 위한 간접투자수단들을 이용함으로써 거의 해결된다. 따라서 일반투자자들의 해외투자는 직접투자보다는 아래에 소개하는 간접투자 수단들을 이용해서 이루어지고 있다.

2) 주식예탁증서

주식예탁증서란 다국적 기업이 해외의 증권거래소에 주식을 상장하는 경우에 예상되는 발행 및 유통 상의 문제점을 고려하여 원주는 본국에 소재한 금융기관에 보관하고 해외투자자에게는 원주에 대한 소유권을 요청하는 표시로서 발행하여 주는 증서를 말한다. 주식예탁증서 중 미국시장에서 거래되는 것을 미국주식예탁증서(ADR; American Depository Receipt)라고 부른다. 그러므로 ADR 자체는 미국증권이며 미국시장에서 거래된다. 마찬가지로 유럽에서 거래되는 주식예탁증서는 EDR(European Depository Receipt)이라고 하고, 국제금융시장 전체를 대상으로 하는 주식예탁증서를 GDR(Global Depository Receipt)이라고 한다. 주식예탁증서는 기초자산인 외국증권으로부터 파생된 것이기 때문에 원 주식과 주식예탁증서의 움직임은 유사하지만 반드시 일대일의 관계가 유지되지는 않는다. 이에 대해서는 두 가지로 해석해 볼 수 있다.

첫째, 주식예탁증서 한 주와 기초주식의 한 주가 서로 상응하지는 않는다. 즉, 원주와 주식예탁증서의 비율은 주식예탁증서를 발행하는 신탁은행에 의해 임의로 선택되므로 원주와 주식예탁증서는 움직임이 동일할 수 없다.

둘째, 주식예탁증서의 공급에는 제한이 있으므로 주식예탁증서가 상장된 외국시장 내에서의 수요, 공급조건에 의하여 가격이 새롭게 결정된다. 그러므로 주식예탁증서는 기초자산에 대해 할증되어 거래되기도 하고 할인되어 거래되기도 한다. 그러나 양자 사이의 차익거래 때문에 기초자산과 주식예탁증서의 가치는 서로 멀리 벗어나지는 못한다.

주식예탁증서를 통한 외국증권에 대한 투자는 외국투자가들의 입장에서는 매우 효율적인 방법이며 매우 활발하게 발전하고 있지만, 주식예탁증서의 소유권이 외국증권에 대한 소유권이 아니라는 점을 이해하여야 한다. 대신에 주식예탁증서는 본국에 소재하는 금융기관에 보관된 원주에 대한 지분소유권을 나타낸다. 즉, 주식예탁증서는 주식에 대한 간접적인 지배권만을 나타내는 것이다.

3) 컨트리펀드

해외주식투자를 통해 투자자들이 외국주식투자로부터 고수익을 경험함에 따라 많은 포트폴리오 관리자들이 외국주식을 포트폴리오에 포함시키기 시작하였다. 만약 미국계 포트폴리오 관리자가 일본주식시장이 미국주식시장보다 성장할 것이라고 판단하면 그는 포트폴리오에 일본주식을 상당량 편입할 것이다. 이때 이 포트폴리오 투자자가 일본주식에 투자하는 이유는 일본의 개별주식에 대한 정보나 지식이 충분해서라기보다 일본경제나 일본주식시장 전체의 성장성을 보고 판단하는 경우가 매우 흔하다. 이처럼 투자자들의 자금을 모아 특정국가나 특정지역의 주식에 투자하는 펀드가 컨트리펀드(country fund)이다. 1990년대 들어 증권시장의 국제화가 급진전되었고 다양한 컨트리펀드가 등장하였는데 이들은 보통 패쇄형으로 펀드의 규모가 정해져 있으며 한 나라의 주식에만 투자를 한다. 패쇄형 컨트리펀드는 개방형 뮤추얼 펀드와는 달리 펀드의 주식수가 정해져 있기 때문에 펀드에 대한 수요에 따라서 펀드의 순자산 가치 이외의 프리미엄이나 디스카운트가 형성된다는 특징이 있다. 우리나라가 1985년 뉴욕에 상장한 Korea fund는 우리나라에 투자하는 최초의 컨트리펀드로 한국에 대한 직접투자가 제한되던 과거에는 종종 큰 폭의 프리미엄에 거래되곤 하였다.

한편, 특정 국가보다는 다소 확장된 개념인 특정 지역에 투자하는 패쇄형 펀드들도 있다. 예를 들어, European funds, Asian funds, Latin America fund 등과 같은 이름의 펀드들은 지리적으로 가까운 지역의 국가들을 묶어서 투자대상으로 삼는 펀드들이다. 지역국가 펀드들은 미리 투자대상 국가들을 명시하고 투자하며 복수의 국가에 투자한다는 사실을 제외하고는 설정이나 거래방식 등은 모두 컨트리펀드와 동일하다. 2020년대인 오늘날에도 세계 전 각 지역을 투자대상으로 하는 컨트리 펀드들이 늘고 있다.

4) 글로벌펀드

글로벌펀드(global fund) 또는 국제투자펀드(international fund)는 컨트리펀드와는 달리 전 세계를 대상으로 투자하며 주로 개방형으로 펀드가 설정되어 있다는 점이 컨트리펀드와 구분된다. 글로벌펀드와 국제투자펀드는 별다른 상호 구분 없이 쓰이는 말이지만 굳이 이를 구분하자면 글로벌펀드는 펀드가 설정된 본국의 주식을 포함한 글로벌 포트폴리오를 구성하는 반면에 국제투자펀드는 외국의 주식들만으로 펀드를 구성하는 것이라 정의할 수 있다. 이들 펀드들은 대부분 개방형 뮤추얼펀드의 형식을 갖기 때문에 항상 펀드의 순자산가치에 의해서 매매가 되며 패쇄형 펀드처럼 프리미엄이나 디스카운트가 형성되지는 않는다. 또한 이 펀드 중에는 단순하게 국제적으로 분산하는 펀드가 있는가 하면 'Emerging Market fund'나 'International Growth fund' 등과 같이 특별한 기준이나 목적을 가지고 투자 대상국가나 대상기업을 국제적으로 선정하는 펀드들도 있다. 컨트리펀드에 비해서 글로벌펀드는 각 국가나 특정지역이 지닌 개별시장의 위험을 분산하여 글로벌 시장의 체계적 위험만 가져간다는 데 큰 의의가 있다.

5) 해외주식연계채

해외주식연계채권투자란 발행당시에는 고정금리를 지급하는 채권의 형태를 가지고 있지만 간접적으로 주식투자를 겸하고 있는 전환사채(CB; convertible bond)나 신주인수권부사채(BW; bond with warrant)에 대한 투자를 지칭하는 것이다.

해외주식연계채권 중 전환사채는 일정한 시간이 경과한 후 채권을 발행회사의 주식으로 전환할 수 있는 일종의 콜옵션을 첨부해서 발행된 채권이다. 보통 전환사채는 발행 후 일정기간은 일반 회사채와 똑같은 형태를 가지고 있으며 금리는 일반사채에 비해서 훨씬 낮다. 그러나 투자자의 입장에서는 장래 주가가 전환가격 이상으로 상승할 때는 전환을 통해 주가차익을 기대할 수 있고, 주가상승이 부진할 때는 채권의 형태로 보유하면서 고정금리를 수취하면 되므로 채권과 주식의 성질 중 원하는 것을 택할 수 있다는 장점이 있다. 이는 채권액면액을 최소로 하되 주가상승에 따라 그 이상을 수취할 수 있다는 면에서 주가를 기초로 하는 콜옵션이 첨부되어 있는 셈이다.

신주인수권부 사채는 말 그대로 회사채에 특정가격으로 주식을 인수할 수 있는 신주인수권이 첨부되어 있는 형태이다. 전환사채의 경우는 기존의 채권은 소멸하고 주식으로 교환되는 데 비해서 신주인수권부 사채의 경우는 처음부터 채권과 신주인수권은 분리되어 거래될 수 있기 때문에 신주를 매입한 후에도 채권은 만기까지 유지된다는 점이 다르다. 일반적으로 신주인수권부 사채는 채권과 신주인수권이 분리되어 매매될 수 있는 분리형이지만 채권과 신주인수권이 동일한 증권에 표시되는 비분리형도 있다. 신주인수권부 사채는 발행하는 기업의 입장에서 볼 때 전환사채와 마찬가지로 다소 낮은 쿠폰이자율을 지급함으로써 자금조달비용을 낮출 수 있다는 이점과 신주인수권의 행사시점을 모르기 때문에 자금운용계획을 세우는 데 지장을 초래할 수 있다는 문제점을 동시에 갖고 있다.

국제증권시장에서 외국기업의 글로벌 또는 유로 타입으로 발행된 전환사채나 신주인수권부 사채가 활발히 유통되는 이유는 투자자는 이를 통해 비교적 안전하게 해외시장의 주식에 투자할 수 있고 발행자의 입장에서도 조달금리를 낮추고 자사의 주식도 일정가격 이상에서만 해외에 매각하는 장치를 가지고 있기 때문이다. 특히, 우리나라의 경우 1992년 이전에는 외국인에 의한 국내주식투자가 허용되지 않은 상태에서 외국인 투자자가 국내기업의 해외주식연계채를 구입한 경우에 장래 전환권을 행사하여 국내기업주식을 취득할 수 있도록 허용했기 때문에 유로시장에서 한국기업의 주식연계채권의 발행과 유통이 활발하게 이루어졌었다.[3)]

3. 세계 주요주식시장

1) 미국

미국은 자본주의의 메카답게 세계 최대 규모의 주식발행 및 유통시장을 가지고 있다. 세계 증권시장의 상징으로 불리는 월스트리트는 1790년경 국채거래시장으로 성립된 이래 1817년 뉴욕증권거래소(NYSE; New York Stock Exchange)의 출범을 계기로 미국자본시장의 중심으로 자리 잡았다.

현재 미국에는 뉴욕증권거래소 외에도 American Stock Exchange(AMEX), Philadelphia Stock Exchange, Pacific Stock Exchange 등 7개의 증권거래소와 Chicago Mercantile Exchange(CME), Chicago Option Exchange 등의 상품 및 선물거래소, 그리고 National Association of Securities Dealers Automated Quotation (NASDAQ) 시장이 있다.

미국의 증권거래감독기관인 SEC(Securities & Exchange Commission; 증권관리위원회)는 독립성이 보장된 정부기관으로 증권시장과 관련된 각종 연방법을 관장하고 있으며 이의 시행에 필요한 규칙 및 규정제정권까지 갖고 있다.

---

3) 박영규, 『글로벌 파이낸스』, 삼영사, 1999, pp.455~462.

한편, 1933년에 제정된 증권법(Securities Act)과 1934년의 증권거래법(Securities Exchange Act)에서 비롯된 공시제도 역시 상장회사와 거래소간에 자율적인 상장계약에 따라 주가에 영향을 미칠만한 각종 뉴스와 정보를 대중에게 신속히 전달하도록 요구하고 있다.

미국은 주식매매에 있어서 기관투자가의 비중이 꾸준히 증대되어 왔으며 기관에 의해서 지배되는 시장이라고 볼 수 있다. 특히 증권투자신탁회사인 뮤추얼 펀드(Mutual Fund)가 매우 발달되어 있다. 이들 뮤추얼 펀드를 통한 공적 연금과 기업연금기금의 주식투자가 시장의 가장 큰 비중을 차지한다. 미국시장은 기관투자가 등에 의해 주도되는 만큼 합리적이고 과학적인 분석기법과 중장기적인 투자 형태가 자리 잡혀있다. 또한 SEC에 의해서 내부자거래나 시장조작 등이 철저히 감시되어 있어서 그 어느 나라보다도 효율적인 주식시장을 유지하고 있는 것으로 인정받고 있다.

NYSE를 비롯한 미국의 증권거래소가 갖는 특이한 제도로는 스페셜리스트(specialist)제도를 볼 수가 있다. 이 제도 하에서 스페셜리스트들은 자기의 담당종목에 대해서 매수호가와 매도호가를 취합하여 매매를 체결시키고 때로는 자신이 매수자나 매도자가 되어 시장의 적정한 가격 및 거래를 유지시키는 시장형성자로서의 기능을 담당한다.

결국 스페셜리스트는 해당종목에 대한 딜러와 브로커가 되는 동시에 시장을 공정하고 질서 있게 유지할 책임도 함께 진다.

1975년에 단행된 수수료자율화 조치에 의해서 미국에서는 주식을 거래함에 있어서는 다양한 종류의 브로커를 선택하여 이용할 수 있다. 풀서비스브로커(full service broker)는 거래의 체결뿐만 아니라 투자자료의 제공, 투자상담, 투자구좌의 관리 등 투자에 관련된 다양한 서비스를 제공한다. 반면, 디스카운트(discount) 브로커는 매매체결 외에 다른 서비스를 거의 제공하지 않는 대신 저렴한 수수료로 경쟁우위를 찾고자 하는 증권회사들이다. 물론 이들의 수수료는 거래대금의 크기에 따라 달라진다. 따라서 투자자는 이들 회사의 투자정보의 질과 수수료율 등을 고려하여 자신에게 적합한 증권회사를 선택해야 한다. 최근에는 인터넷 등을 통해서 거래를 체결시켜주는 딥디스카운트브로커(deep discount broker)도 많이 등장하였다.

2) 일본

일본은 1960년대 명치유신시대에 서구의 자본주의가 도입됨에 따라 동양에서 가장 먼저 주식거래를 시작했다. 제2차 세계대전 이후 일본이 세계경제의 중심으로 부상함에 따라 일본증권시장도 세계에서 가장 발달된 시장의 하나로 자리 잡았다. 현재 일본에는 동경증권거래소, 오사카증권거래소 외의 8개 증권거래소가 있으며 그 외에도 장외시장과 선물과 옵션거래소 등이 개설되어 있다. 그러나 동경증권거래소가 차지하는 비중이 절대적이다.

일본의 주식시장은 1984년 엔화의 절상을 합의한 프라자협정 이후 시장의 자유화 및 국제화가 빠르게 진전되었다. 이어서 1987년 금융자본시장의 자유화·국제화 계획이 발표되었고 1988년까지 29개의 외국증권회사의 지점이 허용되었으며 이 중 16개가 동경거래소에 회원권을 확보하였다. 일본은 미국과는 달리 증권거래에 대한 규제가 많은 편이며 이 대부분이 대장성의 증권국에 의해 감독되고 있다. 대장성의 증권국 외에는 증권거래소, 증권업협회, 투자신탁협회, 투자고문협회 등이 소속회원사들에 대한 자율규제기능을 담당하고 있지만 이들도 결국은 대장성의 자문기구인 증권거래심의회 산하라고 보아야 할 것이다.

일본의 주식시장관련 규제법규는 상당부분 우리 주식시장에 그대로 사용되었으므로 국내 주식시장 관련법규와 비슷하다고 이해하면 된다. 시장시스템도 우리와 비슷하여 주가의 급등락을 방지하기 위한 상하한가제도도 존재한다. 일본의 주가지수로는 동경주가지수(TOPIX)와 니케이지수(NIKKEI)가 대표적으로 쓰인다. 동경주가지수는 동경증권거래소에 상장된 전종목을 대상으로 시가총액방식으로 산출되며 1968년 1월을 기준일로 하고 있다. 한편, 일본의 공시제도와 내부자 규제제도는 서구의 제도와 크게 다르지 않으나 실제로 내부자거래에 대한 감시감독이 철저히 이루어지고 있다고 보여지지 않는다. 기업은 회사경영에 중대한 영향을 미치는 사항이나 주주의 이익에 관련된 각종 결의 또는 결정사항을 공시할 의무를 지니며 매 사업년도마다 유가증권보고서, 반기보고서 및 임시보고서를 제출할 의무를 지닌다. 또한, 일본 역시 투자신탁제도가 발달되어 있어서 기관투자가의 비중이 높은 편이다.

일본의 장외시장은 비상장주식을 일본증권업협회에 등록하고 협회가 등록주식의 매매가격 등을 공표하는 방식으로 운영되고 있다. 그러나 거래자체는 증권회사의 점두를 통해서 이루어지므로 보통 점두시장이라고 부른다.

한편, 주식시장의 발달에 따라 1987년 오사카 증권거래소에서 주식선물거래를 개시한 이래 각종 지수선물 및 옵션이 동경과 오사카 증권시장을 중심으로 거래되고 있으며 싱가폴 등 외국시장에서도 일본주가지수 등에 관한 선물거래가 활발히 이루어지고 있다.

3) 영국

17세기 영국은행(Bank of England)이 공채를 발행한 이래 세계에서 가장 먼저 증권거래가 시작된 영국은 이미 1773년에 증권거래소의 체계를 만들었다. 이후 1802년 정식으로 런던증권거래소(London Stock Exchange)가 개설되었다. 설립 당시 런던증권거래소는 주식회사의 형태로 출발하였으며 이 후 150년간 출자자를 대표하는 경영이사회에 의해서 운영되었다. 그 후 1947년에 이르러 회원제에 의해서 운영되는 공적 거래소의 형태로 전환되었다. 영국에는 런던증권거래소외의 3개의 연합증권거래소 및 3개의 지방증권거래소가 있다. 현재 영국증권시장의 규모는 뉴욕이나 동경에 비해서 뒤지지만 외국기업 상장숫자에 있어서 세계 최고를 나타내는 등 여전히 런던시장은 국제증권거래에 있어서 중요한 위치를 차지한다. 1986년의 빅 뱅(Big Bang) 이후 런던증권거래소는 국제증권거래소(ISE; The International Stock Exchange of The United Kingdom and The Republic of Ireland Limited)로 정식 명칭이 바뀌었다.

빅 뱅은 국제금융센터로서의 영국의 위치를 강화하기 위한 금융규제완화 및 증권시장 개혁조치로 다음과 같은 내용을 포함하고 있다. 첫째, 영국 내 증권거래소의 회원권은 내국인, 외국인 구분 없이 완전히 개방하고 거래수수료도 자유화 시켰다. 둘째, 기존에 브로커와 딜러업무를 구분하던 제도를 폐지하고 겸업을 인정함으로써 영국증권회사의 업무영역을 확대시켜 주었다. 셋째, 투자자보호를 위한 금융서비스법률(Financial Service Act)을 제정하고 SIB(Stock Investment Bureau)를 설치하는 등 투자자보호제도를 강화하였다.

이외에도 증권거래의 전산화 및 주식매매제도의 개혁 등 증권시장의 경쟁력 제고를 위한 다양한 조치를 마련하였다.

런던국제증권거래소(ISE)는 다시 국내주식시장, 외국주식시장, 채권시장, 옵션시장 및 금융선물시장으로 나눌 수 있으며 이 중 선물거래가 이루어지는 런던국제금융선물거래소(LIFFE; London International Financial Futures Exchange)는 국제금융파생상품거래의 중심지이다. 영국증권거래소 내의 외국주식시장은 1985년 SEAQ(Stock Exchange Automated Quotation) International이 가동되기 시작하여 국제주식에 대한 시세정보를 제공하고 있어서 공식적인 국제주식시장으로 자리 잡았다. 여기에는 유럽뿐 아니라 북미 및 일본, 아시아기업들도 상당수가 상장되어 거래되고 있다. 그러나 영국의 국내주식시장은 영국경제의 오랜 침체와 영국인들의 전통적인 채권위주의 투자관행으로 인하여 미국과 일본에 비하여 활성화되지 못하였다.

런던증권거래소의 상장주식은 거래빈도에 따라 알파(alpha)종목, 베타(beta)종목, 감마(gamma)종목 및 델타(delta)종목으로 구분되며 이 역시 전산거래시스템인 SEAQ 시스템에 의해서 정보가 제공되고 거래가 체결된다. 영국의 주가지수로서는 Financial Times Index가 가장 널리 쓰이며 이는 30개 우량 보통주의 가중평균으로 산출된다. 영국의 비상장증권은 USM(Unlisted Security Market)에서 거래되며 USM은 거래소와 시장참가자 사이에 성립된 USM 준칙에 따라 운영된다. 한편 LIFFE는 국제통화, 국제금리 및 각국의 주가지수가 가장 활발히 거래되는 국제선물거래시장으로서 향후에도 국제금융파생상품거래의 센터 역할을 지속할 것으로 보인다.

4) 홍콩

홍콩주식시장은 1891년 공식적인 거래가 시작된 이후 세계에서 가장 규제가 적은 증권시장의 하나로 알려져 왔다. 홍콩에는 원래 4개의 증권거래소가 있었으나 1986년에 하나로 통합되었다. 홍콩증권거래소는 사기업형태의 기관으로 증권관리위원회의 감독을 받으며 위원회의 위원들은 정부에 의해서 임명된다. 1970년대 초까지만 해도 홍콩시장에는 증권거래에 대한 규제가 거의 없었으나 1974년에 증권위원회가 설립되었고 그 산하에 여러 소위원회가 있어서 증권거래소와의 협의 하에 주식의 상장, 거래중단, 거래소 회원가입에 관한 감독업무를 수행하였다. 그 후 1986년의 거래소 통합과 1987년 미국증시 대폭락으로 홍콩증시가 가장 큰 타격을 입자 그동안 자유방임으로 일관되어 있던 홍콩증시에 시장의 안정과 지속적인 발전을 위한 감독규제조치가 행해졌다. 그러나 아직도 홍콩은 외국인 투자자에 대한 투자제한은 물론 송금 및 반출에 대한 제한도 거의 없는 편이다. 다만, 외국인 지분이 회사 총 발행주식의 49%를 초과할 수 없으며 일부회사는 그 이하의 지분제한을 두기도 한다.

홍콩주식시장의 발달은 홍콩에 일찍부터 자리를 잡아온 영국 등 유럽계 대형금융기관들에 의해서 선진 금융시스템을 갖추었고 규제가 적어 자본조달비용이 저렴한 시장이라는 데 기인한다. 그러나 홍콩에 상장된 기업은 상당수가 부동산기업이거나 부동산 관련업종에 있어서 부동산시장의 호불황에 따라 증시가 영향을 크게 받는 취약점을 지니고 있다. 그 동안 홍콩의 지가는 비교적 꾸준히 성장해 왔으며 이로 인해 홍콩증시도 비교적 호황기를 누린 시기가 많았지만 1997년 중국의 홍콩반환을 계기로 홍콩증시의 주변여건도 상당히 달라졌다. 그러나 반환초기인 현재 중국의 홍콩정책은 그 동안 홍콩이 누려왔던 국제금융과 무역 중심지로서의 역할을 계속적으로 수행할 수 있도록 지원하고 있어서 홍콩주식시장에도 별다른 악영향을 미치고 있지 않다.

장기적으로 볼 때 홍콩은 중국의 경제발전을 위한 자본조달 창구로의 역할을 계속 수행하면서 중국의 발전만큼 경제발전을 지속할 수 있으므로 주식시장도 계속 발전할 수 있으리라 전망된다. 다만, 홍콩의 중국화가 진행됨에 따라 서구계 자본이 철수하는 속도가 빨라진다면 이는 홍콩증시에 치명적인 하락요인으로 작용할 것이므로 중국정부가 이를 방지하기 위한 유화정책을 유지하는 것이 필수적이다. 홍콩시장을 대표하는 지수는 항생지수(Hang Seng Index)로서 이 역시 33개 종목에 의한 시가총액식으로 1964년 7월 31일을 기준으로 하고 있다.[4)]

4) 박영규, 『글로벌 파이낸스』, 삼영사, 1999, pp.462~470.

part 2

환율의 결정과 환율제도

CHAPTER 4

환율의 결정과 변동

INTERNATIONAL FINANCIAL

이 장에서는 환율의 결정이론과 환율변동의 예측에 관해 알아본다. 우선 상품시장으로부터 외환의 수요곡선과 공급곡선을 각각 도출하고 여기에 서비스(services) 및 금융자산을 포함시켜 확대·연장한 두 곡선을 통해 균형환율의 결정과 균형의 안정조건을 고찰한다. 한편 환율변동의 예측기법을 소개하기로 한다.

제1절 환율의 결정이론

1. 외환의 수요곡선도출

어느 특정 상품에 대한 국내수입수요는 그 상품에 대한 국내수요와 국내공급 간의 차이인 초과수요로 나타난다. 예를 들어 기계설비와 국내생산량이 국내 수요량에 비해 부족할 때 그 부족분에 해당되는 초과수요량만큼이 해외시장으로부터 수입하기를 원하는 수입수요량이기 때문이다. 그런데 수입수요함수는 그 상품의 가격에 대한 감소함수이므로 수입수요곡선은 가격에 대해 우하향의 형태를 취하게 된다. 마찬가지 원리로 수출은 국내생산량이 국내수요량보다 많은 경우에 이루어지므로 국내의 초과공급량으로 나타나며 수출 공급 곡선은 가격에 대해 우상향의 곡선이 된다.[1)]

지금 문제를 단순화하기 위해 외환수급에 영향을 미치는 요인들 중 상품 가격 이외의 소득이나 환율 등 다른 조건이 일정불변(ceteris paribus)하다고 가정하고 상품의 수출입시장으로 국내(한국) 및 외국(미국)에 대한 4개의 시장을 각각 상정하기로 하자. 그리고 분석을 간단히 하기 위해 관련된 상품가격들을 다음과 같이 정의하기로 한다.

P_X=수출상품의 국내가격(원화표시가격)
P_X^*=수출상품의 외국통화표시가격(달러화표시가격)
P_M=수입상품의 국내가격(원화표시가격)
P_M^*=수입상품의 외국통화표시가격(달러화표시가격)

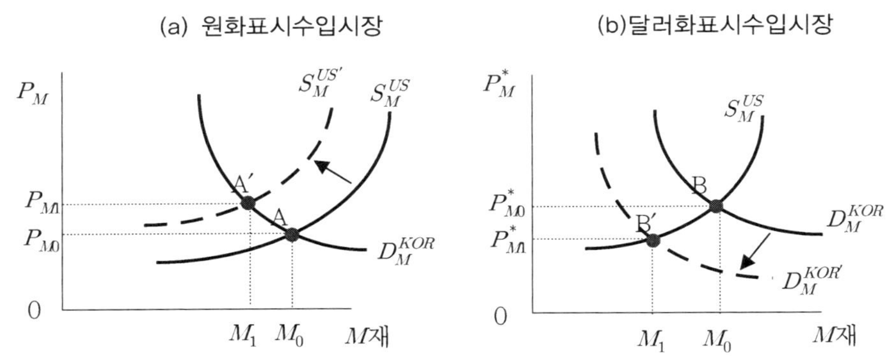

▶ 〈그림 4-1〉 한국의 수입시장

1) 최해범, 『새외환론』, 도서출판 대명, pp.271~287.

지금 한국과 미국 간에 무역거래가 이루어진다고 하면 P_X^*는 한국수출상품인 X재의 달러화표시가격(예: P_X^*=\$10)이고 P_M^*는 한국이 수입하는 미국상품 M재의 달러화표시가격이 된다. 미국상품에 대한 한국의 수입시장은 <그림 4-1>과 같이 원화표시가격 시장과 달러표시가격 시장으로 나눌 수 있다. 각 그림에서 D_M^{KOR}는 M재에 대한 한국의 초과수요곡선이고 S_M^{US}는 미국의 초과공급곡선을 나타낸다.

위의 <그림 4-1>에서 한국의 원화표시가격 수입시장이 최초에 점 A에서 균형을 이루고 있었다고 가정하자. 이제 평가절하가 이루어졌다고 하면 수입상품 M재화의 원화표시가격($P_M = E \cdot P_M^*$)은 상승하므로 미국 수출업자는 종전과 동일한 원화 표시가격(P_{M0})으로 보다 적은 양을 공급하든가 아니면 종전과 동일한 양을 공급하기 위해서 원화 표기가격을 높여야 한다. 이는 곧 평가절하율과 동일비율로 미국의 공급곡선이 좌측으로 이동해야 함을 의미한다.

이를 달리 표현하면 주어진 종전의 원화표시가격에서 평가절하는 미국인이 수취하기를 원하는 달러화표시가격의 하락($\downarrow P_M^* = P_{M0}/E$)을 초래하므로 미국 수출업자가 공급을 줄임을 의미한다.[2)] 그 결과 미국의 공급곡선은 평가절하율 만큼 S_M^{US}에서 $S_M^{US'}$으로 좌측이동하게 된다.

그러나 한국 수입업자는 종축에 표시된 원화표시가격에 대응하여 수입하기를 원하기 때문에 한국의 수입수요곡선(D_M^{KOR})은 이동하지 않는다. 그렇다고 하면 평가절하후의 원화 표시가격의 수입액은 어떻게 변동하겠는가? 이는 그림 (a)에서 알 수 있는 바와 같이 기본적으로 한국의 수입수요는 가격탄력성에 의존한다.

지금 수입수요의 가격탄력성을 $\eta_M = -\dfrac{dM}{dP_M} \cdot \dfrac{P_M}{M}$이라고 하면 수입 수요

2) 독자는 경제원론이나 미시경제학에서 수요·공급이론을 배울 때 외생적 요인에 의해 수요나 공급이 변하는 경우에는 곡선자체가 이동함을 기억할 것이다. 여기서도 마찬가지로 종축의 원화표시가격(P_M) 이외의 요인인 평가절하가 달러표시가격에 영향을 미쳐 공급곡선 자체를 이동시키는 효과를 갖는다.

의 가격탄력성이 탄력적($\eta_M > 1$)일 때에 원화표시수입액($V_M = P_M \cdot M$)은 감소한다. 왜냐하면 평가절하로 인한 수입가격의 상승률($\dot{P}_M \uparrow$)보다 수입량의 감소율($P_M \downarrow$)이 크기 때문이다.[3] 만약 수입수요의 가격탄력성이 비탄력적($\eta_M < 1$)이라고 하면 원화표시 수입액은 오히려 증가하게 된다.

한편 <그림 4-1>은 달러화표시가격의 한국수입시장을 나타내고 있다. 최초에 점 B에서 시장균형을 이루고 있을 때 평가절하가 이루어졌다고 하면 한국수입업자는 종전의 달러화표시가격(P^*_{M0})으로는 더 적은 양의 수입을 할 수밖에 없다. 즉 주어진 달러화표시가격(P^*_{M0})하에서의 평가절하는 원화표시가격의 상승($\uparrow P_M = E \cdot P^*_M$)을 초래하기 때문에 한국의 수입수요곡선은 평가절하율과 동일비율로 좌측 이동하여 새로운 점 B'에서 균형을 이룬다. 물론 종축이 P^*_{M0}로 표시되고 있으므로 미국의 공급곡선은 이동하지 않는다.

그러면 외국통화인 달러화 표시 수입액은 평가절하에 어떠한 결과를 가져오겠는가? 그림 (b)에서 알 수 있는 바와 같이 평가절하는 한국의 수입수요곡선을 좌측으로 이동시켜 외화표시 수입액(V^*_M)을 분명히 감소시킨다. 외화표시 수입액은 $V^*_M = P^*_M \cdot M$이므로 평가절하로 인해 국내수요가 감소하고 그 결과 P^*_M와 M이 모두 감소하기 때문이다.

극단적으로 외국의 공급곡선이 가격에 대해 완전 탄력적이 되어 횡축과 수평선을 이루는 경우에는 달러화표시가격은 그대로 있으나 수입량이 감소함으로써 달러화표시 수입액(V^*_M)은 감소할 것이고, 만약 외국의 공급곡선이 완전 비탄력적이 되어 수직선(종축과 수평선)이 된다고 하면 수입량은 불변이나 달러화표시가격(P^*_M)은 하락하여 V^*_M도 역시 감소하므로 평가절하는 항상 외화표시 수입액을 감소시킨다. 다만 수입액의 크기(면적)만이 탄력성에 따라 달라질 뿐이다. 이들 극단적인 경우에 대한 분석은 독자들에게 맡긴다.[4] 따라서 외환에 대한 수요곡선은 <그림 4-2>로부터 아래와 같이 환율의

3) 이하에서 사용되는 변수 위의·(dot이라고 읽음) 표시는 그 변수의 변동률(예: $\dot{M} = \Delta M$)을 나타낸다.

4) 완전탄력적인 공급곡선 또는 수요곡선의 경우는 다음을 참조할 것. H. R. Heller,

함수로서 우하향 곡선으로 나타난다.

다음의 <그림 4-2>에서 환율이 E_0에서 E_1으로 상승함에 따라 외환수요량인 달러화는 Q_0에서 Q_1으로 감소하는데 Q_0는 <그림 4-1>에서 면적 $OP^*_{M0}BM_0$에 해당된다.

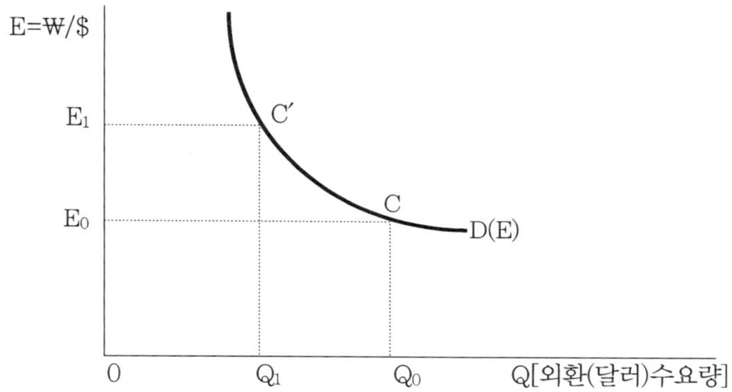

▶▶ 〈그림 4-2〉 외환의 수요곡선

2. 외환의 공급곡선도출

외환의 공급곡선은 다른 조건이 일정불변할 때 상품수출시장으로부터 도출할 수 있다. 다음의 <그림 4-3>은 한국의 수출상품 X재에 대한 원화표시가격(P_X)과 달러화표시가격(P^*_X) 수출액이 평가절하에 따라 변동되는 양상(P_X)을 보여 주고 있다.

<그림 4-3>에서 최초의 점 A에서 원화표시가격 수출시장이 균형을 이루고 있을 때 평가절하가 이루어지면 미국 수입업자는 종전의 원화 표시가격으로 더 많은 X재를 살 수 있게 된다. 왜냐하면 주어진 원화표시가격을 달

International Monetary Economics, Prentice-Hall, Inc.. 1974, pp.92~102.

러화표시가격으로 환산하면 달러화표시가격은 하락($\downarrow P_X^* = P_X/E$)하기 때문이다. 예를 들어 10,000원으로 X재 한 단위를 구매하고 있었는데 환율이 1$=1,000원에서 1$=1,200원으로 16.7% 평가절하가 되었다고 하면 10,000원이었던 X재는 종전에 10달러에서 8.33달러로 하락하여 미국인의 입장에서 평가절하 후 1.67달러만큼을 더 구매할 수 있게 되었다. 따라서 미국 수입수요곡선(D_X^{US})은 평가절하율과 동일비율로 우측으로 이동한다. 한국 수출업자는 원화표시 수출가격에 대응하여 수출하면 되므로 한국 수출 공급곡선(S_X^{KOR})은 이동하지 않는다. 그 결과 새로운 균형은 점 A'에서 이루어져 평가절하 후의 원화표시 수출액($V_X = P_X \cdot X$)은 분명하게 증가된다.

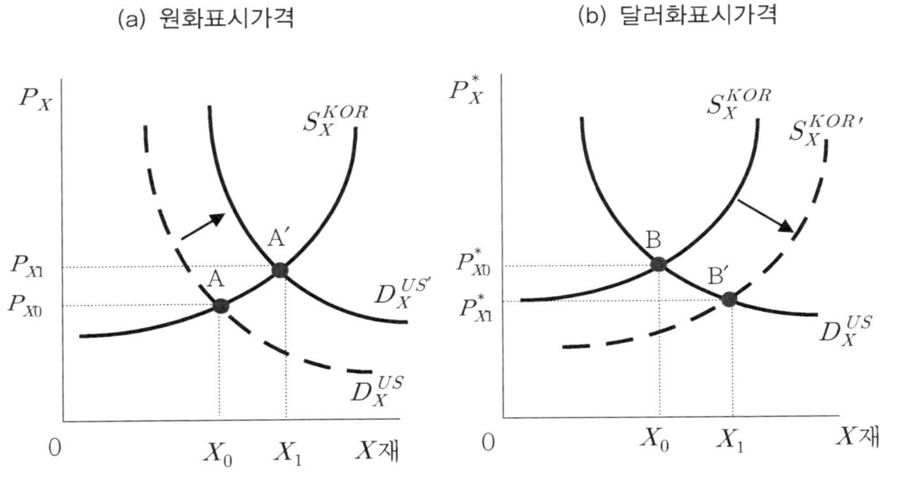

▶▶ 〈그림 4-3〉 한국의 수출시장

그러나 달러화표시가격의 경우에는 달러화표시 수출액이 증가할 것인지 감소할 것인지는 불분명하다. <그림 4-3>에서 종전의 달러화표시가격에서의 평가절하는 한국수출업자의 원화 표시 가격의 상승($\uparrow P_X = E \cdot P_X^*$)을 의미하므로 종전보다 더 많은 공급을 할 수 있음을 의미한다. 따라서 한국의 수출

공급곡선은 S_X^{KOR}에서 $S_X^{KOR'}$으로 우측이동을 하게 되어 새로운 균형점은 B'이 된다. 따라서 달러화표시 수출가격은 P_{X0}^*에서 P_{X1}^*로 하락하나 수출량은 X_0에서 X_1으로 증가하여 달러화표시 수출액($V_X^* = P_X^* \cdot X$)이 증가할 것인지 감소할 것인지는 미국의 수입수요의 가격탄력성에 의존하게 된다.

지금 미국의 수입수요탄력성을 $\eta_X = -\dfrac{dX}{dP_X^*} \cdot \dfrac{P_X^*}{M}$라고 하면 이는 한국의 수출공급 탄력성과 같게 된다.

만약 $\eta_X > 1$이어서 탄력적이면 가격하락에도 불구하고 달러화표시 수출액은 증가하게 된다. 달러화표시 수출액이 $V_X^* = P_X^* \cdot X$이므로 $\eta_X > 1$ 이면 평가절하로 인한 달러화표시 수출가격하락률이 수출량의 증가율보다 작기 때문이다($P_X \uparrow > \dot{P}_X^* \downarrow$). 만약 $\eta_X < 1$이면 달러화표시 수출액은 감소하게 된다. 이제 우리는 <그림 4-3b>로부터 외환의 공급곡선을 도출할 수가 있다. 미국의 수입수요의 가격탄력성이 탄력적이면 평가절하는 달러표시수출액을 증가시키므로 한국외환시장에 외환의 공급이 증가하고 탄력성이 비탄력적이면 외환공급은 감소한다. 다음의 <그림 4-4>는 미국의 수입수요의 가격탄력성이 탄력적($\eta_X > 1$)인 경우 환율의 증가함수로서의 우상향의 외환공급곡선을 그린 것이다.

<그림 4-3>에서 수출로 인한 최초의 달러화표시 외환 공급액(달러 공급액)의 면적은 $OP_{XO}^*BX_O$로써 <그림 4-4>의 Q_1이 된다. 따라서 평가절하는 외국의 수입수요의 탄력성이 탄력적이면 외환 공급액의 증가를 가져와 우상향의 곡선이 된다. 물론 만약 외국의 수입수요탄력성이 처음에는 탄력적이다가 비탄력적이 되면 그에 따른 외환공급곡선은 후방굴절공급곡선(backward-bending supply curve)의 형태가 된다.

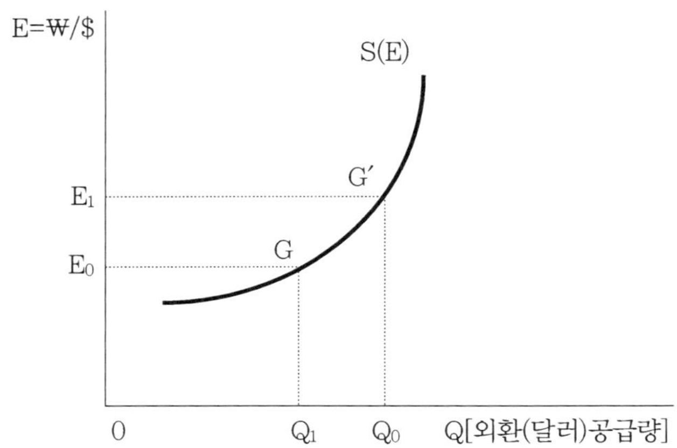

▶ 〈그림 4-4〉 외환의 공급곡선

위의 결과로부터 우리는 다음과 같은 사실을 알 수 있다.

먼저 외화 표시 수출의 경우 극단적인 경우로서 첫째, 상대국의 수입수요탄력성이 0($\eta_X = 0$)이고 평가절하국의 수입수요탄력성이 1보다 큰 경우($\eta_X > 1$)에 평가절하는 무역수지를 개선시킨다. 왜냐하면 수출의 경우 수출량은 불변이나 수출단가의 하락만을 초래하며 수입의 경우에는 수입수요탄력성이 1보다 크기 때문에 수입가격상승폭보다 수입량의 감소 폭이 더 크게 하락하여 수출가격하락을 상쇄하고도 남을 만큼 수입액이 감소하기 때문이다. 이는 평가절하가 무역수지를 개선시킴을 의미하여 외환의 초과공급을 가져온다.

둘째, 평가절하국의 수입수요탄력성이 완전 비탄력적($\eta_X = 0$)이지만 상대국의 수입수요탄력성이 1보다 큰 경우를 들 수 있는데 이 경우에도 위와 같은 논리로 평가절하는 무역수지를 개선시킨다.

셋째, 위의 두 경우의 중간 경우로써 평가절하국이나 상대국 모두 수입수요 탄력성이 비탄력적(예: $\eta_M = 0.6$, $\eta_X = 0.5$)이지만 양국의 수입수요탄력성의 합이 1보다 큰 경우에도 평가절하는 무역수지를 개선시킨다.

위의 세 경우를 요약하면 평가절하가 무역수지를 개선시키기 위해서는 양국의 수입수요탄력성의 합이 1보다 커야 됨을 알 수 있다. 이와 같이 평가절하가 무역수지를 개선시킬 조건인 $\eta_X + \eta_M > 1$을 마셜－러너조건(Marshall-Lerner condition)이라고 한다.

마셜－러너조건이 갖는 의미를 보면 다음과 같다.

① 마셜－러너조건은 평가절하에 의한 무역수지 개선조건을 나타내 주고 있다.

② 이 조건은 무역수지를 자국통화로 표시하든 외국통화로 표시하든 어느 경우에도 해당된다.

③ 엄밀하게는 마셜－러너조건은 양국의 수출공급 탄력성이 완전 탄력적인 경우를 설정하고 있다.

우선 ①의 경우는 앞의 설명으로 분명해졌으므로 설명을 생략한다. ②의 경우 자국통화표시 경우에도 외화표시가격의 경우와 같으므로 앞의 <그림 4-1b>와 <그림 4-3a>에서 유추할 수 있다. ③에 대해서는 수평선의 공급탄력성을 상정하면 쉽게 유추된다.

3. 균형환율의 결정

외환에 대한 수요와 공급곡선을 함께 고려하여 균형환율이 어떻게 결정되는가를 살펴보자. <그림 4-5>에서 DD곡선은 환율변화에 따라 한국의 달러화 수요량이 어떻게 변화하는가를 보여준다.

SS곡선은 환율이 변함에 따라 미국이 공급하는 달러화의 변화량을 나타내고 있다. 외환의 수요곡선과 공급곡선이 교차하는 P점에서 균형환율 E_1, 외환에 대한 균형수급량 OQ_1이 된다. 즉, 환율이 E_1일 때 한국의 달러화에 대한 수요와 미국의 달러화 공급량이 OQ_1으로 일치하여 시장은 균형을 이루게 된다.

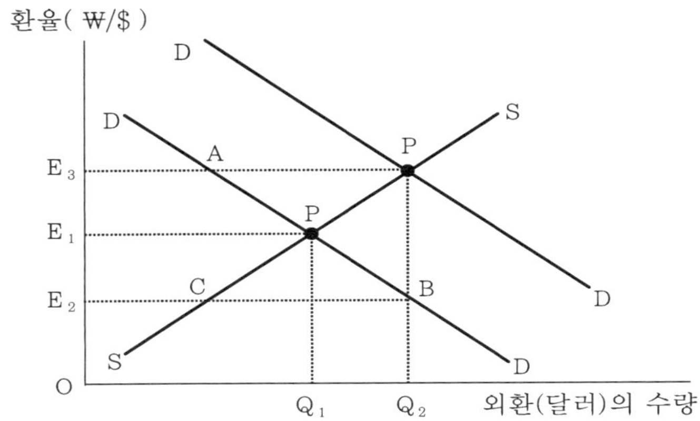

▶▶ 〈그림 4-5〉 균형환율의 결정

여기서 만약 한국의 외환수요가 환율 이외의 요인 때문에 변하여 외환의 수요곡선이 DD에서 $D'D'$로 이동하였다고 하자.

이와 같이 수요곡선이 우상향으로 이동하는 데는 여러 가지 이유가 있을 수 있는데 한국의 국민소득이 증가해서 수입수요가 증가하는 경우를 비롯해서 국내물가수준의 상승, 자본이동 등을 들 수 있다. 아무튼 외환의 수요곡선이 $D'D'$로 이동하게 되면 공급곡선과 새로이 교차하게 되는 P'에서 새로운 균형이 성립하게 되고 균형 환율은 E_3로 상승하고 외환의 균형 수급량은 OQ_2로 바뀌게 된다.

4. 균형환율의 안정성

외환의 수요와 공급에 의한 환율이 균형환율에서 이탈하는 경우, 이탈된 환율이 다시 균형환율에 접근하려는 경우와 반대로 균형환율에서 더욱 이탈하려는 경우가 있다. 예컨대 안정적 균형환율(stable exchange equilibrium)과 불안정한 균형환율(unstable exchange equilibrium)이 그것이다.

그런데 균형환율의 안정성여부는 외환의 수요곡선과 공급곡선의 형태에 따라 결정된다. 가령 <그림 4-6>에서와 같은 달러화의 수요곡선(DD)과 공급곡선(SS)이 주어져 있을 때에 원화에 대한 달러화의 환율이 균형환율 E_e에서 E_1으로 이탈한 경우 달러화의 초과공급($\overline{AB}$)이 환율을 하락시킴으로써 다시 균형점 E에 접근하게 되며, 또한 달러화의 환율이 균형환율 E_e에서 E_2로 이탈한 경우에는 달러화의 초과수요($\overline{CF}$)가 환율을 상승시킴으로써 환율은 다시 균형점 E에 접근하게 된다. 이와 같이 환율이 균형환율에서 이탈한 경우 이탈된 환율이 다시 균형환율에 접근하는 시장을 안정적 외환시장이라 한다.

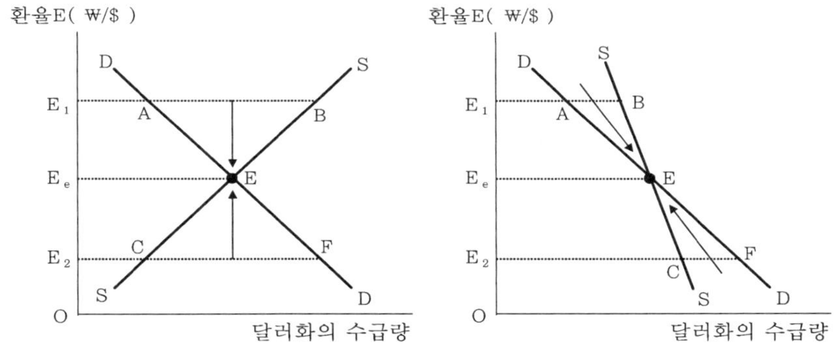

▶▶ 〈그림 4–6〉 안정적 외환시장의 균형환율

또한 <그림 4-7>에서는 환율이 균형환율 E_e로부터 E_1으로 이탈할 경우에 달러화의 초과수요($\overline{PQ}$)가 발생하여 이탈한 환율이 균형환율로부터 더욱 이탈하게 되며, 또 환율이 균형점 E_e에서 E_1로 하락하였을 경우에 달러화의 초과공급($\overline{RT}$)이 발생하여 환율이 균형환율에서 더욱 이탈하게 되는데 이러한 외환시장을 불안정한 외환시장이라고 한다.

이상 설명한 외환시장의 안정조건을 관계식으로 표시해 보면 다음과 같다.

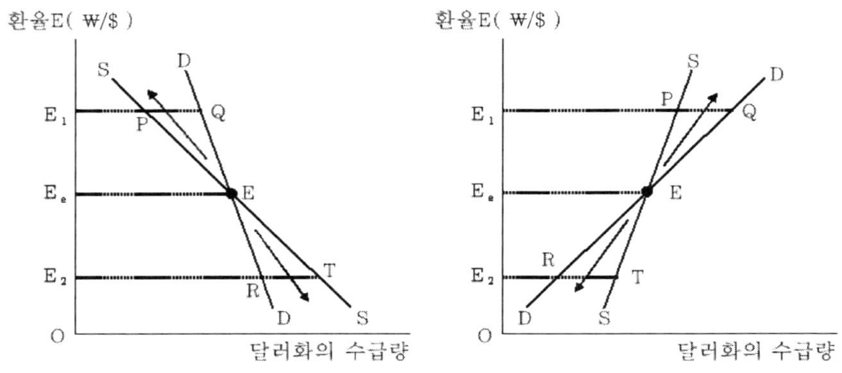

▶▶ 〈그림 4-7〉 불안정한 외환시장의 균형환율

지금 앞의 <그림 4-6>에서와 같은 안정적 외환시장에서는 환율변동과 외환이 초과수요(초과공급)의 변동이 .

$$\frac{d}{dE}(D-S) < 0$$

의 관계에 있게 되며 <그림 4-7>의 불안정한 외환시장에서는

$$\frac{d}{dE}(D-S) > 0$$

의 관계에 있게 된다.

이제 외환수급의 균형상태에서 위의 두 식을 환율변동에 대한 외환수급의 탄력성을 나타내기 위하여 상기 부등식의 양변에 E/D와 E/S를 곱해 주면 안정적 외환시장의 조건은 다음과 같은 (4.1)식이 되고 불안정한 외환시장조건은 (4.2)식이 된다.

$$\text{안정적 외환시장 조건 :}\left(\frac{E}{D}\frac{dD}{dE}\right)-\left(\frac{E}{S}\frac{dS}{dE}\right)<0 \quad \cdots\cdots (4.1)$$

$$\text{불안정적 외환시장 조건 :}\left(\frac{E}{D}\frac{dD}{dE}\right)-\left(\frac{E}{S}\frac{dS}{dE}\right)>0 \quad \cdots\cdots (4.2)$$

여기서 볼 때 부등식에서 첫째 항은 환율변동에 대한 외환의 수요탄력성 $(-E^F_{)D}$ 이며, 둘째 항은 환율변동에 대한 외환의 공급탄력성$(-E^F_{)S}$ 이 되어 결국 외환시장의 안정조건은 $-E^F_{-E^F_{<0D}D}$ 의 관계에 있음을 알 수 있는데, 이를 로빈슨－메츨러(Robinson-Metzler)의 안정조건이라고 한다.5)

제2절 환율변동의 예측

1. 기본적 분석과 기술적 분석

환율예측방법은 크게 기본적 분석(fundamental analysis)과 기술적 분석(technical analysis) 방법으로 나누어진다. 기본적 분석방법은 환율변동에 영향을 미치는 기본적 경제변수들을 선택하여 이들 변수와 환율과의 관계를 계량모형화하거나 체계화함으로써 미래의 환율을 예측하는 것이다. 앞 절의 수요와 공급에 의한 환율결정이론은 기본적 분석방법에 속한다고 할 수 있다.6)

반면에 기술적 분석방법은 과거의 환율 및 이자율의 변동형태의 추세적인 특징을 시각적·통계적으로 분석함으로써 장래의 환율을 예측하는 방법이다.

기본적 분석방법은 계량모형을 이용하여 장기적인 환율변동의 방향을 수식적으로 제시할 수 있다는 이점이 있으나 방대한 자료를 수집하고 이를 처리하는 과정에서 상당한 비용과 시간이 소요된다. 또한 환율변동에 영향을 주는 예측치 못한 사태발전을 환율예측에 즉시 반영할 수 없다는 문제점이 있다.

5) 이강남, 『국제금융론』, 법문사, 1998.3, pp.231~234 재인용.
6) 최해범, 『새외환론』, 도서출판 대명, pp.286~297.

따라서 이와 같은 문제점을 보완하기 위해서 기술적 분석에 의한 환율예측방법이 광범위하게 이용되고 있다. 기술적 분석방법에서는 환율전망에 직접 관련되는 현물환율, 선물환율 및 이자율 등을 이용하여 이들의 변동형태를 차트기법이나 이동평균법 등 통계적 기법을 활용하여 분석함으로써 향후의 환율을 예측한다.

기본적 분석방법이 환율변동의 경제적 원인을 분석함으로써 환율변동을 예측한다면 기술적 분석은 시장에 나타난 결과 자체를 중시하여 환율변동을 예측한다. 최근 환율 및 이자율의 가변성이 높아지면서 단기예측에 있어서는 기술적 분석방법이, 장기예측에 있어서는 기본적 분석방법이 우세하기 때문에 상호보완적으로 사용된다.

환율결정이론에 근거한 기본적 분석방법은 대학교 수준에서는 이해하기 어려우므로 생략하기로 하고, 본 절에서는 기술적 분석방법을 중심으로 환율예측기법을 논하고자 한다.

2. 차트분석

1) 차트의 종류

(1) 선차트

선차트(line chart)는 시간단위를 기준으로 어느 하나의 가격만을 선택해서 연결한 선을 나타낸 차트를 말한다. 주로 종가가 선택되어 꺾은 선 그래프처럼 그리기 때문에 종가차트(closing only chart)라고 불리기도 한다.

선차트는 중장기적인 추세를 분석하는데 큰 도움이 될 수도 있다. 하지만 내포하고 있는 정보의 양이 그리 많지 않기 때문에 분석용으로보다는 단순한 보고용이나 고시용으로 주로 사용된다. 신문이나 잡지 등에서 전체적인 동향을 설명하는데 쓰이는 차트가 바로 선차트이다.

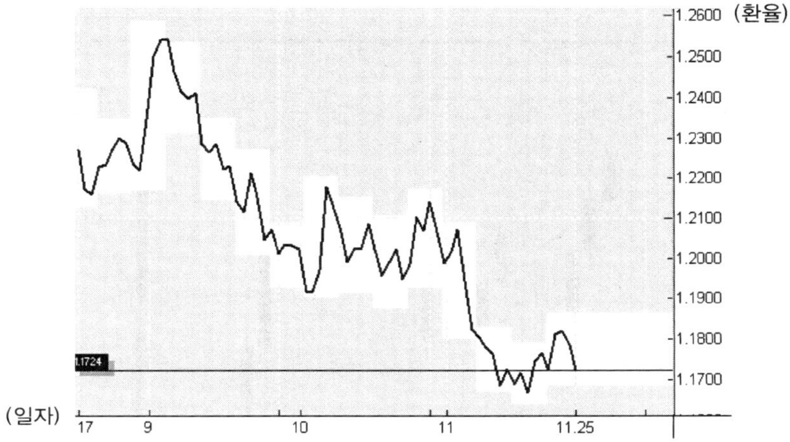

▶ 〈그림 4-8〉 선차트의 예

이러한 선차트는 시간에 따라서 일간(daily), 주간(weekly), 월간(monthly)차트 등으로 구분된다. 또한 스케일에 따라서 산술차트(arithmetic chart)와 로그차트(log chart)로 분류하기도 한다.

(2) 봉차트

봉차트(bar chart)는 각 봉들에 표시된 시가, 고가, 저가, 종가들의 위치를 통해 특정기간의 시장움직임을 한눈에 파악할 수 있도록 그린 것이다. 시가와 종가의 위치나 가격 등락폭에 따라 시장흐름 및 추세를 예측할 수 있다.

가) 미국식 봉차트

하루 중의 최고가와 최저가를 한 줄에 표시하여 상하로 이어 봉으로 표현하고 왼쪽에는 시가, 오른쪽에는 종가를 표시한다. 이 봉들을 시간의 흐름에 따라 옆으로 늘어놓은 것이 미국식 봉차트이다. 일반적으로 거래일 순서로 왼쪽에서 오른쪽으로 그려나가며 하루에 한 개의 봉이 그려진다.

봉 하나 하나에는 하루의 가격 움직임이 아주 간단한 방법으로 함축되어 있다. 봉의 왼쪽은 시가(open), 오른쪽은 종가(close), 상단은 고가(high), 하단은 저가(low)를 표시하며 봉의 길이는 시장 움직임의 폭을 나타낸다.

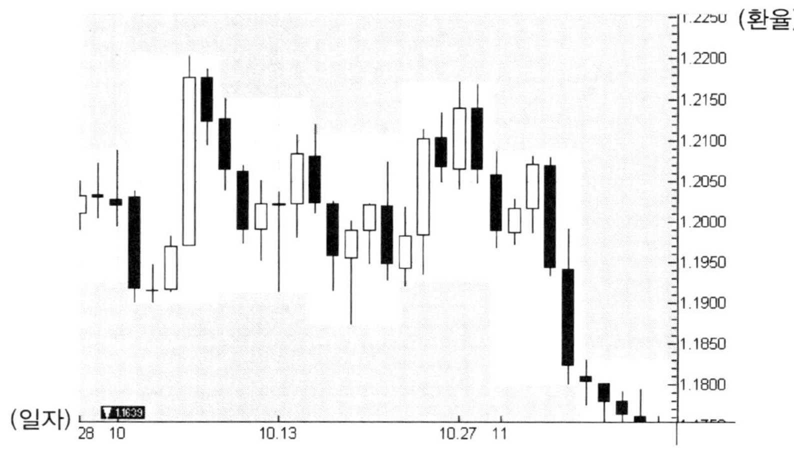

▶▶ 〈그림 4-9〉 미국식 봉차트의 예

나) 일본식 봉차트

시가, 고가, 저가, 종가를 모두 표시하되 시가에 비해 종가가 하락한 경우를 청색 또는 흑색의 음선형으로, 시가에 비해 종가가 상승한 경우는 적색 또는 백색의 양선형으로 표시한다.

봉의 몸은 하루 중에 형성되는 가격의 움직임과 상승·하락 및 그 폭을 나타내 준다. 따라서 몸의 길이가 길면 길수록 상승 또는 하락의 폭이 크다는 것을 나타낸다.

고가선과 저가선은 가격의 변동범위를 나타낸다. 따라서 고가와 저가 사이의 간격이 멀면 멀수록 가격변동 폭이 크다는 것을 나타낸다.

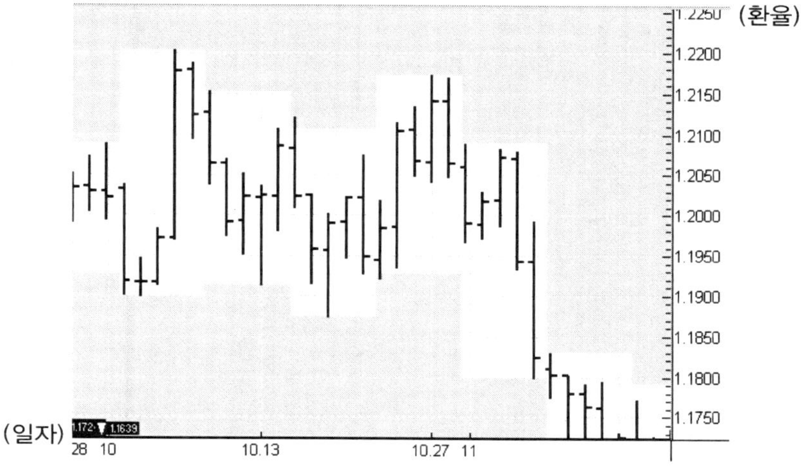

▶ 〈그림 4-10〉 일본식 봉차트의 예

(3) 점도차트

점도차트(P&F; point and figure chart)는 모든 거래를 시간에 상관없이 단위 가격의 움직임이 상승인지 아니면 하락인지에만 중점을 두고 연속적으로 표시한 차트를 말한다. 점도차트에는 모눈종이 위에 미리 임의로 설정한 가격 변동이 기준 이상으로 오를 때마다 ×를 표시하고 내릴 때마다 ○를 표시하기 때문에 가로축의 시간기준은 없다. 그리고 가격변동의 기준 이상으로 계속 상승하거나 하락하면 모눈종이의 칸을 오른쪽으로 옮기지 않으며 오직 그 줄에서만 ×표나 ○표를 계속해서 표시하게 된다.

따라서 시장가격이 며칠 동안 계속 상승한다면 한 줄에서 ×표만 나타나게 될 것이다. 이런 점에서 하루가 지날 때마다 차트를 한 칸씩 옮겨 시간의 경과를 표시하는 봉차트와는 다르다.

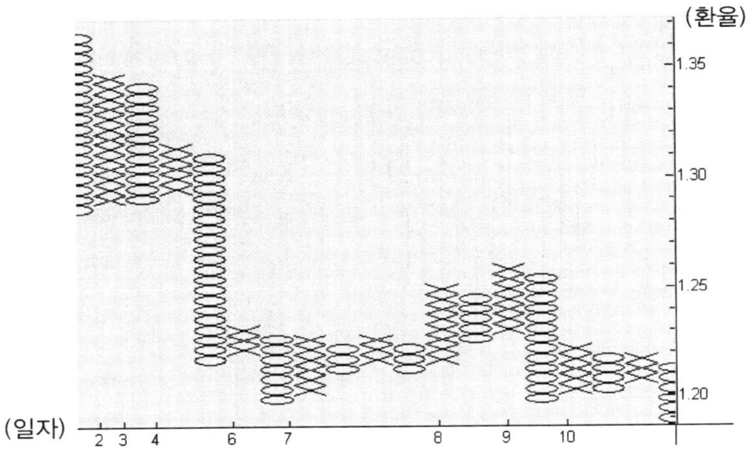

▶▶ 〈그림 4-11〉 점도차트의 예

점도차트의 다음과 같은 특징을 가지고 있다.

첫째, 점도차트에서는 시간요소 및 거래량은 고려되지 않고, 가격의 상승과 하락만이 고려대상이다.

둘째, 차트상의 상승 및 하락은 사전에 정해진 가격 이상으로 환율이 변화할 때만 표시된다. 즉, 사소한 가격의 변화는 무시된다.

셋째, 시계열이 무시되기 때문에 좁은 지면에 장기간의 기록이 가능하며, 차트 자체로서 가격의 장기추세를 파악할 수 있다.

넷째, 향후 가격의 상승 폭 또는 하락 폭을 사전에 예측할 수 있다. 즉, 목표치 계산이 가능하다.

2) 추세선과 채널

가격의 움직임을 차트 상에 나타내면 무수히 많은 고점과 저점을 발견하게 되는데, 이들 중 의미 있는 두 고점 또는 저점을 연결한 직선을 추세선(trend line)이라 한다. 일반적으로 상승추세선은 저점끼리 연결하고 하락추세선은 고점끼리 연결한다.

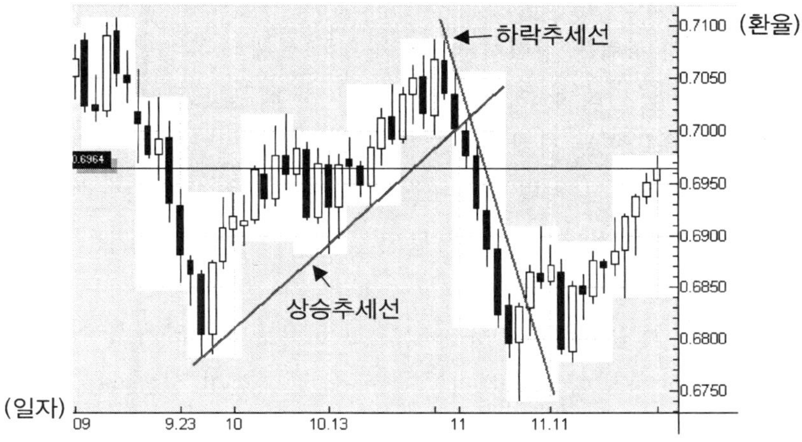

▶ 〈그림 4-12〉 추세선의 예

추세선의 길이가 길면 길수록, 또 기울기가 완만하면 완만할수록 추세선의 신뢰도가 높다. 추세선 반대편에 바깥 선을 그어 추세선과 바깥선 사이를 채널(channel)이라고 하는데, 이러한 채널이 분명이 나타나는 가격의 움직임은 추세선만 나타나는 모형보다 훨씬 신뢰할 수 있는 기준이 된다.

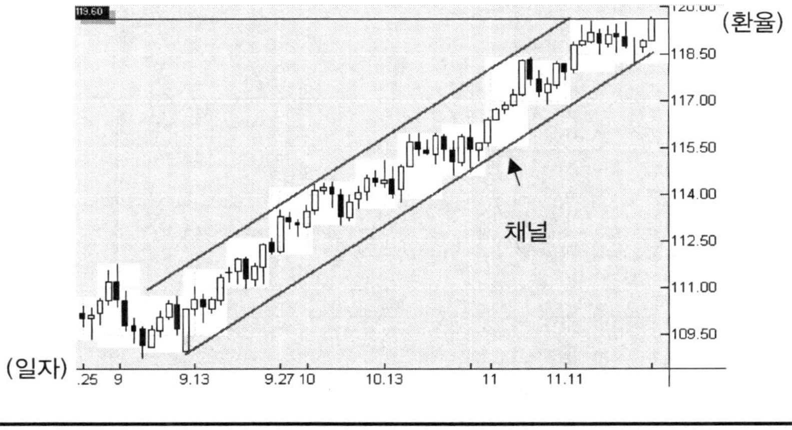

▶ 〈그림 4-13〉 채널의 예

3) 저항선과 지지선

지지란 가격의 하락을 정지시키는데 필요한 실제적 혹은 잠재적 매입세력이 형성되는 것을 말하며, 저항이란 지지의 반대개념으로서 가격의 상승을 억제시키는 실제적 또는 잠재적 매도세력의 형성을 일컫는다. 따라서 지지선이란 가격이 그 이하로 하락하는 것을 저지시키는 최저의 가격수준을 의미하며, 저항선이란 가격이 그 이상으로 상승하는 것을 저지시키는 최고의 가격수준을 말한다.

지지선에서는 매입자가 많아서 가격이 그 이하로 하락하지 않으며, 저항선에서는 매도세력이 많아서 가격이 그 수준을 초과하여 상승하는 것이 억제된다.

그러나 일정한 지지수준과 저항수준이 끝없이 지속되지는 않는다. 시장상황이 변하면 가격은 언제든지 이 두 수준을 돌파할 수 있기 때문이다. 어느 시점에서 가격이 저항선을 돌파하여 그 이상으로 상승하면 그때까지 저항선으로 작용하던 가격수준이 새롭게 지지수준으로 되는 것이 일반적이다.

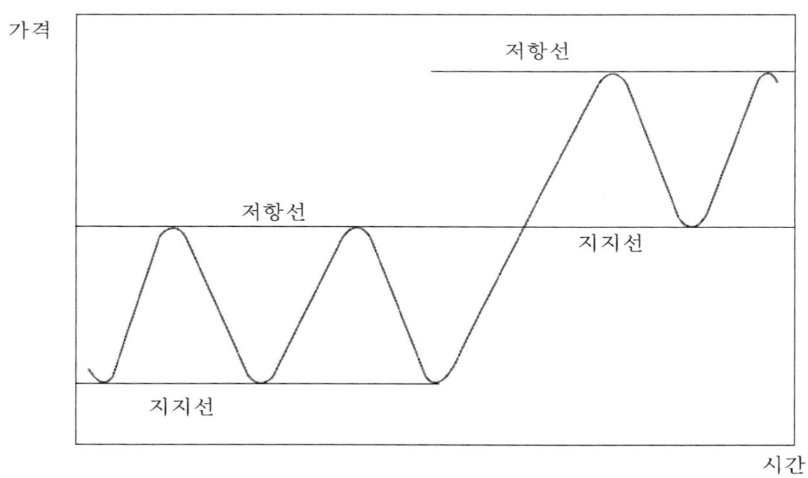

▶▶ 〈그림 4-14〉 저항선과 지지선

3. 시장특성분석

(1) RSI이용분석

RSI(relative strength index)란 시장가격이 상승추세라면 얼마나 강력한 상승추세인지, 또한 하락추세라면 얼마나 강력한 하락추세인지를 백분율로 나타내는 지표이다. 1978년 와일더(J. Welles Wilder, Jr.)는 추세의 강도를 객관적으로 파악하기 위해 RSI를 개발하였다.

상대강도지수라고 불리는 RSI는 환율이 상승추세이면 얼마나 강력한 상승추세인지 또는 하락추세이면 얼마나 강력한 하락추세인지를 퍼센트로 표시해 준다. 이를 토대로 과다한 상승추세라면 매입을 자제하거나 아니면 오히려 매도를 하는 등 유용하게 사용할 수 있을 것이다.

RSI를 계산하는 식을 표현하면 다음과 같다.

$$\text{RSI} = \frac{\text{14일간의 상승폭 합계}}{\text{14일간의 상승폭 합계} + \text{14일간의 하락폭 합계}} \times 100$$

여기서 14일 동안의 움직임을 기준으로 한 것은 RSI를 개발한 와일더의 실증분석 결과 가장 효과적인 기간으로 나타났기 때문이다.

RSI는 전체 환율변동(14일간의 상승폭 합계+14일간의 하락폭 합계) 중에서 상대적으로(relatively) 환율의 상승폭(strength)이 어느 정도인지를 지표(index)로 나타낸 값이다. 이때 RSI의 값은 0에서 100 사이에서 결정되도록 되어 있으며, 보통의 RSI값은 30과 70 사이에서 형성된다. RSI의 값이 30 이하나 70 이상으로 넘어서게 되면 현재의 시장가격 추세가 거의 막바지에 이르렀다고 판단할 수 있는 것이다.

그러므로 RSI를 이용할 때 RSI의 값이 70을 넘어서면 매도기회를 포착하고, RSI의 값이 30 이하로 결정되면 매입기회를 포착하는 것이 중요하다. 하지만 환율변동에 심각한 영향을 미치는 사건이 발생하거나, 시장에서 예상치 못한 상황이 발생하게 되면 일반적인 상대강도가 달라질 수 있다. 따라서 단순히 RSI가 70 이상이거나 30 이하라고 해서 매도하거나 매입하는 것은 위험하다고 할 수 있다.

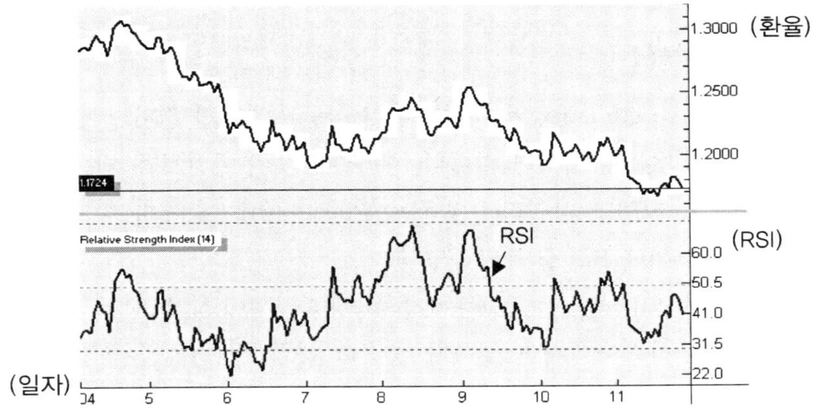

▶▶ 〈그림 4-15〉 RSI차트의 예

한편 RSI는 분석기간이 길수록 RSI의 움직임이 둔해지지만 잘못된 신호를 나타낼 확률은 줄어든다. 반면에 RSI 기간이 짧을수록 RSI는 시장가격 변동에 예민하게 움직이지만 잘못된 신호를 나타낼 수도 있다.

(2) 오실레이터

환율변동추세가 일정한 방향을 가리키지 않고 보합국면에 있을 때에 환율의 전환점을 파악하기 위해 사용되는 기법이 오실레이터(oscilator)이다. 오실레이터란 현재의 환율이 이동평균을 돌파하는지를 눈으로 확인하기 위해 단기이동평균에서 장기이동평균을 뺀 값을 차트 상에 별도의 구획을 만들어 선이나 막대그래프로 표시한 것이다.

오실레이터는 이동평균선의 교차를 달리 표현한 것에 지나지 않을 수도 있다. 그러나 오실레이터는 그 환율변동의 전환점을 찾는 방법으로 좀 더 빠른 매매 타이밍을 포착할 수 있게 해준다는 장점을 갖고 있다.

여기서 전환점(turning point)이란 오실레이터가 정점(peak)과 저점(trough)을 형성하는 시점을 말한다. 오실레이터의 특성상 전환점은 완만하게 형성되기 때문에 환율의 정점과 저점에 비해 형성된 후 곧바로 확인하기가 쉽다는 장점이 있다.

오실레이터는 단기이동평균치에서 장기이동평균치를 뺀 차이를 모멘텀지표(momentum indicator)[7]로 하여 이것이 0의 선 위에 위치하면 환율이 상승추세에 있음을 예측할 수 있고, 0의 선 아래에 위치하면 환율이 하락추세에 있다고 보는 것이다.

또한 오실레이터의 움직임이 지속적인 상승추세에 있다가 움직임을 멈추었다면 앞으로 환율이 하락할 가능성이 있는 것으로 예측할 수 있어서 환율변동의 경고신호로 인식하여야 한다. 반대로 오실레이터의 움직임이 하락추세를 일단 멈추었다면 현재의 환율의 하락이 멈추고 환율이 상승할 가능성이 있다는 신호로 받아들여야 한다.

하지만 오실레이터의 움직임만을 분석하여 환율의 변동을 예측하고 매입이나 매도거래를 실행하는 것은 위험하다고 볼 수 있다. 특히 오실레이터의 움직임이 한풀 꺾이고 있다면 뒤늦게 진행되는 환율의 추세방향과 같은 방향의 포지션을 만드는 것은 주의해야 할 것이다.

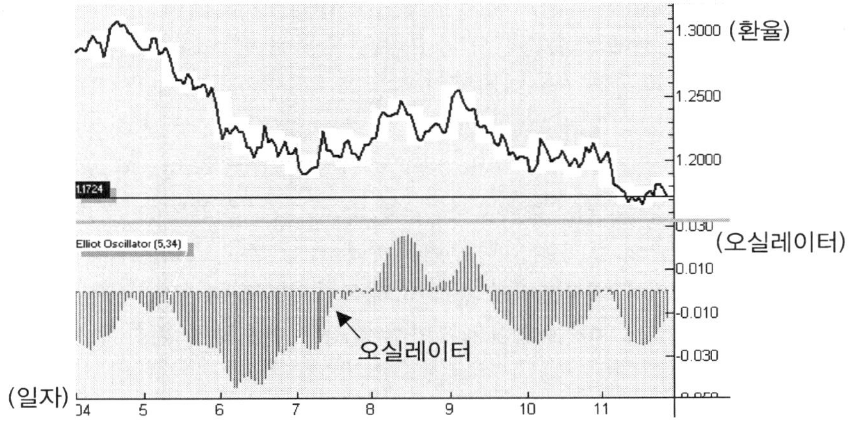

▶▶ 〈그림 4-16〉 오실레이터의 예

7) 모멘텀이란 추진력, 타성, 여세 등으로 번역되는데 어떤 움직임을 지속시키는 힘을 말한다. 가격이 상승하면 계속해서 상승하리라는 의식을 가진 매입세력이나 가격이 하락하면 계속 하락할 것이라고 생각하는 매도세력에 의해 형성된다. 그러나 넓은 의미로 오실레이터와 같은 지표들의 움직임을 통틀어 모멘텀이라고 부르기도 한다.

사례 연구

외환시장의 안정성
(stability of foreign exchange market)

외환시장의 거래량과 거래가격, 즉 환율은 외화의 수요와 공급에 의해 결정되고 환율이 그 수급을 균형시킬 때 이를 균형환율이라고 부른다. 외환의 수급이 균형점으로부터 이탈하여 다시 균형으로 복귀하고자 하는 힘이 있을 때 시장균형은 안정적이라고 부른다. 외환시장의 안정조건을 고찰한 것은 비커다이크(C. F. Bickerdike)가 처음이다. 그는 외환의 수급이 균형으로부터 이탈할 때 환율에 어떠한 조정이 일어나는가를 다루었다. 그러나 로빈슨(J. V. Robinson)의 『고용이론에 관한 소론』(Essays in the Theory of Employment, 1937)은 환율이 균형으로부터 이탈하였을 경우의 균형회복조건을 다루었으며 이것은 그 뒤 외환시장의 안정에 관한 정통적 견해가 되어 그 뒤의 이론적 논의는 대체로 로빈슨의 안정조건의 확장 또는 수정이라 할 수 있다.

로빈슨에 의하면 외환시장의 안정이란 내화표시환율이 균형값으로부터 조금 오르면 외화공급량이 수요량을 초과하여 초과공급을 낳고 따라서 환율을 균형값으로 내려가게 하는 힘이 작용한다. 또 환율이 균형값으로부터 조금 내려가면 외환수요가 공급을 초과하여 초과수요를 낳으며 반대로 환율을 올리고자 하는 힘이 작용하게 된다. 지금 외화의 공급은 재화와 용역의 수출로 또 외화의 수요는 수입으로 가정하자.

그러면 외환의 초과공급은 무역수지의 흑자, 초과수요는 무역수지의 적자를 의미하며 안정조건의 현실적 해석이 쉬워진다. 로빈슨은 외화표시환율의 절하가 자국화폐표시무역수지(B)를 개선하기 위한 조건을 제시하고 있다. 그것은

$$dB = k\left(\frac{n_2(1+e_1)}{n_2+e_1}p_x x - \frac{e_2(1-n_1)}{n_1+e_2}p_m m\right) \qquad (1)$$

이다. 단, 기호는 다음과 같다.

$k=$ 외화표시환율 r의 절하율 : $\frac{\partial r}{r}$

$p_m=$ 내화표시수입가격 $m=$ 수입수량

$p_x=$ 내화표시수출가격 $x=$ 수출수량

$$n_1 = \text{수입의 수요탄력성} : -\frac{\partial m}{m}/\frac{\partial p_m}{p_m} \tag{2}$$

$$e_2 = \text{수입의 공급탄력성} : \frac{\partial m}{m}/\frac{\partial rp_x}{rp_m} = \left(\frac{\partial p_m}{p_m} + \frac{\partial r}{r}\right) \tag{3}$$

$$n_2 = \text{수출의 수요탄력성} : -\frac{\partial x}{x}/\frac{\partial rp_x}{rp_x} = \left(\frac{\partial p_x}{p_x} + \frac{\partial r}{r}\right) \tag{4}$$

$$e_2 = \text{수출의 공급탄력성} : \frac{\partial x}{x}/\frac{\partial p_x}{p_x} \tag{5}$$

위의 식(1)의 괄호 안에서 제1항의 계수는 환율이 1% 절하될 때 수출액이 몇 % 증가하는가를 표시한다. 즉 수출액의 환율탄력성이다.

$\frac{dp_x x}{p_x x}/\frac{dr}{r} = \left(\frac{\partial\, p_x}{p_x} + \frac{\partial\, x}{x}\right)/\frac{\partial\, r}{r}$ 위의 식에 식(4)와 (5)로부터 구한 $\partial p_m m/p_m$. $\partial x/x$를 대입하면 제1항의 계수가 얻어진다. 마찬가지로 식(2)와 식(3)으로부터 구한 $\partial p_x/p_x$, $\partial x/x$를 $\partial\, p_m m/p_m$에 대입하면 식(1)의 괄호 안의 제2항이 구하여진다. 이것은 수입액의 환율탄력성이며 환율이 1% 절하될 경우 수입액이 몇 % 감소하는가를 나타낸다. 식(1)에는 환절하율(즉 평가절하율)이 곱하여져 있으므로 이율만큼 평가절하된 경우의 무역수지변화액이 표시된다. 이 식의 값이 양수이면 평가절하는 무역수지를 개선하고 외환시장이 안정하다는 것을 표시한다. 그러나 로빈슨 여사의 안정조건은 환절하의 효과분석의 측면이 강하기 때문에 초기의 수출입액균형이라는 조건이 들어가 있지 않다. 여기서 균형의 안정조건은 균형점에서 문제가 되어야 한다는 입장을 견지한다면 이 식에 수출입균형조건 $p_x x = p_m m$을 대입하여 정리하면

$$\frac{dB}{p_x x}/\frac{dr}{r} = \frac{n_1 n_2(e_1+e_2+1)+e_1 e_2(n_1+n_2-1)}{(n_1+e_2)\ (n_2+e_1)} \tag{6}$$

을 얻는다. 식 (6)은 메츨러(L. A. Metzler)의 조건이라고 부르며 그의 저서 『현대경제학의 조사에서 국제무역이론』(Theory of International Trade, in A Survey of Contemporary Economics, 1949)에서 전개되었다. 이 식이 양의 값을 가지면 외환시장은 안정이다. 또 이 식의 좌변이 가리키는 것과 같이 이 식은 환율에 관한 무역수지의 탄력성이라는 의미를 갖고 있다.

메츨러의 조건은 분자를 제2항에서와 같이 수요탄력성의 합(n_1+n_2)이 1보다 크면 양으로 된다. 이것은 안정의 충분조건이다. 그러나 이 합이 1보다 작아도 분자 제1항이 충분히 크면 안정되므로 이것은 필요조건이 아니다. 다만 양국의 수출공급의 탄력성이 무한히 크고($e_1=e_2=\infty$) 무역수지가 균형인 경우, 이를 식 (6)에 대입하면

$$n_1+n_2-1 \tag{7}$$

이 된다. 식 (7)은 공급탄력성이 무한대일 경우 안정의 필요·충분조건이며, 이것을 마셜(A. Marshall) – 러너(A. P. Lerner)의 안정조건이라고 한다. 이 조건은 간결하기 때문에 외환시장안정조건으로 많이 언급된다.

외환시장의 안정성에 관한 그 후의 논의는 제2차 세계대전 후 IMF협정에 의한 '기초적 불균형'의 시정을 위한 평가절하가 어떠한 효과를 갖는가를 중심으로 활발히 이루어졌다. 수입원료가 존재하는 경우에 대하여 메츨러의 조건을 조금 수정한 브라운(A. J. Brown), 평가절하 전의 수출입불균형을 명시적으로 조건에 도입한 허슈만(A. O. Hirschman), 평가절하 전의 적자와 이를 해결하는 데 필요한 평가절하율의 관계를 밝힌 데이(A. C. L. Day) 등의 분석은 모두 평가절하의 효과에 초점을 두고 종래의 안정조건을 확장·응용하였다. 또 종래의 모든 안정조건론은 수출입가격의 변동이 국제수지에 미치는 영향, 가격효과에 중점을 두고 전개되었지만 브라운, 하버거(A. C. Harberger), 미드(J. E. Meade) 등의 안정조건론은 소득변동이 국제수지에 미치는 효과, 즉, 소득효과에 초점을 두고 전개되었다. 특히 알렉산더(S. S. Alexander)는 소득효과의 분석에 있어서 소득흡수접근법(absorption approach)이라는 새로운 분야를 개척하였다.

CHAPTER 5

환율제도

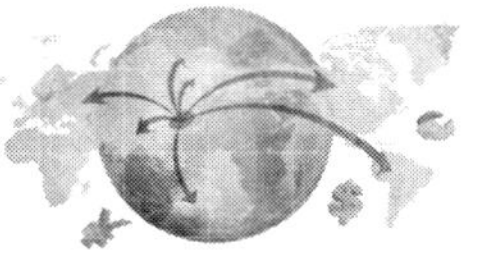

INTERNATIONAL FINANCIAL

이 장에서는 우리나라 외환시장에 관해 논의하고, 나아가 환율제도가 어떻게 변천되어 왔으며, 오늘날 자유변동환율제도가 도입되게 된 배경 등을 살펴보고자 한다. 특히 우리나라에서 현재 도입되고 있는 환율체계에 관해 고찰한다.

제1절 우리나라의 외환시장

1. 외환시장의 구조

국내외환시장은 외국환은행이 기업, 정부, 개인과 외환을 거래하는 대고객시장(customer market)과 외국은행간에 외환을 매매하는 은행간시장(interbank market)으로 대별할 수 있다.

대고객시장은 기업, 개인 등 고객들이 수출입이나, 해외송금 및 투자 등에 수반하여 수취하거나 지급하는 외환을 외국환은행 매각 또는 외국환은행에서 매입하는 시장이다.

은행간시장에서는 외국환은행이 대고객 외환거래 결과 발생한 외환매매의 차액을 조정하거나, 환포지션을 취득 또는 처분하여 외환매매익을 실현하기 위해 타외국은행과 외환을 매매하는 거래가 이루어지게 된다. 한편 한국은행은 외환정책당국으로서 외환수급 불균형에 따른 일시적인 환율의 급변동을 완화하기 위해 필요한 경우에 외환시장에 참여하게 된다.

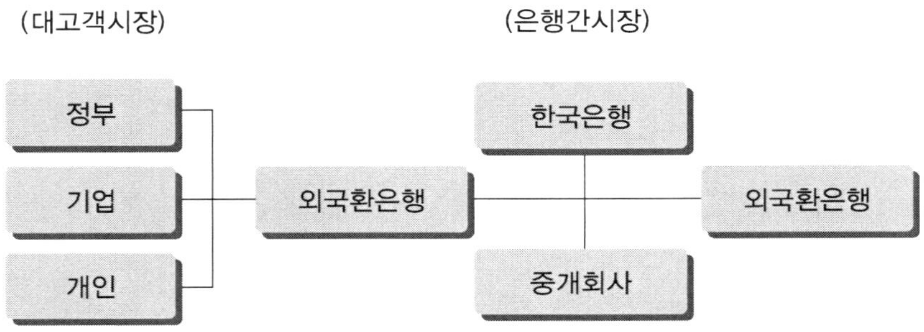

▶▶ 〈그림 5-1〉 국내외환시장의 구조

우리나라 은행 간 외환시장에는 외국환은행인 시중은행, 특수은행, 지방은행, 개발기관(한국산업은행 수출입은행), 외국은행 국내지점, 종합금융회사 등의 금융기관이 참여하고 있다.

2. 은행간시장

1) 거래계약의 체결과 해결과제

국내 외환시장에는 일반은행, 특수은행, 개발기관, 종합금융회사 등 외국환은행과 한국은행이 참가하여 외환의 매매가 이루어지며, 외환매매의 중개기관으로서 서울외국환중개(주)와 한국자금중개(주) 회사가 참여하고 있다. 은행간시장의 거래방법으로는 중개회사의 중개 없이 외국환은행간에 직접 거래되는 장외거래와 중개회사의 중개에 의해 거래되는 장내거래로 구분된다.

우리나라 외환시장에서의 은행 간 거래는 대부분 장내거래를 통해 이루어지고 있어 은행 간 직접거래는 매우 미미한 수준에 머무르고 있다. 이는 다수의 은행이 거래비용을 줄이기 위해 중개회사를 이용하기 때문이다.

중개회사의 중개에 의한 거래단위는 현재 최소 50만 미달러에서부터 100만 미달러 단위로 거래되고 있으며, 거래시간 평일 오전 09:30~12:00와 오후 13:30~16:30으로 되어 있다.

중개회사의 중개를 통한 거래는 다음과 같은 계약체결 원칙에 따라 이루어지고 있다. 즉 외환 매입주문(bid)은 가장 높은 가격을 제시한 순으로, 외환 매도주문(offer)은 가장 낮은 가격을 제시한 순으로 계약을 체결하며, 동일가격으로 제시된 경우에는 주문시간이 빠른 주문을 우선적으로 체결한다. 만약 주문 금액을 도중에 증액하는 경우에는 증액 주문시점의 순위로 변경되나 감액하는 경우에는 기존 주문시점이 그대로 유지된다. 주문가격을 변경한 경우에는 당초 거래주문은 취소되며 중개회사에서 일단 거래체결이 이루어지면 거래취소가 불가능하다.

은행 간 환시장에서 현물환거래계약이라 함은 종전에는 체결일 당일에 원화와 외환을 결제하는 방식(value today)에 한정되었으나 1994년 11월부터는 익일영업일에 결제하는 방식(value tomorrow)도 포함되었고, 1996년 2월부터는 익일영업일에 결제하는 방식(value spot)도 현물환거래에 포함됨으로써 국제거래 관행에 일치하게 되었다.

그동안 국제외환시장의 경우에는 국제외환시장간 시차에 따른 자금결제소요기관과 자금이체 등 사무처리 소요기간을 감안하여 체결일로부터 제2영업일에 결제하는 방식(value spot)이 관행적으로 이루어져 왔으며, 일본 외환시장은 1984년 4월에 종전의 제1영업일 경제방식에서 제2영업일 결제방식으로 전환하였다.

2) 은행간거래의 목적

외국환은행간 현물환 외환거래가 이루어지는 주된 동기는 대고객 매매결과 발생하는 환포지션을 조정하기 위함이다. 대고객 매입초과(over-bought)인 경우에는 원화자금의 부담이 발생함에 따라 은행 간 시장에서 외화를 매도하고, 대고객 매도초과(over-sold)인 경우에는 은행 간 시장에서 외화를 매입하여 매도초 포지션을 조정 상쇄함으로써 환리스크를 회피할 수 있다.

또한 환율상승을 예상하여 외환포지션을 증가시키거나 환율하락을 예상하여 외환포지션을 축소시키는 투기적인 거래도 이루어지고 있으며, 동일 영업일 중 낮은 환율로 외환을 매입한 후 높은 환율로 외환을 매도하거나, 높은 환율로 외환을 매도한 후 낮은 환율로 외환을 매입하여 환거래 차익을 노리는 일중거래(intra-day trading)도 이루어지고 있다.

한편 은행 간 선물환거래는 고객으로부터 매입한 선물환을 은행 간 시장에서 매도하고, 고객에게 매도한 선물환을 은행 간 시장에서 매입하는 등 대고객거래 결과로 발생한 현물환 포지션 과부족 또는 대고객 및 은행 간 시장에서의 현물환 거래로 발생한 포지션 과부족을 커버하기위하여 이루어진다. 여기서 은행 간 외환거래 추이를 보면 1990년대에 들어 외환 및 자본자유화가 추진되고 시장평균환율제도가 도입된 이래 국내외환시장의 은행 간 거래규모가 꾸준히 증가하여 왔다. 특히 1992년 외국인에 대한 국내주식투자가 허용되면서 주식투자자금이 유입되고, 환율 폭이 확대됨에 따라 일부투기적인 외환매매도 증가하면서 거래규모가 급격히 증가하였다. 이에 따라 은행간의 일평균거래액은 1990년 2.6억 달러에서 2000년에는 20~25억 달러로, 2010년에는 438억 달러에 이르고 있다. 한편 우리나라 은행 간 거래의 특징을 보면 외환거래의 형태가 현물환중심의 거래가 이루어지고 있어, 2000년중 은행 간 외환거래에서 현물환거래가 차지하는 비중이 70-80%(선진이환시장의 현물환거래 비중은 38.3%)로 매우 높은 반면, 선물 스왑거래는 매우 부진하였다. 하지만 2012년 현재 은행 간 외환거래 규모는 일평균 216억 7,000만 달러이고, 이 중 현물환 외환거래는 일평균 92억 3,000만 달러로 42.6%를 차지하였고, 외환스왑의 일평균 거래규모는 109억 5,000만 달러를 차지하였다.

3. 대고객시장

대고객거래는 외국환은행이 고객으로부터 수출환어음 매입, 외화현찰 매입등 대고객 매입거래로 이루어진다.

우리나라 외국환은행의 대고객거래의 특징으로는 대체로 월말에 고객의 원화 자금수요가 많아 기업의 「네고」(수출환어음제도)가 집중됨으로써 통상 월말에는 대고객매입이 급증하는 현상이 나타나고 있으며, 요일별로 보면 대체로 월요일과 금요일에 수입결제에 따른 외환수요가 증가함으로써 대고객 매도가 증가된다.

4. 파생외환상품시장

우리나라 파생외환상품(선물환 및 금융선물)거래는 대외거래확대에 따른 외환거래증대, 선물환거래 실수요원칙 폐지('99.4.1)에 따른 차액결제선물환(NDF)거래증가, 국내 외환은행의 외화자금 조정을 위한 선물환거래 증가 등에 기인하여 계속해서 증가하고 있는 추세이다. 그러나 우리나라는 아직 외환시장이 충분히 활성화되지 못한데다가 기업들이 환리스크 헤지비용을 불가피한 비용으로 보기보다는 손실비용으로 인식하는 기업들의 환위험관리에 대한 인식부족과 금융기관의 파생금융상품 리스크 관리능력 미흡으로 선진국에 비하여 그 거래규모가 미미하여 현물환거래규모에 크게 미치지 못하고 있는 실정이다. 즉 2008년 우리나라의 파생외환상품거래가 우리나라 총외환거래에서 차지하는 비중이 30%대 수준으로 선진국의 60% 수준에 비하여 매우 낮은 수준이다(참고문헌: 최근 외국환은행의 외환파생거래동향과 평가, 국제국 외환조사실 외환조사팀, 2009.2).

한편 파생외환시장에서 선물환 스왑레이트(3개월물 기준)는 환율전망, 금융기관의 자금사정 등에 따라 등락을 보이는데, 외환거래자유화 조치가 실행된 1999년 4월 이전에는 역외NDF시장과 국내 외환시장간 재정거래의 제약에 따라 역외NDF환율은 주로 역외 시장참가자들의 원화환율 예상 등을 반영하여 국내 선물환율과 다소 괴리된 움직임을 나타내었으나, 1999년 4월 이후 외은 지점을 비롯한 국내 외환은행들의 NDF거래가 가능해짐에 따라 NDF시장과 국내선물환시장이 통합되는 움직임을 보여 오늘날에는 대체로 내외금리차 수준에서 움직이는 모습을 보이고 있다.

금리평가이론(interest rate parity theorem)에 따르면 스왑레이트는 내외 금리차와 동일하게 형성되어야 한다. 그러나 우리나라에서는 때때로 스왑레이트와 내외금리차간의 괴리가 재정거래를 통해 신속히 해소되지 못하고 있는데 이는 기본적으로 원화 및 외화자금시장의 연계성 및 효율성이 낮은데 기인한 것이다. 즉 우리나라에서 이처럼 재정거래가 원활하게 이루어지지 못하는 것은 금융기관 간 초단기물이 주로 거래되고 있는 원화콜시장을 제외하고는 기간물 원화자금시장의 거래가 효율적으로 이루어지지 못하여 만기구조(term structure)가 불분명한데다가 국내 금융기관의 사정이나 대외신인도 등에 따라 스왑레이트 등 차금리가 큰 영향을 받기 때문이다.

5. 외화콜시장

외화콜시장은 금융기관에 단기외화자금의 대차거래가 이루어지는 단기 외화자금시장으로 여기서는 거래형태에 따라 해외 외화콜거래와 국내 외화콜거래로 구분되며, 국내 외화콜거래는 다시 장내거래와 장외거래로 나누어 볼 수 있다.

먼저 해외 외화콜거래는 국내외국환은행과 해외금융기관의 단기(통상 2주일 이내) 외화자금대차거래로 국내외국환은행 중 대외신인도가 높은 금융기관 등이 해외거래은행이나 브로커 등을 통하여 단기 외화자금을 조달하는 수단으로 주로 이용하고 있다.

한편 국내 외화콜거래의 장내거래는 당시 금융결제원 자금중개실의 중개에 의한 외국환은행간 단기 외화자금 조절거래로 1989년 12월 미 달러화 콜거래가 최초로 도입된 이래 일본 엔화(1991년 3월), 독일 마르크화(1992년 9월), 영국 파운드화(1994년 11월) 등이 콜거래로 통화로 추가되었다.

다음에 국내외화콜거래의 장외거래는 외국환은행간 직접접촉을 통해 금리 등 거래조건을 결정하는 외화콜거래로서 장내거래에 비하여 거래내역이 외부에 노출되지 않고 거래절차가 단순하다는 점에서 동 거래가 크게 선호되고 있다.

한편 우리나라 외화콜거래 참가기관(국내은행, 외국은행 국내지점, 개발기관, 종합금융사)들은 콜론기관(자금대여기관) 및 콜머니기관(자금차입기관)으로 나누어지는데 국내 외화콜거래의 경우 대체로 외은지점 및 개발기관 등이 콜론기관이고, 국내 예금은행 등은 콜머니기관이며 해외 외화 콜거래에 있어서는 우리나라 금융기관의 대부분이 콜머니 기관으로 참여하고 있다.

다음에 외화콜금리 조건을 보면 해외 외화콜차입금리는 국제금리수준과 우리나라 금융기관의 대외신인도 등에 따른 가산금리(spread) 등에 의해 결정되며 국내 외국환은행간의 외화콜거래(장내 및 장외거래) 금리는 대체로 해외 외화콜차입 금리를 기준으로 하여 결정된다.

끝으로 외화콜의 만기는 통상 2주일 이내의 무담보 외화자금 대차거래로써 거래기일물별로는 1일물, 2일물, 3일물, 1주일물, 2주일물 등이 있으나 국내 및 해외 외화콜거래 모두 1일물이 거의 대부분을 차지하고 있다.

제2절 우리나라의 환율제도

1. 우리나라 환율제도의 변천

우리나라의 환율제도는 1945년 광복 이후 60년대 전반기까지의 고정환율제도에서 1960년대 중반 이후 70년대의 단일변동환율제도(unitary floating exchange rate system)를 거쳐 1980년 2월부터는 복수통화바스켓페그제도를 그리고 1990년 3월 이후부터는 시장평균환율제도를 도입 운용하여 오다가 1997년 12월 자유변동환율제도를 채택 오늘에 이르고 있다.

돌이켜보면, 우리나라의 환율은 1945년 10월 미화 1달러당 0.015원으로 최초의 공정환율이 책정되어 고정환율로 운영되었는데 이러한 공정환율은 지속적인 인플레이션 과정에서 실세와 유리됨으로써 일정시점 후에는 단속적인 평가절하가 반복되는 양상을 보였다. 이어 1960년대에 들어서서 우리나라의 환율정책은 국민경제가 개방체제로 이행하면서 일대 전환을 보게 되었다. 즉, 정부는 1964년 5월 3일 종전의 미화 11달러 당 130원의 공정환율로부터 1달러 당 255원을 하한으로 하는 단일변동환율제도를 실시하여 실세와 유리된 공정환율을 외환시장의 외환증서[1] 수급에 따라 결정되는 시장률을 기준으로 유동적으로 조정함으로써 공정환율의 실세화를 도모하고자 하였다.

이러한 제도변경은 환율체제면에 있어서 해방 이래 견지하여 온 고정환율제도로부터 변동환율제도로 전환된 것이며, 외환제도면에 있어서는 종전의 외환매상집중제 대신에 외환매상집중제와 예치집중제를 혼합한 외환증서제도가 채택된 것이다. 동 제도는 외환시장에서의 외환증서 수급에 따라 형성되는 시장률이 그대로 환율결정에 반영되게 함으로써 환율을 가능한 한 시장의 가격기구에 의해서 움직여 보고자 한 것이다.

그러나 동 변동환율제도는 수입쿼터의 철폐, 외환증서시장의 형성, 환시장조작기금의 확보 등 동 제도 실시에 필요한 제반요건이 구비되지 못하여 그 시행이 보류되어 오던 중 1965년 3월 IMF로부터 외환시장조작을 위한 안정기금이 확보되자, 1965년 3월 22일을 기하여 변동환율제도를 실시하게 되었다. 그러나 변동환율제도 채택 이후에도 우리나라의 환율은 높은 초과수요에 의한 국내물가의 상승으로 다시 환율과 물가변동과의 격차가 확대되자 정부는 1969년 11월의 14.5%의 평가절하에 이어 1971년 6월에는 10% 이상의 평가절하를 단행하게 되었고, 특히 1974년에는 유가파동의 여파로 국제수지적자가 대폭 확대되자 수출경쟁력 강화를 목적으로 동년 12월에 기준 환율을 미달러당 484원으로 인상하였다.

2. 복수통화바스켓 환율제도

1974년 12월 평가절하 이후 사실상 고정운용되어 왔던 우리나라 환율제도는 1980년 1월 12일 한국은행집중기준율이 미달러당 484원에서 580원으로

1) 외환증서(foreign exchange certificates) 제도는 외국환을 대용하는 증서를 발행하여 이를 시장에서 매매 유통시키는 제도로써 외국환을 정부나 중앙은행 등에 집중관리하면서도 환율이 외환시장에서의 자유로운 외한증서매매를 통한 외환수급의 변동에 따라 자유롭게 변동할 수 있도록 하기 위한 것이었다. 우리나라는 1961년 2월 2일 동 제도를 처음 채택하여 1965년 3월 22일부터 단일변동환율제도의 실시와 함께 이용되어 오다가 1980년 2월 27일 환율제도가 단일변동환율제도 하의 복수통화바스켓제도로 전환됨에 따라 폐지되었다.

대폭 인상된 데 이어 동년 2월 27일부터 복수통화바스켓에 의한 변동환율제도로 이행되었는데 동환율제도는 다음과 같은 기본방향에서 운용되었다.

첫째, 미달러화에 링크된 종전의 환율결정방법을 복수통화바스켓 페그제도로 전환함으로써 미달러화 이외의 여타통화의 환율변동도 원화가치에 반영시키도록 하였다.

둘째, 과거와 같은 일시에 대폭적인 환율인상을 단행하는 충격적인 환율조정방식을 피하기 위하여 환율이 점진적으로 실세를 반영하도록 함으로써 환율의 국제수지 조정기능을 제고시키도록 하였다.

셋째, 환율의 경직성과 일시적인 평가절하로 인한 충격과 부작용을 최소화하기 위하여 가급적 안정적으로 환율이 변동하도록 하는 미조정(fine-tuning) 원칙을 견지하고자 하였다.

당시 우리나라의 환율제도는 환율변동의 안정성과 주요 교역상대국과의 경쟁력 유지를 위하여 SDR바스켓과 교역량을 가중치로 한 독자바스켓을 결합한 복수바스켓제도를 채택하였고 기타 변수로서 실세반영장치를 가미하였다.

즉, 외환시장에서 은행간환율과 대고객환율 등 모든 환율의 결정기준이 되는 한국은행 집중기준율은 SDR바스켓에 의한 원화의 대미달러화환율과 독자바스켓에 의한 원화의 대미달러화환율을 기준으로 하되 한국은행총재는 여기에 내외금리차와 물가상승률 격차 그리고 국제수지 및 외환시장의 수급전망 등을 감안하여 당일의 집중기준율을 결정, 고시하도록 하였다.

1980년 2월부터 1990년 2월까지만 10년 동안 이용되었던 미달러화에 대한 원화의 집중기준율 산식은 다음과 같다.

집중기준율=β · SDR바스켓+β' · 독자바스켓+α

단, β : SDR바스켓의 가중치 β' : 독자바스켓의 가중치

$\beta+\beta' = 1$ α : 실세반영장치

β, β', α는 정책당국에 의해 결정되어 일반에게는 공개되지 않았음

위 산식에서 보는 바와 같이 당시 우리나라의 환율은 SDR바스켓과 독자바스켓의 복합바스켓에 연계되어 있어 매일 변동하게 되었는바 이는 SDR의

대미달러환율과 독자바스켓을 구성하는 통화의 대미달러 환율이 매일 변동하였기 때문이다.

한편 한국은행은 미달러화 이외의 기타통화 집중기준율도 고시할 수 있었는데, 이때 여타 통화환율은 미달러화 집중기준율과 국제금융시장에서의 미달러화와 여타통화간의 환율을 재정하여 결정하였다.

이와 같은 우리나라의 복합바스켓환율제도는 페그통화의 다양화로 환율의 상대적 안정을 도모하고 주요 교역상대국과의 경쟁력을 종합적으로 반영하면서 실세반영장치(α)를 이용하여 정책당국의 환율실세화를 위한 미조정이 가능한 이점이 있었다. 그러나 이 제도 하에서는 환율이 국내 외환시장에서의 외환의 수급 상황을 반영하지 못하는 문제점이 있었고 대외적으로는 정책당국이 환율을 인위적으로 조작한다는 인상을 초래하였다. 여기서 정책당국은 이러한 오해의 소지를 없애고 동시에 환율결정과정에서 시장기능을 살리면서 외환시장의 활성화를 촉진할 수 있는 새로운 환율제도의 도입이 필요하게 되었다.

〈표 5-1〉 우리나라 환율제도의 변천추이

연월일	변천내용	비 고
'45.10.1	고정환율제도 시행 * 미군정당국의 대민간거래에 적용하기 위하여 1달러당 15원의 공정환율결정	고정환율제도 (1945.10~1964.5)
'49.6.13	복수환율제도 실시 * 정부보유외환에 적용되는 공정환율과 외환의 환금에 적용되는 일반환율로 구분	
'49.11.12	공정환율의 실세화를 위해 외환경매제 시행	
'55.8.8	외환경매제 폐지, 단일공정환율제도로 통합	
'64.5.3	단일변동환율제도로 변경 * 외환시장에서 형성되는 외환증서율을 그대로 환율에 반영하는 단일변동환율제도로 변경(실제로는 1달러당 255원으로 고정 운영)	단일변동환율제도 (1964.5~1980.2)
'65.3.33	외국환 및 외환증서의 수급에 따라 외환시장에서 형성되는 시장률을 감안하여 한국은행이 한국은행집중고시율을 고시하는 변동환율제도 시행	
'80.2.27	복수통화바스켓제도 실시 * 미달러화뿐만 아니라 주요 교역상대국 통화의 국제시세에 연동하는 복수통화바스켓환율제도 채택	복수통화 바스켓제도 (1980.2~1990.3)

'90.3.33	시장평균환율제도 시행 * 외국환은행간매매율 : 미달러화의 경우 매매기준율의 상하 0.4%로 범위내로 제한 * 대고객환율 : 매매기준율의 상하 0.4% 이내로 제한	
'91.9.2	* 외국환은행간매매율 : 매매기준율의 ±0.4% → ±0.6% * 대고객환율 : 매매기준율의 ±0.4% → ±0.6%	
'92.7.1	* 외국환은행간매매율 : 매매기준율의 ±0.6% → ±0.8% * 대고객환율 : 외국환은행 자율결정 * 한국은행매매율 : 미달러화 ±0.6% 기타통화 ±0.8% → 구분없이 ±0.8%	
'92.9.1	종래의 기준환율제도(1$당 480원, '74.12.7)폐지 * 미달러화에 대한 매매기준율을 기준환율로, 기타 통화는 재정 환율로 명칭 변경 * 한국은행매매율은 한국은행 자율결정(변동폭 제한 없음)	시장평균환율제도 (1990.3~1997.12)
'93.10.1	환율변동폭 확대 * 외국환은행간매매율 : 기준환율의 ±0.8% → ±1.0%	
'94.11.1	환율변동폭 확대 * 외국환은행간매매율 : 기준환율의 ±1.0% → ±1.5%	
'95.12.1	환율변동폭 확대 * 외국환은행간매매율 : 기준환율의 ±1.5% → ±2.25%	
'97.11.20	환율변동폭 확대 * 외국환은행간매매율 : 기준환율의 ±2.25% → ±1.0%	
'97.12.16	기준환율의 일일변동폭 완전 폐지	자유변동환율제도 (1997.12~)
'99.4.1	미달러화에 대한 기준환율을 매매기준율로 기타통화에 대해서는 재정된 매매기준율로 명칭 변경	

3. 시장평균환율제도

1) 시장평균환율제도의 의의

정부는 우리나라 금융, 경제의 국제화 진전에 따른 환율제도의 단계적 개편방안의 일환으로 1980년 2월부터 사용해오던 복수통화바스켓제도에 의한 환율결정방식을 폐지하고 1990년 3월부터 시장평균환율제도를 도입하였다. 시장평균환율제도 하에서 기준이 되는 원/미달러환율(여기서는 기준환율이라 함)은 기본적으로 은행 간 시장에서 외환의 수용와 공급에 의해서 결정되는데, 이 환율은 과거 한국은행 집중기준율과 같이 외국환은행과 고객과의 외환거래나 은행 간 외환거래에서 매매기준율이 된다. 과거 우리나라의 복수통화바스켓제도 하에서는 주요국의 국제통화시세 변동을 기초로 하여 한국은행이 매일 기준율을 결정 고시하였으나 시장평균환율제도 하에서는 환율이 은행 간 시장에의 외환의 수급에 따라 결정고시됨으로써 외환시장의 가격기능이 크게 중요시된 것이다.

그러나 시장평균환율제도 하에서는 환율의 기본적 결정요인인 외환의 수급이 수출입결제의 예상치 못한 변동이나, 거액의 차관원리금상환 또는 투기적 요인 등에 의하여 일시적으로 급격한 수급불균형이 나타날 수 있다. 이때 시장 기능에 의한 자율적인 수급조정이 어렵거나 또는 시장환율이 급격하게 변동할 가능성이 있을 경우 한국은행은 외환시장의 안정을 위해 외환시장에 개입하여 외환의 매매조작을 실행하게 된다.

2) 매매기준율의 결정[2)]

외국환은행간 거래와 외국환은행의 대고객 환율의 기준이 되는 당일자 매매기준율(시장평균환율)은 전일 모든 외국환은행이 은행간 외환시장에서 중개회사의 중개로 거래된 원/달러 익일결제 현물환거래환율을 거래량으로 가중평균하여 산출하는 바[3)] 구체적인 방법을 예시해보면 다음과 같다.

예컨대 2012년 1월 8일 은행 간 외환시장에서 익일결제현물환의 거래환율과 거래량이 <표 5-2>에서와 같이 환율 \1,180.20/U$과 \1,181.20/U$에서 각각 10백만 미달러 그리고 \1,182.20/U$에서 20백만 미달러가 거래 되었다면 1월 9일자 매매기준율은 각 거래환율을 거래량으로 가중평균하여 \1,181.50/U$으로 산출된다. 한편 월요일의 기준환율은 국내외환시장이 토요일에는 휴장이므로 토요일 환율(금요일의 은행 간 거래에 의해 산출)과 동일하게 된다.

---

2) 시장평균환율제도 도입 당시에는 원/달러 환율의 경우 기준환율로 명명되었으나 1999년 4월 1일 매매기준율로 그리고 기타통화와의 환율은 재정된 매매기준율로 명칭이 변경되었다.

3) 중개회사를 통하지 않은 은행간직접거래는 매매기준율(시장평균환율)산출시 제외되는바 이는 은행 간에 담합 등에 의해 환율의 조작이 있을 경우 시장환율이 왜곡될 소지가 있기 때문이다.

▶▶ 〈표 5-2〉 매매기준율의 산출방법

은행간 거래환율(A)	거래량(B)[1]	거래금액(C)[2]=A×B
₩1,180.20:U$1 ₩1,181.20:U$1 ₩1,182.20:U$1	U$10,000 U$10,000 U$20,000	₩11,802,000 ₩11,812,000 ₩23,644,000
합 계	U$40,000(D)	₩47,258,000(E)
매매기준율(시장평균환율)	E/D=47,258,000/40,000=1,181.45 → 1,181.50[3]원	

주 : 1) 단위 : 천 달러 2) 단위 : 천 원 3) 반올림하여 10전 단위로 계산

3) 재정된 매매기준율의 산정

대고객 거래에 기준이 되는 미달러 이외의 기타통화 환율(재정된 매매기준율)결정은 예컨대 원화와 일본 엔화(₩/￥)환율산정의 경우 먼저 원화와 미달러화의 환율(매매기준율)이 고시된 다음 국제외환시장에서 형성된 미달러화와 엔화와의 환율(cross rate)을 재정하여 결정한다. 예컨대 2012년 특정일자의 매매기준율(₩/U$)이 1,181.50원으로 고시되었을 때 미달러화와 일본 엔화의 환율(￥/U$)이 국제외환시장에서 120.25엔이라면 이때 일본 엔화에 대한 원화환율은 다음 산식에 의거 100엔당 982.54원이 된다.

$$(₩/￥)100=\frac{\text{기준환율}(₩/U\$)}{\text{미달러화와 엔화의 환율}(￥/U\$)}\times 100=\frac{1,181.50}{120.25}\times 100=982.54$$

4. 자유변동환율제도로의 이행

우리나라의 환율제도는 1997년 12월 종전의 시장평균환율제도에서 자유변동환율제도로 이행하였는데 그 배경과 내용을 살펴보면 다음과 같다.

1997년 연초 한보그룹 도산의 여파로 불안한 움직임을 보이기 시작한 한국의 외환사정은 4월 이후 경상수지 개선에 힘입어 다소 진정되는 모습을 보였다. 그러나 기아부도사태가 장기화되면서 기관의 대외신인도가 크게 낮아

진 가운데 10월말 대만 달러화의 6% 대폭 절하에 이은 홍콩 주가폭락을 계기로 한국 금융시스템의 안정성에 대한 불안감이 증폭되면서 외환사정이 급속히 악화되었다. 즉 외국인 주식투자자금의 유출규모가 9월~11월중 모두 20억 달러에 달하고 이에 더하여 외국금융기관들이 경쟁적으로 외화자금 회수에 나섬에 따라 금융기관의 외화유동성도 급속히 악화되면서 환율이 큰 폭으로 절하되었다. 특히, 1997년 11월 하순부터는 외환시장심리가 크게 불안해지면서 원/달러 환율의 상승압력이 가중되었고 이를 해소하기 위해 외환당국은 1997년 11월 20일 원/달러환율의 일일 변동허용폭을 종전 기준환율의 ±2.25%에서 ±10%로 확대하였다. 그 후 원/달러환율은 '97년 12월초에 들어서는 1,400원 수준으로 급속히 절하되어 원/달러 환율이 일일 변동허용 폭까지 상승하여 외환시장에서 외환거래가 중단되는 사례가 발생하였다. 즉, '97년 12월 8일~11일간 원/달러환율이 일일변동허용폭의 상한선까지 대폭 상승하였고 특히 '97년 12월 10일~11일 사이에는 외환시장에서 외환거래가 중단되기도 하였다. 이에 따라 1997년 12월 16일에 정부는 환율의 가격기능을 제고하고 외환시장을 활성화하기 위해서 그동안 유지해온 시장평균환율제도에서의 환율변동제한폭을 철폐하고 자유변동환율제도로 이행하였다. 다만 재정된 매매기준율과 한국은행의 외국환평형기금 등과의 거래에 적용되는 매매기준율제도는 계속 유지하기로 하였다.

〈표 5-3〉 우리나라 환율의 일일 변동 허용폭 추이

(단위 : %)

1990.3	'91.9	'92.7	'93.10	'94.11	'95.12	'97.11.20	'97.12.16
±0.4	±0.6	±0.8	±1.0	±1.5	±2.25	±10.0	변동폭제한폐지

5. 우리나라의 환율체계

우리나라의 환율은 매매기준율(시장평균환율)과 외국환은행간 매매율 그리고 외국환은행 대고객매매율로 크게 구분되고 다시 외국환은행 대고객매매율은 전신환 매매율, 일람출급환어음매입률, 기한부어음매입률, 수입어음 결제율, 현찰매매율로 구분되는데 이들의 내용을 살펴보면 다음과 같다.

1) 매매기준율 및 재정된 매매기준율

매매기준율은 외국환은행과 고객과의 외환거래나 은행간 외환거래의 기준이 되는 원화와 미달러화의 환율(재정된 매매기준율은 원화와 미달러화 이외 통화와의 환율)을 말한다. 당일자 매매기준율은 전일 모든 외국환은행이 중개회사를 통하여 거래한 원/미달러 익일결제 현물환거래환율을 거래량으로 가중평균하여 산정한 환율(시장평균환율)이다.

또한 매매기준율은 한국은행과 외국환평형기금과의 거래, 주한 미군과의 거래, 국제금융기구에 대한 출연 및 출자에 따르는 정부와의 거래 등에 적용되고 있다.

2) 외국환은행간 매매율

외국환은행간 매매율은 외국환 은행이 은행 간 외환시장에서 외환을 거래할 때 적용되는 환율을 통칭하는 용어이다. 외국환 은행 간 매매율은 외환에 대한 수요와 공급, 시장참가자들의 기대변동, 국제금융시장에서의 미달러화 환율 동향 등 시장상황의 변동에 따라 수시변동하며 외국환 은행이 고객과의 외환거래 시에 적용하는 대고객 매매율의 기준이 된다.

우리나라는 1990년 3월에 시장평균환율제도를 시행하면서 은행 간 원화/미달러화 거래 환율에 대해서 일일 변동제한폭을 설정하여 운용하여 왔으나 1997년 12월 16일 이후 동 제한폭을 철폐하면서 자유변동환율제도로 이행하였다.

3) 외국환은행 대고객매매율

외국환은행 대고객매매율은 외국환은행이 고객과의 매매거래에 적용하는 환율[4]로써 외환거래의 형태에 따라 다음과 같은 몇 가지 환율로 구분된다.

(1) 전신환매매율

전신환매매율(telegraphic transfer rate)은 환어음의 결제를 전신으로 행하는 경우 적용되는 환율로서 통상 환어음의 송달이 당일에 이루어지므로 결제기간까지의 금리비용이 고려되지 않는 환율로서 여타 대고객매매율의 기준이 된다. 즉, 일람출급환어음매입률 및 수입어음결제율 등은 전신환매매율에서 환어음의 결제 또는 가용자금화에 소요되는 기간의 금리비용을 가감하여 결정된다. 현재 전신환매매율은 해당 통화의 기준환율(재정환율)과 은행간매매율 등을 감안하여 외국환 은행이 자율적으로 결정하고 있다.

(2) 일람출급환어음 매입률

환어음이 지급은행에 제시되어야 지급되는 일람출급환어음(at sight bill 또는 on demand bill)의 매입에 적용되는 환율로서 환어음의 현금화에 필요한 우송기간(약 10일)을 감안하여 동 기간에 대한 일정금리(환가료율)를 전신환매입률에서 차감한 율이 된다.

(3) 기한부어음 매입률

외국환은행이 일람 후 또는 확정일로부터 기산하여 일정기간 후에 지급되는 조건의 기한부어음(usance bill)을 매입할 때 적용하는 환율로서 전신환매입률에서 우송기간 및 기한부어음기간에 해당하는 금리비용을 차감한 율이다.[5)]

(4) 수입어음결제율

우리나라에 대한 해외수출상이 수출선적을 하고 환어음을 발행하여 현지

4) 대고객매매율은 외국환은행이 자율적으로 결정하고 있으며, 매일 매매율을 고시하여 대고객거래에 일률적으로 적용하지만, 특정 고객과의 거래관계를 감안하거나 또는 거래규모가 일정금액 이상인 고객의 경우에는 해당 고객에 대해 매매율을 적용하는 경우도 있다.

5) 일람출급어음이나 기한부어음을 매도하는 경우에는 전신환매도율을 그대로 이용하는데, 이는 외환매도거래(외환매각 및 원화수취)가 어음결제일에 전신으로 이루어지기 때문이다.

거래 은행에 매입시키면 해외은행에 개설되어 있는 당방계정에서 동어음 매입대금이 차기되고 매입된 어음은 우리나라의 신용장개설은행으로 송부되어 온다. 따라서 신용장개설은행이 수입어음을 우리나라 수입업자에게 제시하여 수입대금을 영수할 때에는 이미 해외의 당방계정에서 차기된 후 상당한 기간이 경과한 때이므로 수입어음결제율은 전신환매도율에 환어음의 우송기간에 해당하는 금리를 가산한 율이 된다.

(5) 현찰매매율

외화현찰은 보관비용이나 현송비용이 소요될 뿐만 아니라 외화현금시재액은 비수익성자산으로서 환리스크가 수반된다. 따라서 현찰매매율 결정에 있어서는 이와 같은 제반 비용을 고려하여 기준환율에 일정률, 예컨대 1.5%를 가감하는 형태로 외국환은행이 자율적으로 결정하고 있다.

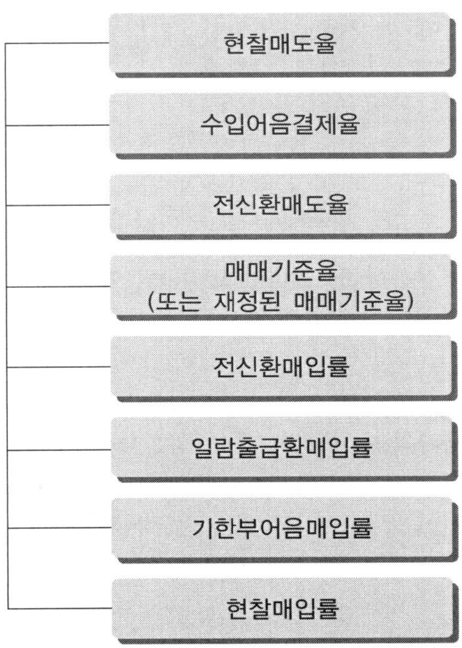

〈그림 5-2〉 외국환은행의 대고객환율 체계

사례 연구

외환시장 '서킷 브레이커' … 역외세력 직접 매매주문 금지

주식시장에는 주가가 갑자기 큰 폭으로 등락할 경우 주식거래를 강제로 일시 중단시키는 '서킷 브레이커(Circuit Breaker)'라는 장치가 있다. 이런 제도가 없는 외환시장에 비슷한 효과를 얻을 수 있는 수단이 조만간 생길 전망이다.

최근 역외(域外) 투기세력의 달러화 매도로 원-달러 환율이 급락하는 데 따른 조치다. 한국은행은 앞으로 해외 헤지펀드나 국내 기업 등이 직접 외국환은행에 매매주문을 내지 못하게 하는 방안을 추진하고 있다고 밝혔다. 이렇게 되면 이들은 각 외국환은행이 제시하는 통화별 매수 및 매도가격을 비교하고 흥정을 통해 외국 돈을 매매하게 된다.

▶ 어떻게 바뀌나

지금은 기업이나 역외 투기세력이 대개 은행에 직접 주문을 낸다. 예컨대 기업이 거래은행에 "달러당 1001.0원 이상에 팔아 달라"고 주문하면 은행 외환딜러들은 약간의 수수료만 받고 매매를 대행해 주는 브로커 역할을 한다.

그러나 앞으로 기업이나 역외 투기세력들은 각 은행이 외환시장에서 결정되는 '도매가격'에 마진을 붙여 제시하는 매수 및 매도 '소매가격'을 저울질해 가장 유리한 쪽과 매매해야 한다. 기업이나 역외 투기세력 외에 일반 개인이 외환을 사고 팔 때는 지금과 마찬가지로 은행들이 고시하는 현찰, 송금, 여행자수표 등의 환율을 적용받게 된다.

▶ 기대 효과

기업이나 역외 투기세력 등의 매매주문을 대행해 주는 데 그치던 외국환은행들은 자신의 판단과 책임으로 은행간 도매시장에서 시장조성자(Market Maker) 역할을 하게 된다. 투기세력의 '장난'에 휘둘리지 않게 된다는 뜻이다.

주식시장의 서킷 브레이커와 비슷한 효과도 기대된다. 환율이 급등하거나 급락하면 은행들도 위험을 줄이기 위해 고객에게 제시하는 매수 및 매도가격에 더 높은 마진을 붙일 수밖에 없다. 이럴 경우 시장에서 거래가 제대로 이뤄지지 않을 것으로 예상된다.

하지만 기업들은 지금보다 더 비싸게 외환을 사고 싸게 팔아야 해 제도 변경에 대해 반발할 가능성이 높다. 한은 오재권(吳在權) 외환시장팀장은 "시장 참여자와 정부, 한국은행 등이 참여하는 외환시장운용협의회에서 제도 변경을 논의 중"이라며 "결론이 나면 외국환 중개회사들이 시스템을 구축하는 대로 곧바로 시행할 수 있다"고 말했다.

<동아일보, 지난기사>

사례 연구

외환딜러의 피 말리는 24시

"이틀 연속으로 자장면을 시켜 먹어 질렸습니다. 때론 점심에 햄버거를 먹기도 합니다. 시장이 긴박하게 돌아갈 때는 밥을 제대로 챙겨 먹기가 힘들죠. 저녁에 잠을 자다가도 해외 브로커로부터 연락이 오면 통화를 해야 합니다."

외환은행 외환운용팀 선임 딜러 구길모 과장(36)은 달러를 사고파는 스폿 트레이딩(spot trading)을 맡고 있다. 그는 지난해 말 국내 딜러들의 모임인 포렉스(FOREX)가 주는 '올해의 딜러상'을 수상했다. 외환 딜링 업무에 참여한지 올해로 5년차. 본인의 책임 하에 본격적인 딜링에 나선 지는 3년 만에 올린 성과였다. 요즘처럼 외환시장이 긴박하게 돌아가는 시장 분위기에서는 베테랑 외환딜러에겐 하루해가 짧기만 하다.

오전 8시 30분, 외환운용팀 전체 회의에 참석하는 것으로 구 과장의 일과는 시작한다. 밤사이 거래가 이뤄진 뉴욕·런던 등 해외 외환시장에 대한 동향과 투자전략 등에 대한 브리핑이 이어진다.

회의에는 일본 금융시장 동향은 물론 급락세를 보이고 있는 원·달러 환율에 미칠 영향이 초미의 관심사 떠올랐다. 외환은행의 딜러는 모두 15명, 원·달러 딜링 팀은 치프(chief)로 불리는 수석팀장 밑에 선임 딜러 3명, 주니어 딜러 2명 등 모두 6명이 한조로서 일사불란하게 움직이고 있다.

오전 9시, 외환시장 개장과 동시에 딜링 룸은 급박하게 돌아간다. 여기저기서 전화벨이 울리고 6개의 단말기를 쫓는 눈길은 바쁘게 움직인다. 딜러들은 로이터 통신의 금융정보, 국내외 인터넷 사이트를 수시로 점검하며 원·달러 환율의 움직임을 시시각각 체크 한다.

간간히 인터넷 메신저를 통해 다른 은행 딜러와 정보를 교환한다. 원·달러 환율의 하락폭이 생각보다 가파르다. 단말기에서 한시도 눈길을 뗄 수가 없다. 기준으로 삼은 환율 목표치에서 사고팔기를 반복해야 하기 때문이다.

구 과장은 전날 원·달러 환율이 하락세를 보일 것이라는 생각에 어느 정도 목표 환율치를 낮춰 잡았다. 그러나 생각한 것보다 환율이 더 가파르게 떨어지자 결국 일부 물량에 대해서는 손절매(stop loss)에 나서야 했다. 구 과장은 "외환 딜러들한테 가장 중요한 제1원칙은 손절매 기준을 정해고 이를 철저히 지키는 것"이라고 말했다.

구과장의 설명처럼 전날 원·달러 환율은 당국의 시장 개입이 예상보다 약하다는 인식이 시장 참여자들 사이에 확산, 오후장 들어 손절매 물량이 대량으로 쏟아지며 시장의 급락을 부추겼다. 손절매 물량이 또 다른 손절매 물량을 불러오며 시장의 불안 요인으로 작용한 것이다.

그러나 일선 딜러들의 입장에서 손실을 보지 않기 위해서라도 시장 상황에 맞춰 손절매에 나설 수밖에 없는 것이 현실이다.

잠시도 자리를 비울 수 없었던 그는 다른 동료들과 마찬가지로 자장면을 배달시켜먹으며 매매에 매달렸다. 그가 속한 팀이 하루에 규모는 10억 달러 선. 1회 거래에서최소 100만 달러에서 평균 200만 달러의 딜(거래)이 이뤄지고 있음을 볼 때 500번 가량의 매매를 한 셈이다.

오전 9시부터 오후 4시까지 컴퓨터 모니터를 계속 지켜보며 수억 원이 왔다 갔다 하는 거래를 하다 보면 잠시 집중력도 떨어지고 피로가 몰려오기 마련이다. 그는 "하도 바빠서 졸지도 못했다"며 엄살을 떨었다. 이날도 매매 중간 중간에 수출업체와 언론 등으로부터 수십 통의 전화를 받았다.

그는 "환율이 급등락 하면 수출업체의 문의 전화가 부쩍 많아진다"며 "전화를 받을 때마다 안타깝게 느끼는 것은 중소기업들이 정부의 시장 개입만 기다릴 뿐 스스로 지킬 수 있는 방법(환 헤지)을 찾지 못한다는 것"이라고 말했다.

피 말리는 하루의 전투를 마치더라도 외환 딜러들의 일이 여기서 끝나는 것이 아니다. 어떻게 보면 본격적인 승부는 장 마감 이후 시작된다.

오후 4시, 장은 마감하지만 여기서 일이 끝나지 않는다. 본격적인 승부는 장 마감 이후 시작된다. 유럽·뉴욕 외환시장이 곧 문을 열기 때문이다. 해외 외환시장에서도 매매를 해야 하는 날엔 새벽 늦게까지 지구 반대편의 외환 딜러들과 승부를 벌여야한다.

오후 4시 30분, 하루의 업무를 평가하는 전체 회의가 다시 시작한다. 시장 분석 및 손익 계산을 마치고 내일의 전략에 대한 의견이 오갔다.

오후 6시, 공식적인 일과는 마쳤지만 그는 계속 자리를 지켰다. 다음날 시장에 대한 전망과 나름대로의 대처 요령을 정리하는 시간이다. 그는 "몇 시에 퇴근할 것인지는 마음먹기 달렸지만, 시장이 급박하게 돌아갈 때는 밤 11~12시 이전에는 퇴근할 수 없다"며 예전에는 밤을 꼬박 새며 거래를 해본적도 있다고 소개했다.

그는 평소 주변 지인들로부터 낙천적이고 대범한 성격이라는 평가를 듣곤 한다. 스트레스를 잘 받지 않고 적절한 상황에 배팅 할 수 있는 배짱은 외환딜러에게 꼭 필요한 부분이다. 그는 자신의 일을 진정으로 좋아한다. 매매 시 집중력을 높이기 위해 담배를 끊은 것은 물론 평상시 운동으로 체력을 다지고 있다.

구 과장은 스스로 자신의 일을 '노가다'라고 부르고 있다. 그러나 끊임없이 시장에서 승부하며 이를 통해 더 나은 딜러로 성장하는 것을 진정으로 즐기는 승부사의 자질이 느껴졌다.

<서울경제신문, 지난기사>

part 3

국제수지와 국민소득 균형

CHAPTER 6

국제수지표의 의의와 작성

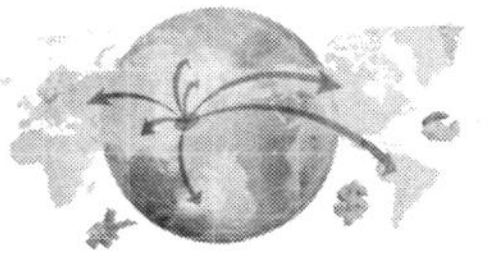

INTERNATIONAL FINANCIAL

오늘날 모든 국가들은 정도의 차이는 있겠지만, 세계 각국들과 직·간접적으로 경제거래를 행하고 있다. 때문에 각국은 일정기간 동안에 외국과 행한 여러 가지 대외경제거래를 체계적으로 정리하여 기록할 필요가 있으며, 이를 통하여 그 나라의 금융·재정정책, 무역 및 외환정책 등 경제정책을 수립하는 데 기초자료로 활용할 수 있을 것이다. 따라서 그러한 목적 때문에 대부분의 국가들은 국제수지표를 작성하고 있는 바, 본 장에서는 국제수지표의 작성과 구성항목을 살펴보고, 경제정책의 방향설정에 중요한 판단자료를 제공해 줄 수 있는 국제수지 균형과 분석에 대해 규명해 본다.

제1절 국제수지의 의의와 특성

1. 국제수지의 의의

오늘날 대부분 경제사회의 특징은 국제경제를 지향하여 다른 경제사회와 각종 형태의 경제거래를 하고 있다는 점이다. 가령 재화나 용역의 무역과 함께 국가 간에 자본을 대여하거나 차입하며 국가 간 생산요소의 이동을 행하기도 한다. 국제수지(balance of payments)는 한 나라의 대외적인 경제활동을 파악하고 또한 그것과 국내활동과의 관계를 고찰하는데 도움이 되도록 일정한 기간 동안에 이루어진 일국의 거주자와 여타 세계의 거주자 사이의 모든 경제거래를 체계적으로 기록한 것이다. 이를 다시 구체적으로 정의하면 다음과 같다.[1)]

첫째, '일정기간'이라는 뜻은 국제수지가 플로우(flow) 개념이란 점에서 스톡(stock) 개념인 국제대차와 구별된다. 또한 일정기간은 통상 1년으로 하되 1년 미만이든 이상이든 상관은 없다.

둘째, '거주자'란 법률적 국적에 관계없이 주된 거주지 또는 경제활동의 근거 즉 이익의 중심(center of interest)을 기준으로 하고 있다. 가령 개인의 경우, 외국인일지라도 1년 이상 국내에 거주하여 생산 활동을 행할 경우 이익의 중심이 국내에 있으므로 거주자로 취급하고 반대로 국적은 내국인이라 하더라도 해외에 장기거주하면 비거주자로 취급된다. 따라서 일국의 거주자에는 일국의 개인, 일국에서 활동하는 기업 및 일국의 정부 관련기관이 모두 포함된다.

셋째, '모든 경제적 거래'란 재화, 서비스, 자산 등의 명의를 이전하고 그 대가를 받는 것인데, 통상적으로 화폐를 대가로 받는다. 그러나 대가를 받지 않는 국제거래인 기부행위 또는 화폐의 수수가 없이 이루어지는 물물교환 및 자본거래 등 일체의 거래를 포함한다.

넷째, '체계적인 기록'이란 복식부기의 원리에 의해 국제적으로 통일된 객관적 기준에 의하여 기록한다는 뜻이다. 즉, IMF 방식에 의한 국제수지표의 기록방법은 복식부기의 원리를 적용하고 있는데, 이는 하나의 거래에 대하여 동일 금액을 대차양변에 동시에 기록하는 방식으로서 대차양변의 합계는 항상 일치하게 된다.

국제수지의 작성은 국제경제의 실태를 파악할 수 있는 하나의 자료가 되며, 특히 정책당국에게 무역거래와 경제거래의 현황을 알게 함으로써 통화정

1) 최해범, 『새외환론』, 도서출판 대명, pp.247~262.

책이나 재정정책의 판단기준을 제공하기도 한다.

2. 국제수지의 특성

1) 국제수지와 국제대차

국제수지와 유사한 개념으로 국제대차(balance of international indebted ness)가 있는데 양자의 개념은 명확히 구분된다. 국제대차란 일정한 시점에 있어서 국제간의 채권·채무의 현재고를 대조하여 기록한 것으로서 특히 대외경제상황에 관하여 중요한 자료를 제공하는 것이다. 그러나 국제 대차표는 대차관계를 수반하지 않는 증여, 원조 등의 이전거래를 포함하지 않으며 일정시점의 대차관계를 표시하는 스톡(stock)개념이기 때문에 일정기간에 걸친 플로우(flow)의 개념과는 다르다.

이에 대해 국제수지표는 일정기간에 있어서 한 나라의 거주자와 비거주자 사이에 일어난 모든 경제적 대외거래를 체계적으로 기록한 것으로, 이들 거래를 복식부기의 원리에 의해 대변과 차변에 동시에 기록함으로써 통계의 정확성을 도모할 수 있고 아울러 기간비교가 가능하므로 오늘날에는 대외거래의 중요한 분석지표로서 국제수지표가 널리 활용되고 있다.

2) 국제수지와 국민경제

국제경제는 국민경제의 경우와 같이 다수의 지역으로 분할되어 있기는 하나, 그렇게 분할된 지역은 각각 하나의 독립된 경제단위 이므로 각국 간의 경제거래가 수취초과인지 지불초과인지는 일국의 국민경제 입장에서는 대단히 중요한 문제가 된다. 대외거래에 있어서 한 나라의 수취와 지불의 차이, 즉 국제수지는 그 나라의 경제에 중요한 의미를 가지게 된다. 국제수지가 흑자냐 적자냐 하는 것은 그 국가의 경제정책 수립에 있어서 중요한 지표가 되기도 하며 또한 그 나라의 경제정책 전체의 방향을 결정짓는 중요한 역할을 하게 된다. 가령 각국의 국경이 없어져 세계경제가 하나의 경제단위가 된다면, 국제거래는 마치 국민경제내의 지역 간의 거래와 같게 되고 국제수지는 어떤 특별한 문제를 야기하지 않을 것이다.

이러한 국제수지 문제는 국민경제 내부의 지역 간 거래에서는 전혀 발생하지 않고 국제경제에 있어서 발생하는 문제이다. 따라서 국제수지와 관련된 각종의 분석은 일국의 경제에 있어서 중요한 과제의 하나이다. 더구나 이와 같은 국제수지 분석은 각국 통화간의 환율의 결정과도 밀접한 관계를 가지고 있으므로 결국 국민경제에 또 다른 파급효과를 미치게 된다.

제2절 국제수지표의 구성과 작성

1. 국제수지표와 관련 통계

앞에서 살펴 본 바와 같이 국제수지표에는 일정기간 중 거주자와 비거주자 간에 발생하는 모든 경제적 거래 즉 재화, 서비스, 소득, 무상이전 및 자본거래 등이 종합기록 된다. 따라서 이들 거래를 파악하여 국제수지표를 작성하기 위해서는 많은 기초통계가 이용되고 있는데 그 중에서 가장 중요한 기초통계가 통관통계와 외환수급통계이다.

통관통계는 한 나라의 경제활동 중 외국과의 거래에서 일어난 상품의 이동상황을 일정한 기준에 의하여 분류, 집계한 통계로써 전국 각 세관 및 출장소의 수출입신고 수리 실적이 관세청에 의해 전산집계 되어 작성되고 있다.

통관통계에서 수출입의 계상시점은 수출입신고 수리 일자를 기준으로 하되 다만 수입신고 수리 전에 보세구역으로부터 반출되거나 보세구역에서 사용된 경우에는 반출 또는 사용승인일자를 기준으로 하고 있다. 또한 상품의 평가기준은 수출과 수입의 경우가 각각 상이하여 수출은 본선인도가격(FOB가격)을, 수입은 통화 및 보험료 포함가격(CIF가격)을 기준으로 평가하고 있다. 즉 실제 거래상의 대금 결제조건이나 결제여부와는 관계없이 관세선 통과 여부만을 기준으로 통일된 기준의 가격을 적용하여 평가하는 것이다.

한편 일국의 대외거래를 외환의 수입과 지급이 이루어지는 시점에서 외국환 은행으로부터 보고 받아 그 원인별로 집계한 외환수급통계는 일정 기간 중에 이루어진 외환거래를 플로우 개념에 입각하여 집계한다는 점에서 국제수지표의 기초 자료로 사용되고 있으나 대외거래의 총괄적 기록인 국제수지통계와는 다음과 같은 차이점이 있다.

첫째, 포괄범위상 국제수지통계는 거주자와 비거주자 간에 이루어진 모든 경제적 거래를 포함하나 외환수급통계는 외환의 수입 및 지급이 발생하는 거래만 포함하므로 현물차관, 물물교환, 현물증여, 무환 수출입 등의 무환 거래와 비거주자의 원화채권 발행 및 국제기구에 대한 원화출자 등과 같은 원화거래는 제외된다.

둘째, 계상시점 상 국제수지통계는 발생주의 원칙에 따라 거주자와 비거주자간의 소유권이 변동되는 시점에서 계상하는 데 반하여 외환수급통계는 현금주의 원칙에 따라 외국환은행을 통하여 외환의 수입과 지급이 발생한 때에 계상한다.

셋째, 평가 상 국제수지통계의 상품수출입은 FOB가격으로 평가하는데 반하여 외환수급통계의 상품수출입은 공통된 기준이 없고 실제로 거래된 조건에 따라 기록한다.

이러한 외환수급통계는 경상거래(무역수지 및 무역외수지), 자본거래(장기자본수지 및 단기자본수지), 금융거래(통화당국의 외환보유액을 제외한 통화금융기관의 자산 및 부채 증감), 총수지(경상거래, 자본거래 및 금융거래의 합계), 오차 및 누락, (통화당국의) 외환보유액 증감으로 구성되어 있으며 외환보유액과 통화금융기관의 순 대외자산(NFA) 등을 산출하는데 이용되고 있다.

2. 국제수지표의 구성

국제수지표는 외국과의 거래를 체계적으로 정리한 것이라고 하였는데 실제로 국제수지표에서는 외국과의 거래가 그 특성에 따라 경상계정과 자본계정으로 나누어 기록되며 경상계정에는 상품과 서비스를 외국에 팔고 사는 거래와 외국에 투자한 대가로 벌어들이는 배당, 이자 등의 소득이 계상되며 자본계정에는 외국에 돈을 빌려주거나 빚을 얻어오는 거래가 기록된다. 그리고 경상거래의 결과 벌어들인 돈과 지급한 돈과의 차이를 경상수지라고 하며 자본거래의 결과로 나타난 들어온 돈과 나간 돈의 차이를 자본수지라고 한다. 국제수지에서는 경상수지가 가장 중요시되는데 경상수지는 상품수지, 서비스수지, 소득수지 및 경상이전수지의 4부문으로 나누어진다.

상품수지는 상품의 수출과 수입의 차이를 나타낸다. 그런데 국제수지표상의 수출입은 관세청에서 발표하는 수출입 숫자와 일치하지 않는다. 이것은 관세청에서는 상품이 우리나라 관세선을 통과하면 수출입으로 계상하는 통관기준으로 통계를 작성하는데 비해 국제수지표 에서는 상품의 소유권이 이전되어야 수출입으로 계상하는 소유권이전(change of ownership)기준에 의해 통계를 작성하기 때문이다.

이에 따라 통관기준에 의한 수출입을 소유권이전기준, 즉 국제수지기준에 의한 수출입으로 바꾸기 위해서는 통관기준 수출입에서 소유권이전과 상관없는 재수출, 재수입 등을 차감하고 통관수출입에 포함되어 있지 않으나 실제로는 소유권변동이 발생한 밀수출입 등을 가산하며(포괄범위조정, coverage adjustment), 선박·철 구조물 등과 같이 관세선 통과와 소유권이전 시점이 명확히 구분되는 거래의 경우 소유권 변동시점에 맞게 이를 통관수출입금액에 가감해 준다(계상시점조정, timing adjustment). 또한 통관통계에서 수출은 FOB가격, 수입은 운임 및 보험료가 포함되어있는 CIF가격으로 평가하므로 통관수입에서 운임 및 보험료를 차감하되 거주자와 비거주자 간의 운임 및 보험거래는 서비스수지에 계상한다.(분류조정, classification adjustment)

서비스수지는 외국과의 서비스거래 결과 벌어들인 돈과 지급한 돈의 차이를 말한다. 즉 우리나라의 선박이나 항공기가 상품을 나르고 외국으로부터 받은 운임, 외국관광객이 쓰고 간 돈, 무역대리점의 수출입 알선수수료 수입 등이 서비스수입이 된다. 반대로 우리나라가 외국에 지급한 선박과 항공기의 운항경비, 여행경비, 특허권 사용료 등은 서비스 지급으로 나타난다.

소득수지는 우리나라가 외국에 투자한 결과 벌어들이는 돈과 외국인이 우리나라에 투자한 결과 벌어가는 돈의 차이 그리고 우리나라 근로자가 외국에 나가 일해서 벌어들이는 돈과 외국인 근로자가 우리나라에서 일해서 벌어가는 돈의 차이를 나타낸다. 소득수지는 거주자가 외국에 단기간(1년 이내) 머물면서 일한 대가로 받은 돈과 국내에 일시 고용된 비거주자에게 지급한 돈의 차이를 나타내는 급료 및 임금수지와 거주자가 외국에 투자하여 벌어들인 배당금·이자와 비거주자에게 국내에 투자한 대가로 지급한 배당금·이자의 차이를 나타내는 투자소득수지로 구성된다.

경상이전수지라 함은 거주자와 비거주자 사이에 아무런 대가없이 주고받은 거래 수지차를 말한다. 경상이전은 수혜자의 소득과 소비를 늘려주게 되는데 해외에 거주하는 교포가 국내의 친척 등에게 보내오는 송금, 종교기관이나 자선단체의 기부금과 구호물자, 정부 간의 무상원조 등이 여기에 기록된다.

경상수지는 상품·서비스와 소득거래를 대상으로 하는 데 비해 자본수지는 민간기업, 금융기관, 정부 등이 외국으로부터 차입 등의 방식으로 돈을 빌리거나 이와는 반대로 외국에 신용공여 등의 방식으로 돈을 빌려줌으로써 발생하는 외화의 유출입차를 나타낸다. 자본수지는 크게 투자수지와 기타자본수지의 두 가지로 구분되며 투자수지는 다시 직접투자, 증권투자 그리고 기타 투자의 3부문으로 나누어진다.

직접투자는 외국에 있는 기업에 대한 경영참여 등과 같이 영속적인 이익을 취득하기 위하여 행하는 대외투자를 말한다. 또한 직접투자는 직접투자기업에 대한 자금대여도 포함한다.

증권투자는 외국과의 주식, 채권 파생금융상품 거래를 나타낸다. 그런데 동일한 주식투자라 하더라도 기업의 경영참여를 통한 영속적인 이익추구를 목적으로 하였을 때는 직접투자로 계상하며 이와는 달리 단지 투자자본의 가치증가 또는 이윤획득만을 목적으로 한 경우는 증권투자로 기록한다.

기타투자는 직접투자와 증권투자에 포함되지 않는 외국과의 모든 금융거래를 기록한다. 여기에는 대출 및 차입, 상품을 외상으로 수출하거나 수입할 때 발생하는 무역관련 신용, 현금 및 예금 등의 금융거래가 기록된다.

기타자본수지는 특허권, 상표권 등을 사고파는 거래와 해외이주자가 외국에 이주할 때 가지고 가는 해외 이주비 등을 기록한다.

자본수지가 플러스라는 것은 자본거래 결과 발생한 자금의 유입이 유출보다 많았다는 것을 의미한다. 따라서 차관 등 외국 빚을 들여온 금액이 갚은 금액보다 많거나 우리가 가지고 있던 대외채권의 회수금액이 공여금액을 상회하여 들어온 돈이 나간 돈보다 많게 되면 자본수지는 유입초가 되고 반대의 경우는 유출초가 된다.

〈그림 6-1〉 국제수지표의 구성

우리는 벌어들인 돈보다 지출이 많아서 돈이 모자라게 되면 모자라는 돈은 빚을 내거나 가지고 있던 자산을 처분하여 조달하게 되며, 반대로 소득보다 지출이 적어서 돈이 남게 되면 남는 돈은 빚을 갚는데 쓰거나 예금이나 투자 등으로 운용하게 된다.

이와 마찬가지로 한 나라에 있어서도 외국에 상품이나 서비스를 팔아서 벌어들인 돈이 외국으로부터 상품이나 서비스를 사는데 사용한 돈보다 많게 되면(경상수지 흑자) 여유자금을 다른 나라에 빌려주거나 빚을 갚는데 사용하며(자본수지 유출초), 반대로 외국과의 경상거래 결과 벌어들인 돈보다 지급한 돈이 많게 되면(경상수지 적자) 부족한 자금을 외국으로부터 빌려오게 된다.(자본수지 유입초)

한편 일정기간동안 기업이나 정부가 상품과 서비스를 수출하고 수입하는 과정에서 적자(경상수지 적자)가 생겼을 경우 이 적자를 외국으로부터 자본을 도입(자본수지 유입초)해서 메우지 못하였다면 부족한 외화는 통화당국이 보유하고 있는 외환보유액에서 충당하게 된다.

또한 경상수지 흑자와 자본수지 유입초로 대규모의 외화가 일시에 유입되어 환율이 급격히 변동할 가능성이 있을 경우 통화당국에서는 환율안정을 위하여 넘치는 외화를 사들이기도 하는데 이때 외환보유액이 증가하게 된다.

이와 같이 매일 매일 일어나는 대외거래는 경상계정과 자본계정에 모두 반영되며 더 나아가서 외환보유액의 변동을 가져오기도 한다. 국제수지표에서는 이렇게 거래에 의해 발생한 외환보유액의 변동을 준비자산증감이라는 항목에 별도로 표시하고 있다.

3. 국제수지표의 작성

앞에서 설명한 국제수지표의 작성방법을 기초로 거주자와 비거주자 간에 다음과 같은 거래가 발생하였다고 가정하고 국제수지표를 직접 작성하여보자.

〈예〉

거래 1. 상품 90백만 달러를 현금으로 수출
거래 2. 상품 10백만 달러를 6개월 후에 대금을 받는 조건으로 외상 수출
거래 3. 상품 80백만 달러를 현금으로 수입
거래 4. 상품 5백만 달러를 3개월 후에 대금을 지급하는 조건으로 외상 수입
거래 5. 국내 해운사가 수출화물의 화물임대가로 외국으로부터 20백만 달러를 받음
거래 6. 해외여행시 17백만 달러의 여행경비 사용
거래 7. 외채에 대한 이자로 외국에 13백만 달러 지급
거래 8. 국내친지가 해외교포로부터 현금 2백만 달러를 송금받음
거래 9. 외국기업이 현금 50백만 달러를 국내기업에 투자
거래 10. 국내기업이 해외에서 외화증권을 30백만 달러 발행
거래 11. 비거주자가 국내에서 원화 증권 77억 원을 발행
(달러 환산시 7백만 달러)
거래 12. 거주자가 외국으로 이민가면서 이주비용으로 15백만 달러를 환전 송금
거래 13. 국내기업이 특허권을 외국기업에 매각하고 현금 3백만 달러를 받음
거래 14. 한국은행이 국내외환시장에서 6백만 달러 매입

국제수지표는 복식부기의 원리에 따라 대차양변에 동일금액이 계상되며 이전 거래는 대차를 균형시키기 위하여 별도의 항목을 설정한다고 하였으므로 이에 따라 위의 거래 중 몇 가지를 계리하면 다음과 같다. 먼저 <거래 1>의 상품 수출 90백만 달러는 대변(실물자산 감소)에, 이에 따른 수출대금의 입금은 외화자산의 증가이므로 차변(금융자산 증가)에 90만 달러를 계상한다. <거래 8>의 경우 해외교포로부터 송금 받은 금액 2백만 달러는 외화자산의 증가로 차변에 계상하며 대차균형을 위하여 대응거래인 경사이전거래 수입으로 대변에 2백만 달러를 계상한다. 국내기업이 외화증권을 해외에서 발행하여 설비투자용 자금을 조달한 <거래 10>의 경우 외화증권의 발행 30백만 달러는 대변(부채증가)에, 이에 따라 유입된 30백만 달러의 외화자금은 차변(자산증가)에 계상한다.

이런 방식으로 위의 거래내용을 국제수지표로 정리하면 <표 6-1>이 되는데 복식부기의 원리에 따라 대차양변에 동일금액이 계상되었기 때문에 경상수지와 자본수지 그리고 준비자산증감을 모두 합하면 영(“0”)이 된다.

그러나 실제로 국제수지표를 작성하여보면 경상수지, 자본수지 및 준비자산증감의 합계는 ("0")이 되지 않게 되는데 이것을 오차 및 누락(errors and omissions)이라는 조정항목으로 조정하게 된다.

이와 같은 오차 및 누락이 발생하는 것은 국제수지표가 통관통계, 외환수급통계 등 여러 기관에서 각기 다른 목적으로 작성된 많은 기초통계를 이용하여 작성되기 때문에 각 기초통계간의 계상시점 및 평가방법상의 차이나 기초통계자체의 오류, 통계작성과정에서의 보고 잘못이나 누락(human error) 등이 발생하가 때문이다.

〈표 6-1〉 국제수지표 작성실례[2)]

<table>
<tr><th colspan="3"></th><th>차변(−)</th><th>대변(+)</th><th>수지</th></tr>
<tr><td rowspan="5">경상수지</td><td colspan="2" rowspan="2">상품수지</td><td>80[3]</td><td>90[1]</td><td>15</td></tr>
<tr><td>5[4]</td><td>10[2]</td><td></td></tr>
<tr><td colspan="2">서비스 수지</td><td>17[6]</td><td>20[5]</td><td>3</td></tr>
<tr><td colspan="2">소 득 수 지</td><td>13[7]</td><td></td><td>−13</td></tr>
<tr><td colspan="2">경상이전수지</td><td></td><td>2[8]</td><td>2</td></tr>
<tr><td rowspan="10">자본수지</td><td rowspan="9">투자수지</td><td>직접투자</td><td></td><td>50[9]</td><td>50</td></tr>
<tr><td>증권투자</td><td>7[11]</td><td>30[10]</td><td>23</td></tr>
<tr><td rowspan="7">기타투자</td><td>90[1]</td><td>80[3]</td><td>−62</td></tr>
<tr><td>10[2]</td><td>5[4]</td><td></td></tr>
<tr><td>20[5]</td><td>17[6]</td><td></td></tr>
<tr><td>2[8]</td><td>13[7]</td><td></td></tr>
<tr><td>50[9]</td><td>7[11]</td><td></td></tr>
<tr><td>30[10]</td><td>15[12]</td><td></td></tr>
<tr><td>3[13]</td><td>6[14]</td><td></td></tr>
<tr><td colspan="2">기타자본수지</td><td>15[12]</td><td>3[13]</td><td>−12</td></tr>
<tr><td colspan="3">준 비 자 산 증 감</td><td>6[14]</td><td></td><td>−6</td></tr>
</table>

IMF는 국제수지통계 작성 시 서로 다른 기초자료를 사용하기 때문에 오차 및 누락이 필연적으로 발생할 수밖에 없다는 점을 인정하고 있으며 오차 및 누락의 플러스 요인과 마이너스 요인이 서로 상쇄될 수도 있고 분류상의 오

2) 숫자 위의 첨자는 본문 예의 거래 번호임.

류 등은 오차 및 누락에 영향을 주지 않으면서도 통계의 정확도를 떨어뜨릴 수 있기 때문이다.

또한 국제수지통계를 작성하고 있는 다른 나라의 예를 보더라도 오차 및 누락이 없는 나라는 없으며 미국 등 일부 나라에서는 이러한 오차 및 누락 항목의 통계적인 성격을 고려하여 오차 및 누락이라는 명칭대신에 통계상 불일치라는 명칭을 사용하고 있다.

제3절 국제수지표의 분석

1. 국제수지의 균형·불균형

국제수지란 일정기간 내에 있어서 거주자와 비거주자 간에 이루어지는 모든 경제적 거래를 복식부기의 원리에 따라 작성하기 때문에 국제수지 계정상의 차변과 대변의 총계는 항상 일치한다. 그러나 이 같은 계정 상에 나타나는 양변의 합계의 균형은 어디까지나 사후적으로 처리된 통계상의 기술에 불과하다. 즉 이것은 국제수지계정상의 균형과 일국의 국제수지가 균형을 나타내고 있다는 것과는 근본적으로 다르다.

그러면 국제수지의 균형 또는 불균형은 과연 어느 항목을 기준으로 말하는 것일까? 즉 경상수지의 균형을 기준으로 할 것인가 아니면 다른 항목의 수지를 기준으로 할 것인가가 문제이다. 결론적으로 말해서 여기에 대해서는 통일적인 기준은 없다. 다만 국제수지 흐름의 통계상 목적에 따라 어느 수지를 기준으로 할 것인가가 결정된다.

그러나 국제수지의 균형여부를 따질 때는 주로 경상 수지의 균형을 사용하는 것이 보통인데 그것은 경상수지가 자본거래를 제외한 상품 및 용역의 수출입 등 통상적 국제거래를 포괄하고 있기 때문이다. 그렇지만 국제수지의 균형을 분석하는 하나의 방법은 있다. 그것은 국제거래를 그 성질상 자발적 거래(autonomous transaction)와 보정적 또는 조정적 거래(compensatory or accomodating transaction)

로 구분하는 것이다.

자발적 거래란 그 자체의 목적으로 다른 국제거래와 관계없이 단독으로 이루어지는 거래를 말한다. 이는 재화나 용역거래, 이전거래와 장기자본거래 등으로 구성된다. 이와 같은 자발적 거래 이외의 보정적 거래는 국제수지상의 불균형상태를 조정하기 위한 거래를 말한다. 가령 장기자본을 제외한 단기자본거래와 화폐용 금거래, 정부 및 중앙은행의 대외자산 및 부채 증감 등으로 자발적 거래를 사후적으로 조정시키는 역할을 한다.

예를 들어 외환당국이 환율의 안정을 목적으로 외환시장에서 외환을 매입하고 매출하는 거래 등은 외환당국의 초상업적 목적 등과 같이 그 자체의 독립적인 이유에서가 아니라 여타 거래, 즉 자발거래에 의해서 유발되는 보정적 거래이다. 환언하면 조정적 거래의 크기는 자발적 거래의 크기에 의존하며, 자발적 거래에서 발생한 국제결제상의 갭을 메우고자 초래된 정부보유 국제준비금의 감소 등은 대표적인 조정적 거래이다.

국제수지균형이란 자발적 거래만을 가지고 차변과 대변의 합계가 일치하는 현상을 말한다. 반면에 국제수지불균형이란 각종 자율적 거래에 따른 차변과 대변합계가 다른 경우를 말한다. 만약 대변의 합계가 차변의 합계보다 클 때는 국제수지흑자, 반대의 경우를 국제수지적자라 한다.

국제수지의 균형 및 불균형개념은 자발적 거래만을 대상으로 하고 있다는 점에서 사전적(exante)인 의미이며 자발적 거래의 합으로 나타나는 국제수지불균형은 정부보유 국제준비금 감소와 같은 조정적 거래에 의해 보정되며, 이러한 조정이 있고 나면 국제수지는 반드시 균형을 이루게 된다. 즉 자발적 거래와 조정적 거래를 합하면 차변과 대변의 총합계는 항상 일치하는데 이를 국제수지의 사후적(expost) 항등성이라 한다.

그런데 국제수지균형 또는 불균형의 개념은 모두 자발적 거래를 대상으로 하는 사전적 의미의 국제수지를 말한다. 앞의 <표 6-1>을 살펴보면 보통 표의 상단에 위치할수록 자율적 성격이 강하고 하단으로 내려올수록 조정적 성격이 강해진다는 사실을 알 수 있다. 따라서 적당한 경계선을 그어 그 선의 위쪽(above the line)에 위치하는 거래를 자발적 거래로 보고 그 선의 아래쪽(below the line)에 위치하는 거래를 조정적 거래로 본다. 결국 자발적 거래

(선의 위쪽 거래)의 대차 합이 일치할 때 국제수지가 균형이 되었다고 본다.

가령 국제수지의 적자는 조정적 거래항목(선 아래의 항목)에서 동액의 흑자를 나타내고 국제수지의 흑자는 조정적 거래항목에서 동액의 적자를 나타냄으로써 국제수지표상의 대변과 차변의 합계는 항상 일치하게 된다. 따라서 자발적 거래항목과 조정적 거래항목 사이에는 다음과 같은 관계가 성립된다.

즉,

자발적 거래항목의 총계+조정적 거래항목의 총계=0

여기서 어떠한 거래를 자발적 거래로 볼 것인가, 다시 말해 적정한 경계선을 어떻게 그을 것인가 하는 점은 국제수지의 균형상태를 정의하는데 있어서 매우 중요하다. 따라서 자발적 거래를 구분하는 기준은 국제수지개념을 정의하는데 있어서도 매우 중요한 문제가 되고 있다. 그렇지만 여기서 한 가지 유의할 사항은 실제로 국제수지표를 작성하는 데 있어서 자발적 거래와 조정적 거래를 구분하는 절대적인 기준이 없다는 점이다. 일반적으로 자발적 거래와 조정적 거래의 구분방법으로는 앞서 설명한 것처럼 IMF 방식의 국제수지총괄표를 재분류한 국제수지분석표에서 하나의 기준선을 그어 선위(above the line) 항목을 자발적 거래로, 선아래(below the line) 항목을 조정적 거래로 분류하는 방법이 이용되고 있다.

2. 국제수지와 국민경제

국제수지는 경상수지, 자본수지, 준비자산증감으로 구성된다고 하였는데 이중에서도 경상수지가 가장 중요한 내용을 담고 있기 때문에 일반적으로 국제수지라 할 때는 경상수지를 의미하기도 한다.

경상수지는 앞에서 설명한대로 상품수지, 서비스 수지, 소득수지, 및 경상이전수지로 구분되는데, 이중 상품 및 서비스수지가 우리경제에 미치는 영향이 가장 크다고 할 수 있다. 우리가 상품과 서비스를 생산해서 외국에 수출하면 수출하지 않을 경우보다 더 많이 생산하여 팔게 되므로 일자리가 늘어나고 소득도 증대되는데 반해 상품이나 서비스를 외국에서 사서 쓰게 되면 국내의 기업은 그만큼 생산을 줄여야 하고 일거리도 줄어들어 월급을 내리든지 일자리를 줄여야 하기 때문에 상품 및 서비스 수지는 소득 및 고용과 직접 관련이 있다.

상품 및 서비스수지를 포함한 경상수지가 전체적으로 흑자를 나타내면 외국에 판 재화와 서비스가 사들인 것보다 많으므로 수출을 통해 늘어나는 소득과 일자리가 수입을 통해 줄어드는 소득과 일자리보다 크게 되고 따라서 전체적으로는 그만큼 국민소득이 늘어나고 고용이 확대된다. 국제수지 적자국이 국제수지 흑자국에 대하여 자기나라로 실업을 수출한다고 비난하는 이유도 바로 여기에 있다.

또 경상수지가 흑자를 보이면 벌어들인 외화로 외국으로부터 들여온 빚을 갚아 나갈 수 있게 되어 외채가 줄어들 뿐 아니라 나아가서는 주요 원자재의 안정적 공급을 확보하거나 무역마찰을 피하기 위해서 해외에 직접투자를 늘려나갈 수 있는 것이다.

아울러 국내공급 부족 등으로 물가상승압력이 있을 경우에는 수입을 큰 부담 없이 늘려갈 수 있게 되어 물가를 보다 쉽게 안정시킬 수 있을 뿐 아니라 국내경기가 좋지 않아 경기부양책을 쓰고자 할 경우에도 수입증가를 크게 염려하지 않아도 되므로 부양책을 쓰기가 용이해지는 등 경제정책수단의 선택폭이 넓어져 경제를 보다 건실하게 운영할 수 있게 된다.

이와 반대로 경상수지가 적자를 나타내면 소득은 줄어들고 실업이 늘어남과 동시에 외국 빚이 자꾸 늘어나 원금상환과 이자부담이 커져 나중에는 빚을 얻기조차 힘들게 된다.

그러나 경상수지 흑자가 반드시 좋다고만 할 수도 없는데, 이는 경상수지 흑자가 국내 통화량을 증가시켜 통화관리를 어렵게 하고 통상면에서는 우리가 흑자를 내고 있는 교역상대국으로 하여금 우리나라의 수출품에 대해서 수입규제를 유발시키는 등 무역마찰을 초래하기 때문이다. 그렇지만 우리나라와 같이 경제가 해외에 크게 의존하고 있는 형편에서는 국민소득을 증대시키고 국내고용을 늘리기 위해서는 적정한 수준의 경상수지 흑자가 유지되는 것이 필요하다.

CHAPTER

7 개방경제하의 국민소득 균형

INTERNATIONAL FINANCIAL

이 장에서는 개방경제하의 균형국민소득의 결정과정을 살펴본다. 독립투자와 같은 외생적 투자증가와 수출증가가 국민소득과 국제수지에 미치는 효과가 소규모 경제냐 아니면 대규모 경제냐에 따라 그 크기가 달라진다. 한편 각국이 대내균형과 대외균형이란 두 가지 거시정책 목표를 어떻게 동시에 달성할 수 있을 것인가에 관해 고찰한다.

제1절 개방경제의 국민소득 균형

우리 모두 잘 이해하고 있듯이 케인스의 승수이론은 국민소득의 균형을 설명하는 가장 기본적인 모형이다. 이와 같은 케인스의 승수이론은 고립경제에서도 역시 적용될 수 있으며, 같은 맥락에서 개방경제에서의 국민소득균형을 이해함에 가장 기본적인 모형이 된다. 그러나 개방경제에서는 국민소득과 대외수지의 동시적 균형을 고려하고 있다는 점에서 폐쇄경제하에서의 케인스 승수이론이 제시하는 것과 차이가 있다. 이를 보다 잘 관찰하기 위하여 개방경제에서의 국민소득계정에 관한 항등식을 상기할 필요가 있다.[1]

$$NS - I = NX$$

위 항등식은 국민저축(NS)에서 투자(I)를 차감한 값은 순수출(NX)와 동일함을 보여주고 있다. 항등식에서 투자(I)를 오른쪽으로 이항한다면 국민저축이 투자의 재원으로 쓰이거나 일부 해외로 순수출 된다는 해석을 내릴 수 있다. 한편 투자(I)와 순수출(NX)를 서로 치환하면 국민소득계정에 관한 항등식은 내국인의 투자가 국민저축과 해외로부터의 순수입에 의하여 그 재원이 조달되어짐을 의미한다. 결국 위 항등식은 국내부문과 해외부문이 동전의 앞뒷면과 같은 관계이며, 해외부문에서의 불균형에 관한 문제가 국민저축과 투자의 괴리인 대내적 불균형의 문제로 인식될 수 있음을 시사한다. 국민소득 균형의 문제는 대외수지와 분리하여 생각할 수 없는 것이다.

제7장의 논의는 명목임금과 물가수준이 경직적인 케인지언경제를 바탕으로 하고 있다. 케인지언경제에서 생산자는 주어진 가격에 대하여 무한 탄력적으로 공급하고자 한다. 실업은 수요의 부족으로 인하여 발생하는 문제이며, 그와 같은 이유에서 케인스의 승수이론은 유효수요의 이론이라고도 불린다.

1. 소규모 개방경제모형

소규모 개방경제의 단순한 케인지언모형에서 국민소득의 균형식은 다음과 같이 표현된다.

$$Y = C + I + G + (X - M) \quad \cdots\cdots (7.1)$$

이 식은 총수요와 총공급이 일치하는 수준에서 단기균형 국민소득이 결정되는 재화시장의 균형식이며, 총공급곡선은 무한탄력적이라는 케인지언가정이 숨어있다.

---

1) 최해범, 『새외환론』, 도서출판 대명, pp.301~320.

이하에서는 투자(I)를 투자수요, 즉 사전적 투자로 해석함으로써 식(7.1)은 항등식이 아닌 균형식으로 이해된다는 점에 유의해야 할 것이다. 총수요의 각 항목에 관한 결정식을 차례로 살펴보면 다음과 같다.

$$C = C_C + c(Y - T) \quad \cdots\cdots\cdots \quad (7.2)$$

소비수요(C)는 소득(Y)에서 조세(T)를 뺀 가처분소득($Y-T$)의 함수이며, 가처분소득이 소비수요에 미치는 영향은 한계소비성향(c)으로 표현된다. 한계소비성향은 0보다 크고 1보다 작다. 투자수요(I), 정부지출(G) 및 조세(T)는 모형의 단순화를 위해 모두 다음과 같이 상수로 주어져 있다고 가정한다.

$$I = I_0,\ G = G_0,\ T = T_0$$

수입수요(M)가 외제 최종소비재에 대한 수요라면2) 수입수요함수는 소비함수와 마찬가지로 다음과 같이 나타낼 수 있을 것이다.

$$M = M_0 + m(Y - T) \quad \cdots\cdots\cdots \quad (7.3)$$

m은 한계수입성향으로서, 한계소비성향과 마찬가지로 0과 1사이에 있다. 1원의 가처분소득이 증가할 때 소비증가는 c원이며, 이중 m원은 수입재화에 대한 수요증가, $c-m$원은 국내재화에 대한 수요증가이므로 m은 또한 c보

2) 반면 수입수요가 원자재 및 중간재에 대한 수요라면 수입수요는 가처분소득보다는 국민총생산(Y)에 대한 함수로 표현하는 것이 더 타당할 것이나 이 차이는 본장의 논의에 거의 영향을 미치지 않는다.

다는 작을 것이다. M_0는 교역조건(E^*/P)의 감소함수로 표현될 수 있을 것이다. 여기에서는 물가가 고정되어 있다는 단순 케인지언가정과 환율이 고정되어있다는 가정을 함으로써 일단 M_0을 상수로 취급하였다. 환율의 변화가 물가에 영향을 미치지 않은 채 교역조건을 변화시킬 수 있다는 점은 고립경제의 특성을 반영하는 것이다.

수출수요(X)는 수입수요와 대칭적인 형태로 교역조건(E^*/P) 및 교역상대국의 소득(Y^*)에 대해 각각 증가함수로 표현될 수 있을 것이다. 그러나 자국이 교역상대국의 소득에 아무런 영향을 미치지 않는 소규모 경제인 경우에는 교역상대국의 소득이 외생변수로 주어질 것이므로, 앞서와 같이 교역조건이 일정수준으로 주어졌다고 가정한다면, 수출수요는 당분간 외생적으로 주어진 상수로 단순화될 수 있을 것이다.

$$X = X_0 \qquad (7.4)$$

이상의 식을 종합하면 균형국민소득 결정식은 다음과 같은 낯익은 형태로 얻어진다.

$$Y = \frac{1}{1-c-m}[C_0 - cT_0 + I_0 + G_0 + X_0 - M_0 + mT_0]$$

이제 우리는 위의 기본모형을 다음과 같이 더욱 단순화시킴으로써 개방경제의 특성에 초점을 맞추고자 한다.

$$Y = A + NX \quad \cdots\cdots (7.5)$$
$$A = C + I + G$$
$$= A_0 + cY \qquad (A_0 = C_0 - cT_0 + I_0 + G_0)$$
$$NX = X - M$$
$$= NX_0 - mY \qquad (NX_0 = X_0 - M_0 + mT_0)$$

소비, 투자 및 정부지출의 합(A)은 국내총지출(domestic absorption)이며, 이는 흔히 이야기하는 내수로 이해될 수 있다. 수출과 수입의 차는 순수출(NX: net exports)이다. 국민소득이 재화뿐 아니라 서비스도 포함하는 만큼, 순수출(NX)은 재화의 교역을 기록한 상품수지뿐 아니라 서비스의 교역을 기록한 서비스수지까지 포괄하는 것으로 이해되어야 하며, 이전거래가 없다는 가정하에 경상수지로도 해석될 수 있는 것이다. 이러한 이유로 본장에서는 순수출을 경상수지로 지칭하였다.3)

식(7.5)로부터 균형국민소득에 관한 보다 간단한 수식을 얻을 수 있으며

$$Y = \frac{1}{s+m}(A_0 + NX_0)$$

이로부터 이른바 무역승수를

$$\frac{\Delta Y}{\Delta A_0} = \frac{\Delta Y}{\Delta NX_0} = \frac{1}{s+m} \quad \cdots\cdots (7.6)$$

구할 수 있다. s는 한계저축성향을 표시하며 $s \equiv 1-c$로 정의되고 c와 마찬가지로 s는 0과 1사이에 있다. 개방경제에서 독립적 지출항목($A_0 + NX_0$)이 국민소득에 미치는 영향의 크기를 나타내는 무역승수는 폐쇄경제의 케

3) 교과서에 따라서는 순수출을 무역수지라고 지칭하는 경우도 적지 않은데, 그 내용은 본장과 아무런 차이가 없다.

인스승수 $1/s$보다 작다. 케인스의 승수과정에 따르면 한번 촉발된 경기상승은 총수요를 증가시키고 이는 다시 국내생산을 자극함으로써 경기를 누적적으로 상승시키는 것인데, 개방경제에서는 총수요 증가분의 일부가 수입수요로 빠져나감으로써 국내경기에의 파급효과가 폐쇄경제에서보다 작아지게 된다.

국민소득과 경상수지가 결정되는 것을 동시에 살피기 위해서는 위의 모형을 다음과 같이 변형하는 것도 편리하다. 민간저축을 $S = Y - T - C$, 정부저축을 $T - G$, 국민저축을 $NS = S + (T - G)$로 정의하면, 식(7.7)은

$$S + (T - G) - I = NX$$

혹은

$$NS - I = NX$$

와 같이 표현될 수 있다. 여기에서 좌변은 $NS - I = Y - A = sY - A_0$이며, 우변은 식(7.5)에서와 같이 $NX = NX_0 - mY$이다. <그림 7-1>은 Y를 종축으로 하여 $NS - I$는 우상향, NX는 우하향하는 선으로 그린 것이며, 두 곡선이 만나는 A점에서 국민소득과 경상수지가 동시에 결정됨을 볼 수 있다.

A_0와 NX_0가 국민소득과 경상수지에 미치는 영향은 대조적이다. C_0, I_0, G_0 등 A_0의 증가는 $NS - I$를 아래로 이동시켜 국민소득을 높이고 경상수지를 악화시키는 반면, NX_0의 증가는 NX를 위로 이동시켜 국민소득을 높이면서 경상수지를 호전시킨다. 우리나라의 경우를 예로 들자면, 1986~88년의 경기상승은 수출호조에 힘입은 것으로서 경상수지를 크게 혼전시킨 반면, 뒤이은 1990년의 경기상승은 주택건설에 따른 내수주도형 경기로써 경상수지를 크게 악화시켰다. 이와 같이 수출주도형 경기와 내수주도형 경기는 경상수지에 정반대 방향의 효과를 초래했고, 특히 2008년 이후에 와서는 환율불안 등 경기침체의 요인들이 가세하면서, 수출의 경제에 대한 기여도가 약화되고 있다.

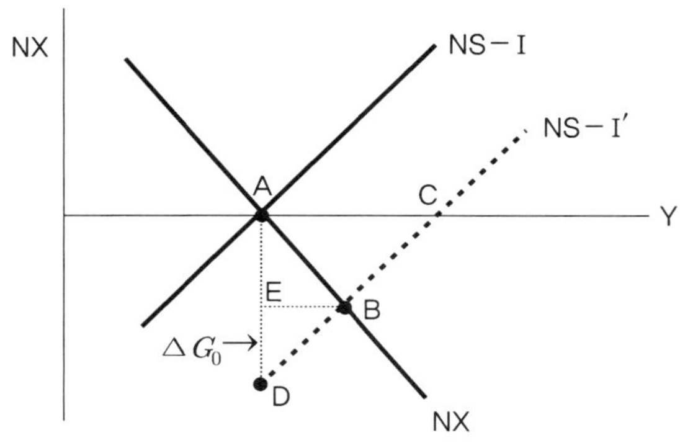

▶▶ 〈그림 7-1〉 국민소득과 무역수지의 동시적 균형

소비, 투자, 정부지출 및 순수출 등이 외생적으로 변화할 때 국민 소득에 미치는 영향은 식(7.6)에서 보는 바와 같이 $1/(s+m)$으로 동일하게 나타나나, 국민소득계정을 구성하는 각 부분에 미치는 영향은 같지 않다. 민간저축, 국민저축 및 순수출 등에 미치는 영향은 <표 7-1>에 요약되어 있다. 독자들은 각각의 경우에 대해

$$\triangle S+\triangle(T-G)-\triangle I=NX$$

의 관계가 성립함을 스스로 확인해보기 바란다.

여러 가지 승수 효과는 기하학적인 분석을 통해서도 확인해 볼 수 있다. 예를 들어, 정부지출이 $\triangle G_0$만큼 증가하였다면, <그림 7-1>에서 $NS-I$선은 A점에서 D점까지 $\triangle G_0$만큼 하향이동할 것이며, 이에 따라 국민소득은 E점에서 B점까지의 길이인 $\triangle Y$만큼 증가할 것이다. 직선 NX와 $NS-I$의 기울기가 각각 m과 s이므로, A점에서 E점까지는 $m\triangle Y$, E점에서 D점까지는 $s\triangle Y$이며, 이들의 합이 곧 $\triangle G_0$이므로 이로부터 $\triangle Y/\triangle G_0=1/(s+m)$임을 도출할 수 있고 또한 $\triangle NX/\triangle G_0=-m/(s+m)$이라는 것

도 확인해 볼 수 있다. 한편 폐쇄경제는 NX가 항상 0인 경제이므로, A점에서 C점까지의 길이 $(1/s)\Delta G_0$는 폐쇄경제에서의 국민소득 증가분을 나타낸다.

이상과 같은 분석을 토대로 하여 정부의 거시경제정책이 초래하는 효과를 살펴보자. 현재 우리가 다루고 있는 케인지언모형에 의하면 ΔG_0로 대표될 수 있는 정부재정적자의 증가, 즉 정부저축의 감소는 비록 국민소득의 증가를 통해 민간저축(s)을 일부 증가시키기는 하지만, 국민저축을 전체적으로 감소시킴으로써 경상수지를 악화시킨다. 이는 소위 쌍둥이 적자라 불리는 현상으로 1980년대 이후 미국경제가 대규모의 재정적자와 경상수지적자를 경험하면서 관심이 높아졌다. 한편 고정환율제도하에서의 평가절하는 마셜-러너 조건이 충족된다는 전제하에 NX_0를 증가시킬 것이며, 이는 <그림 7-1>에서 NX선이 상향 이동하는 경우 C점에서 달성됨을 이미 본 바와 같이 경상수지를 개선시킨다. 그러나 국민소득의 증가로 인하여 수입수요가 증가하기 때문에 최종적인 경상수지의 개선폭은 탄력성 접근모형에서 보다는 작아진다.

〈표 7-1〉 독립적 지출의 변화가 국민소득계정에 미치는 효과

	$\Delta C_0=1$	$\Delta I_0=1$	$\Delta G_0=1$	$\Delta NX_0=1$
ΔY	$\frac{1}{s+m}$	$\frac{1}{s+m}$	$\frac{1}{s+m}$	$\frac{1}{s+m}$
ΔS	$\frac{-m}{s+m}$	$\frac{s}{s+m}$	$\frac{s}{s+m}$	$\frac{s}{s+m}$
$\Delta(T-G)$	0	0	1	0
ΔNS	$\frac{-m}{s+m}$	$\frac{s}{s+m}$	$\frac{-m}{s+m}$	$\frac{s}{s+m}$
ΔI	0	1	0	0
ΔNX	$\frac{-m}{s+m}$	$\frac{-m}{s+m}$	$\frac{-m}{s+m}$	$\frac{s}{s+m}$

주 : 국민소득에 동일한 승수 효과를 가져 오는 독립적 지출의 변화라도 국민소득의 각 계정에 미치는 효과는 상이하다. 위의 결과는 식(11.6)과 다음 식들을 이용하여 도출될 수 있다. $S+sY-(sT_0+C_0)$, $NS=sY-(C_0-T_0+G_0)$, $NS=mY+NX$

2. 국내외의 경제충격과 환율제도

국민소득의 안정을 거시정책의 우선과제로 삼을 때, 경제에 충격을 주는 교란요인이 주로 국외에서 발생하는 것인지 아니면 주로 국내에서 발생하는 것인지에 따라 고정환율제와 변동환율제의 대처능력이 달리 평가된다. 결론부터 이야기한다면, 국외교란요인에 대하여는 환율의 변화가 국내경제를 안정시키는 장점이 있어서 변동환율제가 고정환율제에 비해 유리한 반면, 국내교란요인에 대하여는 환율의 변화가 오히려 경제충격을 증폭시키는 단점이 있어서 변동환율제가 오히려 불리하다.

해외경기의 침체 등으로 인하여 수출수요가 감소하는 경우를 <그림7-2(a)>를 통해 보자. 수출수요가 감소하면 NX곡선이 하향이동할 것이고, 고정환율제의 경우 균형은 A점에서 이루어질 것이다. B점은 국내경기가 침체되고 경상수지가 악화된 상태이다. 앞서 2국 경제모형에서 논의한 바와 같이 고정환율제 하에서는 이와 같이 교역을 통해 한 나라의 경기가 다른 나라에 같은 방향을 파급되는 것이다. 그러나 변동환율제라면 경상수지의 악화가 환율의 상승을 초래할 것이므로[4] NX곡선은 다시 상향이동을 하여 원래의 균형 A점을 회복할 것이다. 이와 같이 환율의 변동은 국내경제를 해외의 경제충격으로부터 완충 혹은 차단(insulation)하는 역할을 하며, 환율의 변동이 자유롭지 못하면 국내경제는 그만큼 충격에 노출되는 것이다.

예를 들어보자. 구소련이 붕괴하면서 1991년 한 해 동안 구소련에 대한 핀란드의 수출은 총수출액의 13%에서 5%로 격감하였다. 핀란드 재화에 대한 수요의 감퇴를 극복하기 위해서는 핀란드 교역조건(EP^*/P)의 조정을 통한 국제경쟁력 회복이 요청되었다. 당시 핀란드 통화 마르카(markka)화는 다른 북유럽국가들과 마찬가지로 독일의 마르크화에 대해 환율을 사실상 고정하고 있었기 때문에, 교역조건의 조정이 실현되기 위해서는 핀란드 물가의 하락이 필요하였다. 그러나 물가의 경직성으로 인하여 디플레이션은 국내경기를 더욱 위축시킬 위험을 안고 있기 때문에 현실적으로 받아들일

4) 우리는 지금 자본수지가 극히 제한되어 있는 경제를 상정하고 있으며, 이에 따라 환율의 결정은 플로우 분석에 따라 이루어지는 것으로 이해된다.

수 없었다. 1991년 11월 마르카화의 평가절하가 있었지만 결과적으로 불충분하였고, 1992년 9월 변동환율제로 전환한 뒤 지속적인 절하가 계속되었다. 그리고 1999년에 와서는 유로화(€)의 창출과 함께 프랑화, 마르크화가 없어졌으며, 완전자유변동환율제의 시행과 함께 세계 각국은 환율불안에 노출되고 있다. 2008년 이후 특히 대외의존도가 높은 한국과 같은 국가들은 환율예측이 힘들어지면서 이것이 경제질서를 위협하고 있다.

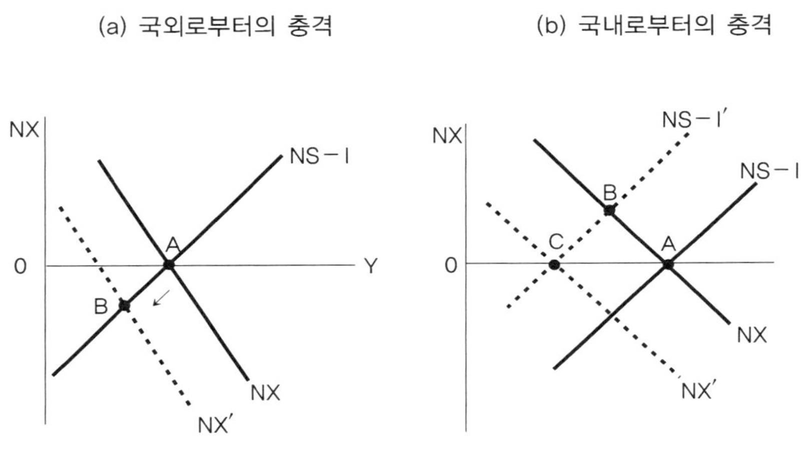

▶ 〈그림 7-2〉 경제충격과 환율제도

교란요인이 국내에서 발생하는 경우는 <그림 7-2(b)>에 나타나있다. 예를 들어, 국내의 투자가 감소할 때 $NX-I$선은 상향이동하고, 고정환율제에서는 균형이 B점에서 일어나 경기위축과 함께 경상수지 흑자를 보일 것이다. 그러나 변동환율제에서는 경상수지흑자가 환율의 하락을 가져와 NX선을 하향 이동시킴으로써 균형은 C점에서 이루어질 것이다(변동환율제에서의 승수값이 폐쇄경제에서와 동일해짐을 각자 확인해 보라). 이와 같이 국내의 경제충격에 대해 환율이 변동하게 되면 충격의 여파가 더욱 커진다.

1990년 이후의 일본 경제를 예를 들어보자. 1980년대의 거품경제가 꺼지면서 일본은 투자위축과 소비감소로 인해 경기가 위축되는 한편 막대한 경상수지흑자를 기록하게 되었다(1992년 현재 무역흑자는 사상 최대인 1조 3,240억 달러였으며 반면 투자는 0.8% 감소하였다). 만약 엔고 현상이 없었다면 일본의 흑자규모는 더욱 컸을 것이며, 경기의 위축은 그 정도가 훨씬 작았을 것이다. 엔고는 거품경제의 후유증으로 인한 일본경제의 침체를 더욱 악화시키는 결과를 초래한 것이다.

제2절 대내균형과 대외균형

1. 대내외균형의 의미

본 절에서는 대내균형과 대외균형이라는 두 가지 거시경제정책목표를 동시에 달성하는 문제를 다룬다. 거시경제정책은 흔히 성장, 물가 및 경상수지 등 세 마리 토끼를 한꺼번에 잡는 문제에 비유된다. 혼자서 한 마리 토끼를 좇아가 잡기가 그리 어렵지 않다 하더라도 그동안 다른 토끼들이 달아나 버리는 점을 감안해야 한다. 경제학에서는 흔히 위와 같은 문제를 두 마리 토끼의 문제로 단순화시켜 분석한다. 예컨대, 폐쇄경제를 주 대상으로 하는 거시경제학에서는 이 중 경상수지 문제를 제외하고 성장과 물가간의 문제를 중점적으로 다룬다. 반면에 본 절에서는 성장과 물가를 한데 묶음으로써 대내균형과 대외균형이라는 두 가지 정책목표로 단순화시켜 다룰 것이다.

본 절에서 대내균형은 완전고용상태를 의미하는데, 이는 성장과 물가간의 상충관계를 고려하여 물가를 불안하게 하지 않는 적절한 성장수준을 나타내는 것이다. 총공급 충격은 없고 총수요 충격만 있는 경우에 성장과 물가 간에 일정한 필립스곡선을 그려 볼 수 있음은 거시경제학에서 이미 어느 정도 배웠을 것이다. 필립스곡선에 따르면 고도성장을 할 때에는 실업률이 낮아지고 소득이 높아지나 물가상승이 심해지고, 성장률을 낮추면 물가안정은 달성할 수 있지만 실업률이 높아지고 소득이 낮아진다. 실업과 인플레이션 중 어느 한쪽의 개선에 치중하게 되면 다른 한쪽이 악화되므로 어느 쪽도 완전히 없애지 못하고 적당한 실업률과 적당한 인플레이션율을 조화시키는데 만족할 수밖에 없는데, 이러한 타협이 이루어진 상태가 곧 완전고용상태이다. 물론 총공급 충격이 발생할 때는 필립스곡선 자체가 이동하기 때문에 실업과 인플레이션간의 관계가 훨씬 더 복잡해지게 되는데 이러한 문제는 폐쇄경제 거시경제학에 맡기고, 여기에서는 총공급 충격이 발생하지 않는다는 가정을 채택하여 대내균형문제를 단순화시키고, 대신 대외균형과의 조화문제에 치중하기로 한다. 국제수지가 바람직한 상태에 있는 것을 가리켜 대외균형이라 하는데, 그 의미는 대내균형의 의미보다 더 불투명하다. 예컨대, 경제개발 초기단계에서는 경상수지가 적자로 되는 것이 바람직할 수 있으며, 통화공급이 과다할 때에는 종합수지가 적자로 되는 것이 바람직할 수 있다. 물론 이때에도 수지가 적자라고 다 좋은 것은 아니며, 주어진 경제여건에 비추어 특정한 적정 적자폭이 존재할 것이다. 본 절에서는 이러한 문제를 대폭 단순화시켜 경상수지가 0인 상태를 대외균형이라 하겠다. 대내균형과 마찬가지로 대외균형도 단순화시킴으로써 우리는 두 균형 간의 상충 및 조화의 문제에 관심을 집중할 것이다.

대내균형과 대외균형은 바람직한 경제상태, 즉 경제정책목표를 나타내는 것으로, 수요와 공급이 일치한다는 의미의 시장균형이나 혹은 더 이상의 변화가 없다는 의미의 동태적 균형과 혼동되어서는 안 된다. 주어진 여건 하에서 경제는 대내외균형에서 벗어나 있을 수 있는데, 이는 경제가 바람직한 상황에 있지 않음을 의미하는 것이다. 이때 정부는 경제를 바람직한 상태로, 즉 대내외균형으로 이끌어 가고자 각종 경제정책을 집행하게 된다. 혼동을 피하기 위해서는 대내외 균형목표라 하는 것이 더 적절할 것이나 여기에서는 관례상 그저 대내외균형이라 하겠다.

2. 대내외균형곡선

아래의 식(7.8)은 앞서의 식(7.5)를 재수록한 것이다.

$$Y = A + NX \quad \cdots\cdots (7.8)$$
$$A = A_0 + cY$$
$$NX = NX_0 - mY$$

앞서와 마찬가지로 A와 NX는 국민소득에 따라 변화하는 부분과 국민소득과 관계없이 독립적으로 변화하는 부분으로 나뉘어 표현되고 있다. 독립적 국내총지출(A_0)에 영향을 주는 요인으로는 재정정책이나 통화정책과 같은 정부정책, 소비풍조나 투자의욕과 같은 민간경제행동을 들 수 있다. 반면, 독립적 경상수지(NX_0)는 우리나라 제품의 가격경쟁력 및 품질경쟁력, 국내외의 각종 무역장벽 그리고 해외경기 등에 의해 영향을 받는다. 정부는 환율정책을 통해 가격경쟁력에 영향을 미치거나 무역장벽을 조절함으로써 NX_0를 변화시킬 수 있다.

각종 정부정책, 민간경제행동 및 해외경제사정에 따라 A_0와 NX_0가 주어진 상태에서 식(7.8)은 다음과 같이 단기균형 국민소득과 단기 균형 경상수지를 결정한다.

$$Y = \frac{1}{s+m}[A_0 + NX_0] \quad \cdots\cdots (7.9)$$
$$NX = \frac{1}{s+m}[sNX_0 - mA_0] \quad \cdots\cdots (7.10)$$

이와 같이 결정된 단기균형 Y와 NX는 A_0와 NX_0의 크기에 따라 대내균형 또는 대외균형 상태에 있을 수도 있고, 있지 않을 수도 있다. 완전고용 국민소득수준을 Y^F라 할 때 대내균형조건은 $Y = Y^F$로 표현되며, 이 조건을 식(7.9)에 적용하면 대내균형을 달성시키는 A_0와 NX_0의 조합을 다음과 같이 구할 수 있다.

대내균형(II선): $A_0 + NX_0 = (s+m)Y^F \Leftrightarrow Y = Y^F$ ························ (7.11)

대내불균형 : $A_0 + NX_0 \neq (s+m)Y^F \Leftrightarrow Y = Y^F$

식(7.11)을 그림으로 나타낸 것이 <그림 7-3(a)>의 II선이다.

대내균형을 달성하는 A_0와 NX_0의 조합을 나타내는 II선상의 임의의 한 점으로부터 오른쪽으로 혹은 위로 이동하면 A_0 혹은 NX_0가 증가함에 따라 국민소득이 완전고용수준을 넘어서서 경기과열을 초래하게 된다. 반면, 왼쪽으로 혹은 아래쪽으로 이동하면 A_0 혹은 NX_0가 감소함에 따라 국민소득이 완전고용수준에 못 미치는 경기침체현상이 나타난다.

A_0의 증가가 NX_0의 적절한 감소를(혹은 A_0의 감소가 NX_0의 적절한 증가를) 수반할 때 완전고용수준을 유지할 수 있으며, 이러한 이유로 II선은 우하향하게 된다. 쉽게 말해서, 내수와 수출이 모두 잘되면 경기가 과열되고 둘 다 안 되면 경기가 침체하므로, 하나가 잘 될 때는 다른 하나가 어느 정도 진정되어야 실업과 인플레이션을 적절히 조화시키는 완전고용상태에 머물 수 있다는 것이다.

대외균형조건 $NX=0$을 식(7.10)에 적용하면 다음과 같이 XX선을 얻을 수 있다.

대외균형(XX선) : $A_0 = \frac{s}{m}NX_0 \Leftrightarrow NX = 0$ ································ (7.12)

대외불균형 : $A_0 \neq \frac{s}{m}NX_0 \Leftrightarrow NX = 0$

<그림 7-3(b)>에서 대외균형을 달성하는 A_0와 NX_0를 나타내는 XX선상의 임의의 한 점으로부터 오른쪽으로 혹은 아래로 이동하면 A_0가 증가 혹은 NX_0가 감소함에 따라 경상수지가 적자로 되며, 반면 왼쪽으로 혹은 위쪽으로 이동하면 A_0의 감소 혹은 NX_0가 증가함에 따라 경상수지가 흑자가 된다. A_0의 증가가 NX_0의 적절한 증가를(혹은 A_0의 감소가 NX_0의 적절한

감소를) 수반할 때 경상수지의 균형을 유지할 수 있으며, 이러한 이유로 XX 선은 우상향하게 된다. 쉽게 말해서, 내수의 과열은 수입을 증가시키기 때문에 수출과 내수의 증가가 적절히 조화를 이루면 경상수지는 균형을 유지할 수 있게 된다는 것이다.

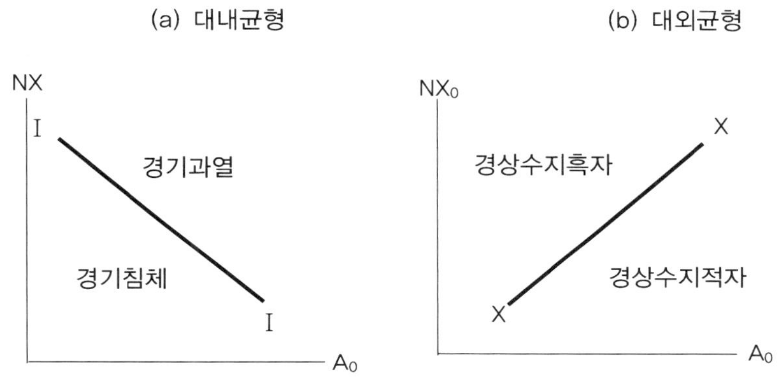

〈그림 7–3〉 대내균형과 대외균형

A_0와 NX_0가 <그림 7-3>의 (a)와 (b)를 동시에 나타낸 것이 <그림 7-4(a)>이다. 적절히 유지되면 경제는 대내외균형을 모두 충족시키는 E점과 같은 곳에 위치할 것이다. 그러나 경제에 끊임없이 가해지는 여러 가지 충격은 경제를 다른 곳으로 여기저기 끌고 다니게 되며, 경제정책 담당자는 이때마다 성장, 물가, 경상수지 등 세 마리 토끼를 잡기 위해 각종 경제정책을 발표하여 신문을 장식하는 것이다.

예컨대, 1990년 우리나라는 주택난 해소를 위해 주택 200만 호 건설을 적극 추진하였는데,[5] 당시 24%에 달한 총고정자본형성 증가율이 보여 주듯이

5) 지난 정부시절 정부주도의 주택 200만 호 건설정책은 정책입안자가 추구하는 정책목표에 대내균형과 대외균형이라는 거시경제목표 이외에도 주택난 해소라는 또 다른 목표가 있음을 의미한다. 여기서 대내외균형으로부터의 이탈은 제3의 목표를 동시에 고려할 때 오히려 바람직한 것일 수도 있다. 이는 실업률 0인 상태가 실업률목표만 볼 때는 최상이지만 인플레이션을 고려하면 약간의 실업률을 허용하는 것이 더 낫다는 논리와 같은 맥락이다. 문제는 주택난 해소에 따른 이득이 대내외균형으로부터의

건설투자의 폭증은 증가를 통해 경제를 <그림 7-4(a)>의 F점과 같은 곳으로 밀어내었다. 이 해에 우리나라는 성장률 9.3%, 소비자물가상승률 8.6%의 경기과열과 22억 달러에 가까운 경상수지적자를 기록하였다. 정부는 이에 따라 과소비 자제를 호소하는 한편 1991년 5월에 건설경기 진정대책을 마련함으로써 A_0의 감소를 꾀하였다. 이에 반해 1986~88년의 소위 3저 호황기에는 NX_0가 대폭 증가하여 G점에서와 같이 경기과열과 경상수지의 흑자를 초래하였다. 이와 같이 같은 경기호황이라도 그것이 내수 때문이냐 수출 때문이냐에 따라 경상수지에 미치는 영향은 정반대로 나타난다.

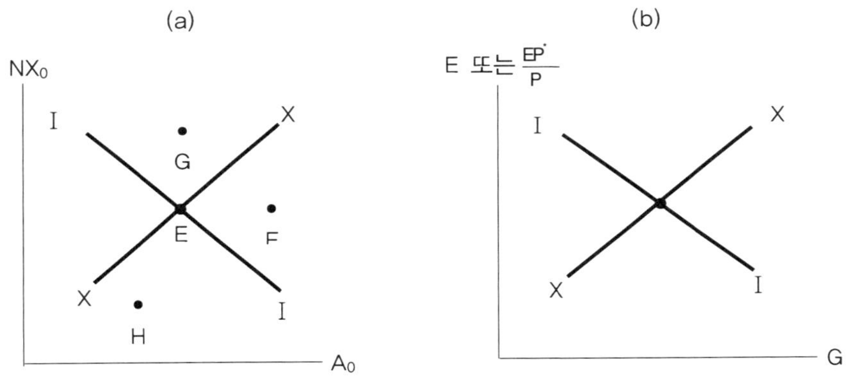

▶▶ 〈그림 7-4〉 대내외균형의 동시달성

1992년의 4.7% 성장과 45억 달러의 경상수지적자는 H점과 같은 곳에 해당한다고 하겠다(소비자 물가상승률은 6.2%로 1990~91년에 비해 낮아졌다). 총고정자본형성 증가율이 마이너스 1.8%로 떨어지는 등 A_0는 지나칠 정도로 위축되었고, 세계경기가 침체하고 우리나라의 수출경쟁력이 약화됨에 따라 수출이 부진하여 NX_0마저 하락한 결과이다.

이탈에 따른 비용을 감당할 만한가 하는 것이다. 이 문제를 제대로 파악하려면 다시 3차원의 모형을 만들어야 할 것이다. 후술하는 틴버겐의 법칙과 연관 지어 본다면 3개의 목표를 달성하기 위해서는 3개의 정책수단이 필요하다고 할 수 있다.

3. 지출조정정책과 지출전환정책

대내균형과 대외균형의 문제에 있어서 국내총지출(A_0)을 변화시키는 정책을 지출조정정책, NX_0를 변화시키는 정책을 지출전환정책이라 한다. 지출조정정책으로는 정부지출의 조정이 그 대표적인 예이며, 그 밖에도 소비와 투자수준에 영향을 주는 각종 세제정책과 통화정책을 들 수 있다. 이들은 모두 국내총지출의 전체적인 규모를 변화시키는 정책이다. 이에 비해 지출전환정책은 지출수준의 변화 없이 지출대상을 국산품에서 수입품으로 혹은 그 반대로 전환시키는 정책으로써 환율정책이 대표적이며, 그 밖에도 각종 관세 및 비관세장벽을 이용한 무역정책을 들 수 있다.

지출전환정책의 핵심은 재화간의 상대가격을 변화시키는 데 있다.

국내재의 국내화폐표시가격을 P, 외국재의 외국화폐표시가격을 P^*, 외국화폐의 국내화폐표시가격을 E라 할 때, 외국재의 국내화폐표시가격이 EP^*가 되므로 국내재로 표시된 외국재의 상대가격은 EP^*/P가 된다.6) EP^*/P는 가격면에서 본 우리 상품의 '국제경쟁력'이라 할 수 있으며, '교역조건' 혹은 '실질환율'이라고도 불린다. 환율정책의 경우 자국화폐를 평가절하하면 E의 상승으로 우리의 국제경쟁력 EP^*/P가 상승한다. 다시 말해서, 국산품이 상대적으로 싸지고 수입품이 상대적으로 비싸지므로 수입품을 덜 사고 대신 국산품을 사게 되어 지출을 수입품에서 국산품으로 전환하게 된다. 외국인의 경우에도 그들의 지출을 그들 상품에서 우리 상품으로 전환하게 된다. 마찬가지로 관세는 수입품 가격을 올림으로써 그리고 수출보조금은 수출품 가격을 낮춤으로써 각각 소비자가 당면하는 EP^*/P에 영향을 미친다.7)

환율의 변화가 A_0에 아무런 영향을 미치지 않는다고 가정하면 환율정책 등은 지출수준에 아무런 영향을 미치지 않는 순수한 지출전환정책으로 취급할 수 있다.

지출조정정책의 대표적 수단으로 정부지출(G), 지출전환정책의 대표적 수

---

6) 여기에서 국내재와 외국재는 모두 교역재라고 가정한다. 비교역재를 고려하는 경우에 관한 논의는 뒤에 별도로 할 것이다.

7) 평가절하는 관세와 수출보조금을 동시에 시행하는 효과를 가지며, 수입할당제(quota)는 관세와 비슷한 효과를 갖는다.

단으로 환율(E)을 들어 <그림 7-4(a)>를 다시 그린 것이 <그림 7-4(b)>로써 비슷한 그림을 국내외 여러 교과서에서 찾아볼 수 있다. <그림 7-4(a)>는 환율(E)이 증가할 때 NX_0가 증가한다는 것을 전제로 그린 것이며, 이는 앞서 논의한 바 있는 마셜－러너 조건이 충족된다고 가정한 것이다.

4. 정책의 딜레마

대내균형과 대외균형을 동시에 달성하기 위해서는 A_0와 NX_0를 동시에 움직이는 것이 매우 중요하다. 예컨대, <그림 7-4(a)>의 H점과 같은 상황에서 A_0만을 움직일 수 있다고 하면 정책담당자는 딜레마에 빠지게 된다. 경기회복을 위해 내수를 부추기면 H점에서 오른쪽으로 Ⅱ선에 도달할 수는 있지만, 경기회복에 따라 수입이 증가하여 경상수지적자가 더욱 악화하면서 XX선에서 더욱 멀어진다. 반면, 경상수지 회복을 위해 내수를 줄이면 H점에서 왼쪽으로 XX선에 도달하지만, 경기침체가 가속화하여 Ⅱ선에서는 더욱 멀어지는 것이다. 두 마리 토끼를 쫓는데 두 사람이 필요하듯 두 가지 정책목표를 달성하는 데에는 최소한 두 가지 정책수단이 필요하다. 이를 일반화하면 n개의 정책목표달성에 n개의 정책수단이 필요하다는 것을 알 수 있는데, 이를 틴버겐의 법칙(Tinbergen's rule)이라 한다.

만약 어떠한 제약으로 인해 n개의 정책수단 중 일부를 사용하지 못한다면, 나머지 정책수단만 가지고는 n개의 정책목표를 한꺼번에 달성할 수가 없게 된다. 이때 정책담당자는 n개의 정책목표 중 일부를 포기할 수밖에 없는 곤경에 빠지게 되는데, 이러한 상황을 가리켜 정책의 딜레마라고 한다.[8] 여기에서 정책수단의 가짓수는 정책목표와 정책효과를 감안하여 따져야 한다. 예컨대, A_0을 움직이는 정책수단을 아흔아홉 가지 가졌다고 하더라도 NX_0을 움직이는 수단이 별도로 없다면 대내, 대외균형의 문제에서 가용한 정책수단은 본질적으로 한 가지에 불과한 것이다.

8) 거시경제학에서의 실업과 인플레이션간의 딜레마도 같은 맥락에서 이해될 수 있다. 총수요 관리정책과 총공급정책이 동시에 효과적으로 사용된다면 실업과 인플레이션은 동시에 해결될 수 있다. 그러나 일반적으로 단기에서는 총공급 정책의 효과가 별로 나타나지 않으므로 정책입안자는 총수요관리정책만 가지고 딜레마를 빠지는 것이다.

사례 연구

대외균형(경제여건에 맞는 경상수지 균형)과 대내균형(잠재성장률을 초과하지 않는 물가, 성장간의 균형)을 조화시키는 폴리시 믹스(Policy Mix)

선조들이 생산주체인 농업의 우대를 위해 '농자천하지대본(農者天下之大本)'이라 한 것처럼 현대산업사회에서 기업이 생산주체인 만큼 '기업천하지대본(企業天下之大本)'을 해야 한다는 주장이 나와 관심을 끌고 있다.

재정경제부에서 전국경제인연합회에 파견나와 있는 신제윤 국장은 지난 13일 강원도 오크밸리에서 열린 전경련 출입기자단 세미나에서 '우리 경제에 대한 몇 가지 생각'이란 주제발표를 통해 "기업에 대한 부정적 인식보다 일자리 창출과 세금납부 등 긍정적 인식을 바탕으로 기업관의 변화를 유도해야 한다"며 이같이 말했다.

신 국장은 "소규모 개방경제인 우리나라는 다음 세대엔 선진국(대규모 개방경제) 으로 진입하기 위해 절대절명으로 노력해야 한다"며 우리 경제를 미국 프로야구 메이저리그 진입을 위해 노력하는 프로 구단으로, 기업은 프로 선수로 비교하고 "프로 선수인 기업을 돕기 위해 정부. 언론. 국민이 글로벌마인드를 가져야 한다"고 밝혔다.

신 국장은 우리 경제를 미국 프로야구로 치면 트리플A 구단 수준이라고 비교한 뒤 "메이저리그 진입을 위해서는 리그 규칙에 따르면서 프로선수인 기업이 최고 경쟁력을 가질 수 있도록 후원하는 것이 중요하다"고 강조했다.

또한 "대외균형(경제여건에 맞는 경상수지 균형)과 대내균형(잠재성장률을 초과하지 않는 물가·성장간의 균형)을 조화시키는 폴리시 믹스(Policy Mix)가 정부가 해야 할 가장 중요한 일이나 물가와 1인당 GDP 1만 달러 달성을 위해 저환율을 유지했던 외환위기 직전의 상황은 폴리시 믹스의 대표적 실패 사례"라고 지적했다.

대외균형과 관련한 잘못된 믿음으로 경상수지가 다소 적자라도 종합수지가 균형이면 괜찮다. 주식시장보다는 채권시장에 대한 외국인 투자가 안전하다. 외국인 투자자중 건전한 투자자와 헤지펀드를 구별해야 한다는 것 등을 예시했다.

그는 "예금·채권 위주의 자산운용으로는 외부 충격시 부채에 대한 일시상환 요구가 집중되면 미스매치 문제를 해결할 수 없어 이를 주식시장 위주로 바꿔야 한다"며 "경영권에 관심 없는 금융기관·연기금·사모투자펀드(PEF)의 주식투자가 확대되면 외국인의 경영권 인수 위협 문제도 해결이 가능할 것으로 보인다"고 분석했다.

외환위기 이후 리스크 회피현상으로 설명될 수 있는 'IMF(국제통화기금) 증후군'이 나타나 이를 극복해야 한다는 점을 강조하면서 "우리 경제가 이만큼 발전한 것은 위험을 감수하더라도 실패를 두려워하지 않는 과감성 때문임을 감안할 때 앞으로 '대박신화'나 '인생역전'과 같은 역동성을 강조해야 한다"고 말했다.

신 국장은 "중소기업 문제는 결국 기술력으로 풀어야 할 것으로 보여 다소의 모럴해저드를 감수하더라도 정부가 중소기업 기술투자에 돈을 써야 한다"며 대기업의 중소기업에 대한 거래관행, 중소기업의 기술보호 문제는 공정거래 차원에서 개선을 유도하거나 보호해야 한다고 밝혔다.

이어 전경련 이승철 상무는 2005년 경제전망과 정책과제란 주제발표에서 "외환위기 이후 우리 경제의 사이클이 짧아지면서 체질적으로 문제가 있는 것으로 나타나 뭔가 우리 경제에 적신호가 켜졌다"며 "최근 체감경기에는 착시현상이 있는 것 같고 민간소비도 내년까지는 크게 늘기는 어려울 전망"이라고 예상했다.

이 상무는 대기업 문제와 관련, "정경유착·내부거래·분식회계·접대비 등에 대해 마치 대기업만의 문제인 것으로 간주하는 부정적 시각이 있는데 이는 대기업만의 문제가 아니다"라며 대기업에 의한 경제력 집중이나 문어발식 확장 문제도 미국 등 선 진국과 비교하면 큰 차이가 없다고 반박했다.

그는 "출자총액제한 제도, 대규모기업집단지정제도 등 우리나라의 대기업 정책은 글로벌 트렌드와는 정반대인데다 1900년대 초반의 미국 공정거래정책 쪽으로 가고 있다"고 반발하면서 "공정위가 강제조사권까지 갖게 되면 엄청난 권한을 갖게 되기 때문에 이를 반대한다"고 주장했다.

이 상무는 이에 따라 경제정책 과제로 저금리 지속 등 확장적 거시정책 기조를 유지하면서 투자관련 규제를 일괄적으로 해소해 투자심리 회복 및 기업투자 촉진에 나서고 대규모기업집단지정제도나 출자총액제한제도, 수도권 입지규제 등을 완화해 대기업의 활력을 제고시켜야 한다고 강조했다.

<헤럴드 뉴스, 지난 기사>

part 4

국제수지 조정정책론

CHAPTER 8

국제수지 조정이론

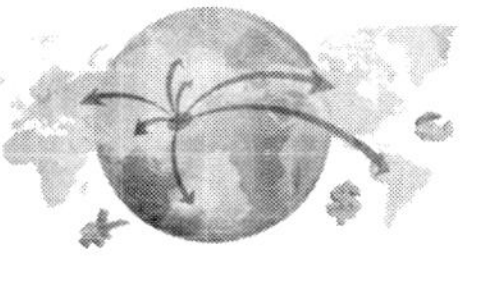

INTERNATIONAL FINANCIAL

이 장에서는 국제수지조정에 관한 이론에 관해 살펴보게 된다. 국제수지조정이론은 시대와 환경에 따라 다양한 형태로 발전되어 왔으나 모두 상호간에 유기적이고 일관성 있는 이론으로 발전되어 왔다. 국제수지조정의 의의와 이론적 접근법에 관해 단계별로 구분하여 고찰하고자 한다.

제1절 국제수지 조정의 의의와 조정과정

1. 국제수지조정의 의의

국제수지의 조정이란 한 국가의 대외거래에 있어서 수입과 지급의 총괄적 집계인 국제수지가 균형의 상태를 벗어나는 경우 이 불균형의 상태를 조정하는 것을 말한다. 불균형이 지급초과(적자)가 된다는 것은 화폐용 금 및 외환보유액이 한도가 있고, 국내물가가 상승할 우려가 있기 때문에 바람직하지 않으며, 수취초과(흑자)가 된다는 것 역시 다른 교역상대국의 적자를 발생시킴으로써 종국적으로는 그 영향이 자국의 수출부진으로 파급될 수 있기 때문에 바람직하지 않다. 따라서 국제수지가 적자이든 흑자이든 간에 불균형은 바람직한 상태가 아니므로 각국은 국제수지 균형을 위해 여러 가지 조정을 하게 된다.[1)]

2. 국제수지의 조정과정

1) 국제수지의 조정경로

한 나라의 국제수지의 균형으로부터 이탈했을 때 다시 균형으로 복귀되는 과정은 자동적 조정(automatic adjustment)에 의한 과정과 조정정책(adjustment policies)에 의한 과정으로 구분할 수 있다. 자동적 조정은 정부의 개입 없이 시장세력에 의해 국제수지가 균형으로 복귀되는 과정을 말하고, 조정정책은 정부가 의도적으로 국제수지의 불균형을 제거하는 방법을 말한다.

변동환율제도하에서는 원칙적으로 국제수지의 불균형을 시정하기 위한 정부의 조정정책은 불필요하게 된다. 즉, 환율이 시장의 수급세력에 의해 자유롭게 변동하는 변동환율제도하에서 국제수지의 균형은 외환시장에서 환율의 변동을 통해 자동적으로 달성된다.

한편 고정환율제도하에서 국제수지의 자동적 조정은 가격과 소득의 변동을 통해 이루어진다. 그러나 자동적 조정메커니즘은 실업이나 인플레이션과 같은 사회적 비용을 수반하게 된다는 단점이 있다. 조정정책은 이와 같은 사회적 비용을 감소시키기 위해 정부가 의도적으로 국제수지의 균형을 달성하고자 하는 방법이다.

국제수지의 조정과정은 사실 그것이 자동적이건 또는 정책적이건 간에 가격의 변동이나 소득의 변동 또는 양자가 동시에 발생함으로써 이루어지며, 그 밖의 국제수지 조정은 화폐적 조정(monetary adjustment)과정을 통해 분석할 수도 있다. 또한 국제수지 조정은 무역제한수단과 같은 정부의 인위적인 통제에 의해서 이루어질 수도 있다.

---

1) 최낙복, 『국제금융』, 도서출판 두남, 2007, pp.332~335.

2) 국제수지의 자동적 조정

국제수지가 불균형을 보일 때 국제수지의 조정과정이 작동한다. 국제수지가 불균형일 경우 그것은 주어진 환율제도의 제약 하에서 국제수지를 좌우하는 요인들인 가격, 소득, 이자율, 화폐공급 등을 변화시킨다.

환율제도가 고정환율제도라면 국제수지의 불균형은 우선 외환보유고의 변동을 가져오고, 다음으로 통화량에 변화를 가져온다. 그리고 이러한 통화량의 변화에 따라 이자율이 변화하고 소득이 변화하며, 가격도 변화하게 된다.

환율제도가 자유변동환율제도라면 국제수지의 불균형은 우선 환율을 변화시키고, 환율변화는 다시 상대가격을 변화시킴으로서 소득의 변화, 이자율의 변화, 통화수요의 변화 등을 유발한다.

환율제도가 관리변동환율제도라면 국제수지의 불균형은 우선 다소간의 통화량의 변화와 다소간의 환율의 변화를 가져온다. 다음으로 이들 변화는 각각 고정환율제도에서의 통화량의 변화 또는 자유변동환율제도에서의 환율의 변화가 그러했던 것처럼 소득, 가격, 통화의 수요나 공급을 변화시킨다.

국제수지의 불균형에 따라 변화하는 가격, 소득, 이자율, 화폐공급 등은 국제수지의 불균형을 해소하는 방향으로 움직인다. 예컨대 고정환율제도 아래에서 국제수지의 흑자가 있을 경우 통화량이 증대되면 그에 따라 가격이 상승하고 이자율이 떨어지며 소득이 커지는데 이들은 모두 국제수지의 흑자를 줄이는 방향으로 작용한다.

또 자유변동환율제도 아래에서 국제수지의 적자가 나타났을 경우 환율이 상승(즉, 자국통화의 평가절하)하게 되고, 그에 따라 자국상품의 가격이 해외에서 상대적으로 하락하는 한편 외국상품의 가격은 국내에서 상대적으로 상승하게 되어 무역수지를 개선하게 된다. 이와 더불어 환율상승에 따라 일반물가가 오르고 실질소득이 떨어지게 되는데, 이것도 무역수지를 개선하게 된다. 또 국내에서의 이자율 상승도 자본수지를 개선한다.

이처럼 국제수지의 불균형이 있게 되면 국제수지를 좌우하는 요인의 전부 또는 일부가 변동하게 되는데, 이들은 대체로 당시의 국제수지의 불균형을 줄이거나 해소하는 방향으로 작동한다.

국제수지의 불균형이 있을 때 이처럼 가격, 소득, 화폐의 수요나 공급이 변화하면서 국제수지의 불균형이 시정되어 국제수지의 균형이 이루어지게 되는 과정을 국제수지의 조정과정(valance of payments adjustment process)이라고 한다. 국제수지의 조정과정은 실제로는 가격, 소득, 이자율, 화폐의 공급 등이 동시에 변화하면서 진행된다. 그러나 이러한 조정과정을 이해하는 데 있어서 이들의 움직임을 한꺼번에 관찰하기보다는 그것을 가격, 소득, 이자율, 화폐의 공급 등의 몇 가지 단면으로 나누어 이들 각각과 관련되는 움직임을 개별적으로 관찰하는 것이 편리하다.

우선 가격의 변화를 통하여 국제수지의 조정이 이루어지는 단면을 가격조정기구(price adjustment mechanism), 소득의 변화를 통해 국제수지의 조정이 이루어지는 단면을 소득조정기구(income adjustment mechanism), 화폐의 수요나 공급이 변화하면서 국제수지의 조정이 이루어지는 단면을 통화조정기구(monetary adjustment mechanism)라고 한다. 예를 들면 가격의 상승 → 국제수지의 적자 → 가격의 하락 → 국제수지의 균형회복의 단면을 가격조정기구라 부르고, 소득의 증가 → 국제수지의 적자 → 소득의 감소 → 국제수지의 균형회복의 단면을 소득조정기구라고 부른다. 또 화폐의 초과공급(공급의 과다 또는 수요의 과소) → 국제수지의 적자 → 화폐의 초과공급의 해소 → 국제수지의 균형회복의 단면을 통화조정기구라고 부른다.

각종 국제수지의 조정기구를 통한 국제수지의 조정은 불균형상태의 국제수지를 균형 상태로 이행해 가도록 한다. 가격, 소득, 화폐의 수요나 공급의 변화를 내용으로 하는 자동조정메커니즘의 있어서 불균형인 국제수지는 균형으로 회복하게 된다.

국제수지 조정문제에 대한 접근방법은 상대가격효과를 분석의 중심으로 하는 탄력성 접근(Elasticity approach), 국민경제의 지출행위를 중심으로 분석하는 알랙산더(S.S Alexander)의 압솝션 접근(Absorption approach) 그리고 화폐잔고의 변화가 일으키는 자산효과를 중심으로 분석하는 화폐론적 접근(Portfolio balance approach) 등으로 나눌 수 있다.

제2절 국제수지조정의 이론적 접근

1. 탄력성 접근

무역수지의 차액에 초점을 두고 수출입의 수요 및 공급의 가격탄력성을 가지고 여건이나 환율이 변화하였을 때의 국제수지 변화를 분석한다. 즉, 국제수지적자는 경상수지 적자 혹은 자본수지 적자에 의해 생기는 것인데, 자본수지를 무시하면 국제수지는 주로 수출, 수입의 크기와 가격변화에 의존하므로 수출입의 변화를 부분균형 분석방법에 의해 여러 가지 탄력성을 원용해 분석하는 것이 탄력성 접근이다.

2. 압솝션 접근

알랙산더(S.S. Alexander)에 의하면 경상수지 = 국민총생산 − 국내총지출이므로, 국제수지 적자는 국내 총지출이 국민총생산을 초과하기 때문에 발생한다. 따라서 국민총생산을 증대시키되 국내총지출의 증가를 국민총생산의 증가분 이하로 억제하여야 국제수지적자가 해소될 수 있다는 것이다.

3. 화폐적 접근

금융부분에 의한 증권매입이 없다면, 국제수지 불균형은 민간부문에 있어서의 자산선택의 결과를 반영하는 것이다. 민간부문의 화폐에 대한 수요는 재화가격수준, 증권가격(이자율), 소득수준, 각종자산의 초기 보유량에 의존하는데, 이와 같은 자산선택의 결과로서 민간부문이 기말에 보유하고자 하는 화폐량(L)이 기초에 갖고 있던 화폐량(L_0)과 꼭 같으면 국제수지는 균형된다. 국제수지균형이 파괴되는 것은 가격, 소득, 이자율의 변화에 대응하여 민간부문이 화폐보유잔고를 조절하기 때문이다.

즉, 어떤 기간 중의 국제수지가 흑자가 된 것은 민간부문이 화폐보유량을 증가시켰기 때문이다.

제3절 환율제도와 국제수지조정

1. 금본위제도

금본위제도하의 국제수지 조정은 가격·정화이동 메커니즘(price-specie flow mechanism)에 의해 설명되는데, 이 이론은 화폐수량설이 타당하다는 즉, 일국의 화폐공급 감소는 일반물가 수준을 하락시키고 화폐공급 증가는 물가수준을 상승시킨다는 기본 가정에 의해 뒷받침 되고 있다.

일국이 국제수지 적자에 직면하면 금이 유출되어 화폐공급이 감소된다. 화폐공급이 감소하면 그 나라는 완전 고용상태 하에서 일반물가수준이 하락하므로 수출이 촉진되고 수입이 억제된다. 흑자국은 이와 반대의 현상이 국제수지 불균형이 완전히 해소될 때까지 계속된다.

또한 국제수지 적자국에서는 화폐공급 감소에 따라 이자율이 상승하고 흑자국은 이자율이 하락함으로써 단기자본이 흑자국에서 적자국으로 이동되어 국제수지조정과정이 촉진된다.

즉, 금본위제하에서는 국제수지 적자 혹은 흑자가 국내물가변화에 의해 자동적으로 조정되는 것이다.

2. 변동환율제도

변동환율제도하에서는 수입과 수출이 항상 일치하므로 자본거래가 있다면 국제수지 불균형이 문제되지 않는다.

그러나 자본의 유출입이 있다면 종합수지는 균형이 되어 외환에 대한 수요와 공급이 일치한다고 해도 경상수지는 균형이 되지 않는 것이 보통이다. 예컨대 외국의 이자율 상승은 국내자본의 해외유출을 가져올 것이고 이는 외환 수요를 증대시켜 환율을 상승시킬 것이다. 또한 환율상승을 수출을 증대시키고 이로 인한 초과수출은 국민소득 결정에 있어서 새로운 유입이 되어 승수배만큼 소득을 증가시킬 것이다.

이와 같이 자본의 유출입을 고려할 때 경상수지가 균형을 이루지 않는다 해도 종합수지는 균형을 이루므로 근본적으로 변동환율제도하에서는 국제수지표상의 국제수지불균형은 그렇게 문제되지 않는다.

3. 고정환율제도

고정환율제도하에서 환율의 평가절하가 국제수지에 어떤 영향을 미치는가 하는 것을 세 가지 접근 방법에 의해서 다루어 보자.

1) 탄력성 접근(Elasticity Approach)

국제수지는 다음과 같이 표시할 수 있다.

$$B = P_\chi \cdot X(P_\chi) - P_m \cdot M(P_m)$$

P_x : 자국화폐단위로 표시한 수출재 가격

P_m : 자국화폐단위로 표시한 수입재 가격

자국의 수출·수입은 외국의 수입·수출을 의미하므로

$$M(P_m) = X^*(\frac{P_m}{e}) \quad X(P_x) = M^*(\frac{P_x}{e})$$ * : 외국표시 e : 환율표시

여기서 국제수지는 수입재와 수출재 가격에 의해 결정됨을 알 수 있다. 상기 3개식을 전미분해서 정리하면 환율의 평가절하에 따라 국제수지가 개선되기 위한 조건은 다음과 같다.

$$\frac{\eta\eta^*(1+\epsilon+\epsilon^*)+\epsilon\epsilon^*(\eta+\eta^*-1)}{(\epsilon^*+\eta)(\epsilon+\eta^*)}>0$$

ε : 수출의 가격탄력성　　η : 수입의 가격탄력성　　* : 외국표시

이를 로빈슨－메츨러의 안정조건(Robinson-Metzler Stability Condition)이라고 한다. 그런데 위의 조건이 충족되기 위해서는 분자의 우항인 $\epsilon\epsilon^*(\eta+\eta^*-1)>0$이어야 하는데, 이는 $\eta+\eta^*>1$이면 된다.

이것은 외환시장의 안정조건인 마셜－러너의 조건(Marshall-Lerner Condition)이므로 마셜－러너조건은 평가 절하 시 국제수지가 개선될 충분조건이 됨을 알 수 있다.

2) 압솝션 조건(Absorption Approach)

두 나라의 물가수준이 고정되어 있다고 가정하면 환율의 변화는 상대가격의 변화로 해석할 수 있으므로 환율변화에 따른 국제수지 변화는 상대가격 변화에 따른 국제수지 변화로 바꾸어 생각할 수 있다. 국제수지의 국민소득을 다음과 같이 표시해 보자.

$$B=X(P)-P\bullet M(p,y) \qquad y=A(y)+X(p)-P\bullet M(p,y)$$

여기서 수입은 수입재의 수출재에 대한 상대가격과 실질소득의 함수이고, 수출은 상대가격만의 함수로 나타나 있다.

위 식을 보면 환율변화에 따른 상대가격변화는 소득수준에 직접적으로 영향을 주고 국제수지는 상대가격과 소득에 의해서 결정되므로 환율변화에 따른 국제수지 효과는 환율의 변화가 국제수지에 미치는 직접적인 효과와 소득에 영향을 주고 다시 국제수지에 영향을 주는 간접적인 효과 모두를 고려해야 한다.

상기 식을 전미분해서 평가절하가 국민소득 증가 및 국제수지 개선을 가져오기 위한 조건은 $\epsilon + \eta > 1$임을 알 수 있다. 실증적인 연구결과는 수입 및 수출의 가격탄력성의 합($\epsilon + \eta$)은 보통 1보다 크므로 평가절하가 국민소득 및 국제수지를 개선시킬 것으로 기대할 수 있다.

3) 화폐론적 접근(Portfolio Balance Approach)

화폐론적 접근방법에 의하면 평가절하 → 국내재화가격상승 → 실질현금잔고감소 → 현금잔고를 늘리기 위한 지출억제 → 수입수요감소 → 국제수지개선이 이루어진다.

그러나 통화론자들은 환율의 평가절하가 국제수지를 일시적으로 개선시킬 뿐이라고 보고 있다. 왜냐하면 평가절하에 따라서 국제수지가 개선되면 그에 따른 화폐유입이 결국 지출과 가격을 상승시키므로 그 효과는 일시적이라는 것이다.

4) 평가절하의 문제점

첫째, 평가절하 정책이 국제수지를 개선시키기 위해서는 탄력성 모형에서나 압솝션모형에서 탄력성 조건을 충족시켜야 한다. 따라서 수입과 수출이 모두 가격에 대해 비탄력적인 경우라면 평가절하 정책은 국제수지를 개선시킬 수가 없다. 이를 탄력성 회의(Elasticity pessimism)라 한다.

둘째, 평가절하에 따른 국제수지 개선효과의 시차(Time lag)를 정확하게 파악하기 힘든 경우 그 효과가 바람직하지 않은 방향으로 나타날 수 있다. 즉, 평가절하시 가격변화는 즉각 일어나 수출가격이 즉시 하락하지만 수량변화는 시간을 두고 일어나므로 단기적으로는 오히려 국제수지를 악화시키고 일정시간이 지나 국제수지가 이미 균형을 이루었을 때 그 효과가 나타나는 것이다.

이 현상을 J-curve 효과라 하는데, <그림 8-1>과 같다.

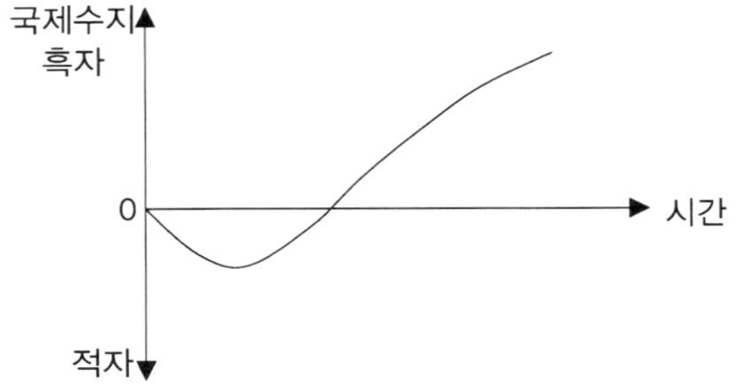

▶ 〈그림 8-1〉 평가절하의 J-curve효과

셋째, 평가절하가 국제수지를 개선시킨다 해도 경제부문에 많은 부작용을 초래할 수 있다. 즉, 평가절하는 소득을 재분배 시키고, 교역조건을 악화시키며 나아가 인플레이션을 초래할 가능성이 있다. 또한 빈번한 평가절하는 환투기를 가져와 <평가절하의 예상과 실현>이라는 악순환이 계속된다.

CHAPTER 9

국제수지 조정정책

INTERNATIONAL FINANCIAL

일국의 일반적인 경제정책목표는 대내적으로는 물가안정과 완전고용수준의 달성 및 유지에 두고 있으며 대외적으로는 국제수지균형의 달성에 두고 있다. 그러나 대내균형과 대외균형을 동시에 달성하는 데는 흔히 상충관계(trade off)의 경우가 많기 때문에 효율적 정책수단(efficient policy instruments)이 동원되어야 한다. 이 장에서는 대내균형과 대외균형을 전제로 소위 종합균형의 달성이 이루어지는 과정과 현재 각국이 채택하고 있는 국제수지조정을 위한 갖가지 정책에 관해 살펴보고자 한다.

제1절 종합균형의 달성

국제수지의 균형이 실업이나 인플레이션을 유발하면서 달성된다면 바람직하지 않으므로 완전고용과 물가안정이라는 대내균형과 국제수지균형이라는 대외균형이 함께 논의 되어야 하므로, 소위 정책결합이라는 문제가 전제된다.

1. 재정정책과 환율정책에 의한 종합균형달성

대내균형을 위해서는 재정정책, 대외균형을 위해서는 환율정책을 동시에 사용함으로써 대내외균형이라는 두 가지 목표를 동시에 달성할 수 있다.

<그림 9-1>에서 IB선은 대내균형을 가져다주는 환율과 실질국민지출의 여러 조합을 잇는 선이다. IB선의 상방은 인플레이션을 하방은 불황을 나타내는데, IB선이 마이너스 기울기를 가지는 것은 실질국내지출을 증가시킬 경우 인플레이션을 유발하지 않은 채 완전고용수준을 유지하기 위해서는 평가절상을 통해 무역수지를 악화시키는 수밖에 없다는 것을 뜻한다.

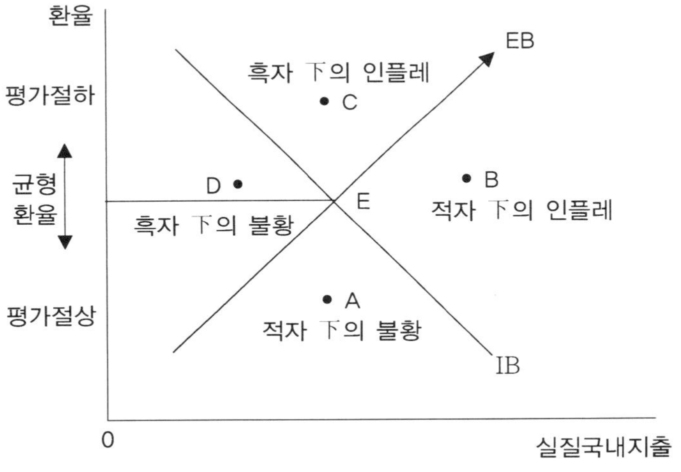

▶▶ 〈그림 9-1〉 대내외균형의 동시달성과 정책조합

그리고 EB선은 순자본이동이 없을 때 수출=수입의 대외균형을 나타내는 모든 조합을 이은 선이다. EB선의 상방은 무역수지 흑자를 나타내며 하방은 적자를 나타내는데, EB선이 플러스 기울기를 가지는 것은 무역수지를 개선시키는 평가절하를 행할 경우 지출을 증가시키므로 수입을 증가시켜야만 대외균형이 유지된다는 것을 나타낸다.

IB선과 EB선이 교차되는 E점에서 대내의 균형이 달성되는데, 불균형의 양상을 나타내는 ABCD 각 점의 경우에 대하여 대내외 균형을 동시에 달성시키는데 필요한 재정정책 및 환율정책은 다음과 같다.

▶ 〈표 9-1〉 대내외불균형의 동시달성위한 정책수단의 결합

불균형상태	대내균형을 위한 재정정책	대외균형을 위한 환율정책
A (적자하의 불황)	확대정책	평가절하
B (적자하의 인플레)	긴축정책	평가절하
C (흑자하의 인플레)	긴축정책	평가절상
D (흑자하의 불황)	확대정책	평가절상

2. 재정정책과 금융정책에 의한 종합균형달성

환율변경은 국내경제에 미치는 악영향이 크므로 먼델(R. A. Mundell)은 정부가 유효수요에 영향을 미치는 재정정책과 단기이자율 조작에 의해 국제수지를 개선시키는 금융정책을 혼합한 폴리스·믹서 이론을 체계화 시켰다.

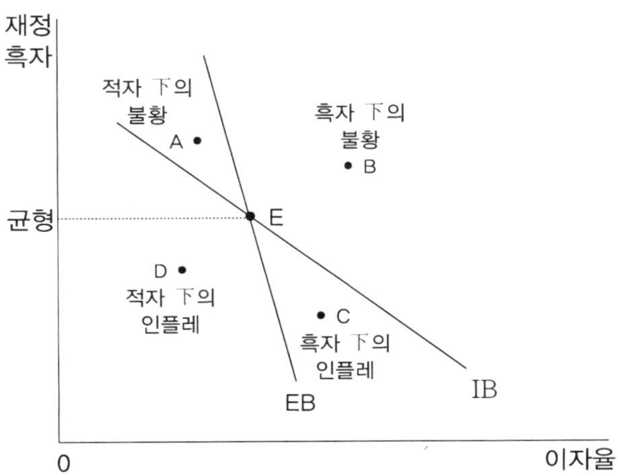

▶ 〈그림 9-2〉 재정 · 금융정책의 조합과 대내외 균형

IB선은 대내균형을 가져다주는 국가예산과 이자율의 여러 조합을 이은 선이다.

IB선의 위쪽은 불황, 아래쪽은 인플레를 나타내는데 IB선이 마이너스 기울기를 가지는 이유는 확대재정정책시 인플레 없이 완전고용을 달성하기 위해서는 이자율이 상승(긴축금융정책)해야 한다는 것을 나타낸다.

한편 EB선은 국제수지균형, 곧 대외균형을 나타내는 모든 점들의 집합이다. 이선의 아래쪽은 적자, 위쪽은 흑자를 나타내는데 EB선이 IB선보다 기울기가 더 큰 이유는 확대재정정책 시 대내균형을 위해 이자율을 상승시키면 단기자본 유입이 일어나 대외균형회복을 촉진시키기 때문이다. 대내외균형은 IB선과 EB선이 교차하는 E점에서 달성되고 ABCD 각점은 불균형 상태를 나타내는데, 이때 대내외균형을 가져오는 재정·금융정책은 다음과 같다.

〈표 9-2〉 대내외균형을 위한 재정·금융정책 결합

불균형상태	대내균형을 위한 재정정책	대외균형을 위한 금융정책
A (적자하의 불황)	재정확대정책	금융긴축정책
B (흑자하의 불황)	재정확대정책	금융확대정책
C (흑자하의 인플레)	재정긴축정책	금융확대정책
D (적자하의 인플레)	재정긴축정책	금융긴축정책

3. 소득정책에 의한 종합균형의 달성

물가가 불완전고용상태에서도 상승하고(비용인상 인플레이션), 또 완전 고용에 접근해 감에 따라 물가 상승이 더욱 가속화 된다면 물가안정은 완전 고용과 대외 균형에 이어 제 3의 정책목표가 될 수 있다. 통상 실업률과 인플레이션은 반비례 관계에 있기 때문에(필립스 곡선) 보다 큰 인플레이션 압박을 받고 있는 나라는 이를 해결하기 위해 그렇지 않은 나라보다 더 높은 실업률을 감수해야 하는데, 높은 실업률이 사회적으로 용납되지 않을 경우에는 인플레이션 억제를 위해 임금규제라는 소득정책이 필요하게 된다.

마지막으로 적정 경제성장률이라는 네 번째 정책목표가 추가 된다면 오퍼레이션 트위스트(Operation twist)를 사용할 수도 있다. 오퍼레이션 트위스트란 단기이자율은 대외균형에 그리고 장기이자율은 경제성장에 적용되도록 일국의 이자율구조를 왜곡시키는 것을 말한다.

제2절 국제수지개선을 위한 재정책

국제단기자본이동이 이자율 변동에 곧바로 반응하지 않거나 혹은 대내 균형달성을 위해 금융정책을 재정정책과 병행하여 사용하는 경우에는 대외 불균형을 무역·외환에 대한 직접규제로 시정할 수도 있다.

1. 수입관세와 수출보조금

모든 수출품에 대해 10%의 수출보조금을 지급하는 동시에 모든 수입품에 10%의 수입관세를 부과하는 경우는 10%의 평가절하와 동일한 효과를 가져오나 자본배분에 대해 악영향을 미치지 않는다는 장점을 가진다. 그러나 실제로 이런 무역규제수단들은 국제수지 개선 효과보다 총지출 증대, 고용증대 등을 위하여 많이 사용되었기 때문에 근린궁핍화 정책이라고도 한다.

2. 수입수량규제

수입수량규제정책은 수입관세정책처럼 규제대상 품목의 국내 소비자들에게 영향을 주는 또 하나의 지출전환수단으로 볼 수 있지만, 국내 총지출수준에 미치는 영향은 확실하지 않다. 그러나 관세보다 보호효과가 확실하다는 점 때문에 많은 나라에서 선호되고 있는데, 그 단점은 집행과정에서 비용이 많이 들고 어려움이 많다는 것이다.

3. 수입담보금제도

수입담보금제도는 수입업자로 하여금 수입하고자 하는 재화의 가치와 연관된 일정액을 은행에 예치하도록 하는 제도인데, 이에 따라 통화공급이 감소할 것이므로 총지출 감소효과를 수반한 지출전환정책이라고 할 수 있다.

이 제도는 적용면에서 볼 때 담보예치기간 및 수입품 가치에 대한 담보액의 비율 등을 변경시킬 수 있다는 점에서 상당한 융통성을 갖는다. 또한 예치기간 및 담보비율 등을 상품 간에 다르게 책정하여 차등관세제도와 같은 효과를 가져 올 수도 있다.

4. 자본유출규제

국제수지 적자 시 자본유출을 막고, 흑자 시 자본유입을 억제하는 것이다. 선진국의 경우는 자본유출에 대한 규제결과로 자본수지는 일반적으로 호전되나, 경상수지는 악화되기 때문에 이 조치가 과연 얼마만큼 국제수지를 개선시킬 수 있는지 쉽게 판단할 수 없다.

5. 이중환율제도

이 제도는 자본시장에서의 환율과 경상거래에서의 환율을 독립 분리시키는 정책이다.

예를 들어 자본유입이 계속됨에 따라 자국의 화폐가치가 인상되어 경상수지가 악화되는 경우라는 경상거래에서는 환율을 고정시키고 자본거래에서의 환율은 수요와 공급이 일치하는 점에서 결정되게 하여 자본의 순이동이 일어나지 않게 이중환율제도를 택할 수 있을 것이다. 그러나 이 제도의 실시를 위해서는 외환시장을 엄격히 분리시켜야 한다는 어려움이 따른다.

part 5

국제통화제도

CHAPTER 10

국제통화제도의 변천

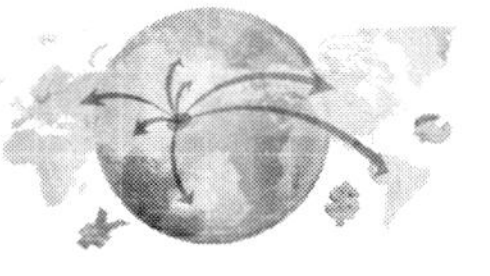

INTERNATIONAL FINANCIAL

국제경제거래에서 가장 문제가 되고 있는 것은 국가 간의 통화가 다르다는 것이며, 따라서 통화간의 교환, 즉 환율이란 문제가 발생하게 된다. 더구나 국가마다 환율제도가 다르므로 이를 감안해서 거래가격을 결정하여야 한다. 국제통화제도에 관심을 가지는 이유도 거기에 있는 것이다.

환율제도는 크게 정부가 특정통화에 대한 환율을 일정하게 고정시키는 고정환율제도와 외환의 수급에 따라 환율이 시장에서 결정되는 변동환율제도로 구분된다. 고정환율제도와 변동환율제도중 어느 것이 제도적으로 유리한가를 판정하기란 어렵다. 그 이유는 각국의 경제적 상황, 대외의존도, 금융시장의 발전정도 등에 따라 그 효과가 달리 나타나기 때문이다. 그래서 대부분의 나라에서는 완전한 고정환율제도나 완전한 변동환율제도를 실시하기보다는 어느 하나의 제도를 선택하여 각 나라의 여건에 맞게 수정을 한 형태로 운용하고 있다.

특히 최근 선진국들은 변동환율제도를 기본으로 하되 급속히 진전되는 글로벌화로 인해 커지는 환율의 변동성이 경제에 미치는 영향을 감안해서 각국별로 정책적 협조체제를 유지하고 있다. 우리나라도 정부수립 후 고정환율제도에서 시작해서 다양한 제도적 변천을 거쳐 왔는데 IMF관리체제를 맞이한 이후부터는 일일 환율변동폭에 제한이 없는 자유변동환율제도를 채택하고 있다. 최근에 와서는 인도네시아, 태국, 러시아 그리고 일본 등 아시아 주변 전역에 환율위기가 급속히 몰아닥치면서 이로 인한 세계경제침체론이 대두되고 있어 새로운 차원에서 국제통화제도의 보완이 논의되고 있다. 이 장에서는 국제통화제도의 역사와 그 내용 그리고 현행 국제통화제도의 개선논의 등에 관해 살펴본다.

제1절 국제통화제도의 개요

국제통화제도(international monetary system)란 국가 간의 교역, 자본이동, 환율제도, 국제수지 조정기능 등을 수행하면서, 국제통상의 균형적 확대와 국제자본의 원활한 이동을 지원하는 국제적인 통화제도 및 결제메커니즘을 말한다. 따라서 국제통화제도는 국제적 교역의 신장, 국제수지의 조정, 환율의 안정 등을 통해 세계경제의 안정적인 성장·발전을 도모하는데 그 목적을 두고 있다.[1)]

이러한 목적을 달성하기 위해서 국제통화제도는 다음의 몇 가지 조건을 충족시켜야 한다.

첫째, 국제유동성의 원활한 공급이다. 이는 국제통화제도는 국제거래가 원활하게 이루어질 수 있도록 국제결제수단인 국제유동성을 충분히 공급하는 기능을 수행해야 한다는 말이다.

둘째, 국제수지 조정기능을 가져야 한다. 국제통화제도는 적자국과 흑자국 등 국가 간에 국제수지 불균형이 발생할 경우 이를 다시 균형상태로 복귀 시에는 국제수지조정기능을 가져야 하며, 아울러 이에 필요한 환율제도를 채택할 수 있어야 한다는 이야기다.

셋째, 국제통화에 대한 신인(confidence)을 유지해야 한다. 국제통화란 국제적 지급수단, 가치저장수단, 회계단위 등의 기능을 가진 통화를 말하는데 한

1) 최해범, 『국제재무관리』, 도서출판 대명, 2002, pp.73~92.

나라의 국민통화가 국제통화의 기능을 할 때에는 그 통화에 대한 세계 각국의 신인이 절대적으로 필요하다. 신인이 떨어지면 국제통화로서의 기능을 수행하기 어렵다.

국제통화제도는 당시의 국제경제 상황을 반영하는 가운데 역사적으로 많은 변천을 거듭해 오면서 오늘에 이르고 있다.

제2절 고전적 금본위제도

1. 등장 및 운영메커니즘

국제금본위제도는 1870년부터 제1차 세계대전 전, 즉 1914년까지의 기간 중에 채택된 국제통화제도로 환율의 안정과 국제수지의 자동조절기능을 그 주요 특징으로 하고 있다.

일반적으로 금본위제도는 금이 화폐의 기능을 수행하는 것이며, 1816년 당시 세계 최대의 경제강국이었던 영국이 금본위제도를 채택하면서부터 시작되었다. 영국 이외에 독일, 일본, 미국 등의 주요국들이 금본위제도를 채택한 것은 훨씬 뒤의 일이며 금본위제도가 국제통화제도로 완전 정착된 것은 1870년부터이다. 금본위제도는 당시 세계경제의 최대강국이었던 영국에 의해 주도되었으며 따라서 런던은 세계무역과 금융의 중심지가 되었다.

금본위제도하에서는 통화당국은 다음과 같은 운영메커니즘을 반드시 준수해야 한다.

첫째, 각국의 통화당국은 자국의 화폐가치를 반드시 금의 일정량으로 표시해야 한다. 이것을 곧 금평가(gold parity)라 한다. 예를 들어 우리나라와 미국이 금본위제를 채택하면 우리나라의 통화당국은 금 1온스당 X원, 미국의 통화당국은 금 1온스당 Y달러라고 각각 통화가치를 설정해야 한다. 그러면 우리나라 원화와 미국 달러의 환율은 X/Y원(1달러당)이 되는데 이 X/Y를 법정비가(法定比價, mint parity)라 부른다.

둘째, 금본위제도를 채택한 나라들 간에는 언제나 금의 자유로운 유출입이 보장되어야 한다.

셋째, 각국의 통화당국은 통화량의 공급을 자국의 금 보유고에 연계시켜야 한다. 따라서 통화량은 금 보유고의 증감에 따라 비례적으로 증감하게 된다. 즉 금의 유입이 있으면 통화량은 증가하게 되고 금의 유출이 있으면 통화량은 감소하게 된다.

금본위제도에는 금화본위제도(gold-specie standard), 금괴본위제도(gold-bullion standard), 금환본위제도(gold-exchange standard) 등 3가지 종류가 있다.

금화본위제도의 경우는 일정량의 금을 함유한 금화가 실제로 유통이 되는데 금화의 금 함유량은 나라에 따라 다르며 금화의 주조나 수출입은 완전히 자유롭다.

금괴본위제도하에서는 각국의 통화의 가치는 금의 일정량을 기준으로 결정되지만 실제 통용되는 통화는 금화가 아니고 은행권(bank notes)이다. 이 제도 하에서는 각국의 통화당국은 금평가에 따라 언제든지 무제한으로 은행권과 금과의 교환을 해주게 된다. 즉 금의 태환성(convertibility)이 보장된다.

금환본위제도는 금본위제 중 가장 나중에 발달된 제도이다. 이 제도는 자국의 화폐를 금본위제를 채택하고 있는 나라의 화폐와 일정비율로 언제든지 교환해 주는 제도다. 따라서 자국의 화폐는 직접적으로 금과 연결되어 있지 않고 다만 금과 연결되어 있는 다른 나라 화폐와 연결시킴으로써 간접적으로 금과 연결시키는 제도이다.

2. 금본위제도의 기능

국제금본위제도는 일반적으로 다음과 같은 중요한 기능을 한다.

첫째, 국제금본위제도하에서는 환율이 항상 자동적으로 일정한 범위 내에서 안정된다. 그것은 각국의 환율이 금평가를 중심으로 고정되어 있고 금의 자유로운 유출입이 가능함으로써 자동안정장치가 마련되어 있기 때문이다.

가령, 이제 우리나라와 미국이 모두 금본위제를 채택하여 한국은 금 1온스당 28,000원, 미국은 금 1온스당 40달러로 각각 금평가를 설정하고 있다고 한다. 그리하여 한국의 경우 28,000원을 가진 자가 중앙은행에 금으로의 교환을 요구하면 중앙은행은 언제든지 그 요구에 응하여 금 1온스를 교환(즉 태환)해 주게 되며 역시 미국에서도 달러 대신 금으로의 태환이 가능하다. 이때 한국의 원화와 달러간의 환율, 즉 법정비가는 달러당 700원이 된다. 그러면 여기서 환율이 자동적으로 안정화되는 경로는 다음과 같이 설명할 수 있다.

이제 한국의 어떤 수입업자가 미국에 40달러를 지급해야 할 채무가 있다고 가정하자. 이 수입업자가 미국에 40달러를 결제하기 위해서는 외환시장에서 40달러를 매입하여 그것을 송금해 주어야 한다. 그런데 외환시장의 환율이 달러당 780원이라고 가정한다. 그러면 40달러를 결제하기 위해서 그 수입업자가 부담해야 할 금액은 31,200원이 된다. 그러나 이 수입업자는 반드시 달러로 결제할 필요는 없다. 40달러는 바로 금 1온스의 가치에 해당하므로 미국의 채권자는 달러로 결제 받으나, 금으로 결제 받으나 하등의 차이가 없다. 그것은 미국이 금본위제도를 채택하여 언제나 달러화로의 교환이 가능하기 때문이다. 물론 미국의 채권자가 달러 대신 금으로 결제를 받는 경우에는 중앙은행에 가서 다시 달러화로 교환해야 하는 번거로움은 있지만 여기서는 그러한 비용은 무시된다.

그러면 한국의 수입업자가 달러화로 결제할 것인가 아니면 금으로 결제할 것인가를 결정해야 하는데 그것은 두 가지 방법 중에서 어느 것이 원화부담이 더 적으냐에 달려 있다. 만일 금으로 결제한다고 하면 우선 금 1온스를 구매하는데 28,000원이 소요된다. 금의 구입금액은 달러화 40달러 구입금액 31,200원에 비해 훨씬 적다. 그러나 금으로 결제할 경우에는 이것 외에 추가적인 비용이 더 들어간다. 즉 금을 구입해서 미국까지 보내려면 운송비가 들 것이고 그 다음 보험도 들어야 한다. 따라서 이러한 제 비용을 금의 구입금액 28,000원에 추가해야 금으로 결제할 때의 총비용부담이 나오고 그 총비용을 달러화 구입금액 31,200원과 비교하여 어느 것이 더 크냐에 따라서 결제방법이 결정될 것이다. 즉 금으로 결제할 때의 총비용(금 구입가격+운송비+보험료 등 제 비용)이 달러화 구입금액 31,200원 보다 많으면 달러화로 결제하는 것이 더 낫고, 반대로 금으로의 결제비용이 31,200원 보다 적으면 금으로 결제하는 것이 더 낫다. 따라서 금으로 결제할 때의 비용이 달러로 결제할 때의 비용과 같아지는 그때의 환율수준을 금수출점(gold export point)이라 부르는데 이것이 중요한 역할을 한다.

이제 금 1온스를 결제할 때의 운송비, 보험료 등 제 비용을 2,000원이라고 하자. 위의 예에서 금 1온스로 결제하는 총비용은 금 구입금액 28,000원에다 부대비용 2,000원을 가산한 30,000원이 된다. 그러면 이 경우 달러화 40달러를 매입해서 결제하는 것보다 금 1온스를 매입해서 그것을 직접 미국으로 수송하여 결제하는 것이 더 낫다. 그러면 이때 금수출점의 환율은 얼마가 되는가? 금 1온스 결제비용 30,000원은 달러의 결제비용이므로 금수출점 환율은 30,000원을 40달러로 나눈 30,000/40=750원이 된다. 즉 이 경우 금수출점 환율은 750원이다.

이번에는 반대로 한국의 수출업자가 미국의 수입업자로부터 받을 채권이 40달러가 있다고 하자. 이 경우에도 한국의 채권자는 달러로 결제 받을 수도 있고 금으로 결제를 받을 수도 있는데 위의 수입업자의 경우와 마찬가지로 어느 쪽이 더 높은 원화금액을 받을 수 있는가에 따라 그 방법이 결정된다. 미국의 채무자의 입장에서는 40달러나 금 1온스나 동등하므로 어느 방법으로 결제하든지 하등의 차이가 없다. 다만 이 경우에는 한국의 수출업자가 금의 수송비를 부담해야 한다. 위의 예에서 금의 수송비는 2,000원이므로 한국의 수출업자가 금으로 결제 받으면 28,000원에서 2,000원을 차감한 26,000원이 순수입이 된다. 그런데 외환시장에서 환율이 너무 떨어져서 달러당 620원이라고 해보자. 그러면 달러로 결제 받을 때 한국의 채권자가 받는 순수입은 24,800원이 된다. 따라서 이 경우 한국의 수출업자는 당연히 수송비를 부담하더라도 금으로 결제받기를 원할 것이다. 이때 금의 수입을 결정하는 환율수준을 금수입점(gold import point)이라 부르는데 이 경우 40달러에 대해 26,000원이 되므로 금수입점은 26,000/40=650원이 된다.

지금까지 우리는 금수출점과 금수입점을 수입업자와 수출업자의 예를 들어 설명했는데 사실 이와 같은 금수출입점의 문제는 국제적 금의 재정거래(gold arbitrage)의 과정으로 설명된다. 즉 금수출점의 경우 만일 국내의 환율이 위에 든 예에서 금수출점인 750원선을 넘어서면 국내의 수입업자는 금을 사서 외국으로 가져가서 그것을 달러로 태환하여 지급하든지 아니면 그렇게 태환한 달러를 국내외환시장에서 현행 환율로 매각하게 되면 이득을 보게 된다. 보다 구체적으로 국내 외환시장에서 달러가 780원까지 상승했다고 할 경우 이때 금 1온스를 사서 외국에 수출하는 비용은 30,000원(28,000원+2,000원)에 불과하다. 그 다음 미국의 은행에서 그 1온스를 40달러로 태환하여, 그것을 가지고 대금을 지급할 수도 있고, 아니면 그 40달러를 국내외환시장에서 매각하기만 해도 31,200원(40×780원)을 받으므로 이때 금 1온스당 1,200원의 이익이 생긴다. 따라서 국내의 환율이 금수출점 750원선을 넘어서면 금의 수출이 무제한으로 일어나게 된다.

반대로 금수입점의 경우를 살펴보자. 이 경우 국내외환시장의 환율이 금수입점인 650원선 아래로 내려가면 외국의 수입업자로부터 금으로 지급받아 그것을 중앙은행으로부터 원화로 태환을 받는 것이 이득이 된다. 보다 구체적으로 국내외환시장에서의 환율이 달러당 630원으로 떨어졌다고 해보자. 이때 한국의 수출업자는 금의 수송비를 부담해서라도 금으로 지급받는 게 유리하다. 즉 한국으로 금을 가져오는데 소요되는 비용은 모두 27,200원(40×630원+수송비2,000원)이 든다. 그러나 수입한 금 1온스를 한국의 중앙은행에 가서 원화로 태환을 하면 28,000원을 받으므로 온스당 800원의 이득이 생긴다. 이와 같이 국내외환시장에서의 환율이 금수입점 이하로 떨어지면 즉각적인 금의 유입이 무제한으로 일어나는 이른바 금의 재정거래가 형성된다.

둘째, 금본위제하에서 국제수지는 시장의 자동조절기능에 의해 자동적으로 균형화된다. 이를 가격-정화-유출입 메커니즘(price-specie-flow mechanism)이라 부른다.

예컨대 고전적 금본위제도가 운영되던 1880년경부터 1914년까지의 기간은 국제무역이 비교적 자유롭게 이루어졌고 국제자본이 별다른 제약 없이 이동될 수 있었으며 나아가 국제수지조정문제도 원활히 이루어지고 있었다. 즉 흄의 가격-정화-유출입 메커니즘에 의하면 각국의 화폐공급은 금이나 금에 의해 지탱되는 각국 지폐로 구성되어 있는데, 적자국의 화폐공급은 감소하고 흑자국의 화폐공급은 증가함으로써 적자국의 국내가격이 하락하고 흑자국의 그것이 상승함으로써 적자국의 수출이 증가하고 수입이 억제되며 흑자국에서는 그와 반대되는 현상이 나타남으로써 국제수지가 자동적으로 조정된다는 것이다.

그런데 국제금본위제도의 자동조정 작용은 소득변동과 국제단기자본이동에 의해서도 이루어진다. 즉 일국의 수출 감소가 수출부문의 소득을 감소시키고 이는 곧 고용 및 생산을 줄임으로써 지출감소현상을 초래한다. 다만 소득의 감소는 수입수요의 감소를 통해 수출의 감소를 상쇄하여 그 나라의 무역수지가 균형을 취하게 할 수도 있을 것이다.

그런데 타우식(F. Taussig)에 의하면 고전적 금본위체제하의 국제수지조정은 대개 가격－정화－유출입 메커니즘이라고 불리어지는 물가변동에 의한 금의 이동보다는 주로 국제적인 단기자본이동이나 소득의 변동에 의해 이루어졌다는 사실을 발견한 바 있다. 특히 1920년대 영국의 국제수지가 적자에 직면했을 때 통화 공급이 줄어들고 이자율이 상승함으로써 단기자본이 유입되어 결국 적자가 해소되었던 사실이 있었다. 이와 같이 금본위제도는 제1차 세계대전 전 약 30년 동안은 비교적 원활하게 운용되었다. 물론 이 시기는 세계적으로 경제적 팽창과 안정을 기반으로 하고 자유무역을 구가하던 시기였다. 더구나 오늘날의 시대보다는 가격이 더 신축적이고 각국은 내적 균형보다는 외적 균형에 중점을 두었을 뿐 아니라 국제자본이 별다른 제한 없이 이동될 수 있었으므로 국제수지조정이 순조롭게 이루어지게 되었다.

이처럼 금본위제도하에서는 국제수지의 불균형이 언제나 금의 유출입과 물가의 변동을 통해 자동적으로 균형화되어 환율도 반드시 금수출점과 금수입점 사이에서 안정화된다. 따라서 금본위제하에서는 대외균형이 언제나 자동적으로 달성되며 이것이 바로 금본위제의 가장 강력한 시장조절기능의 하나가 된다. 그러므로 금본위제하에서 정책당국자는 대외균형을 염려할 필요가 없으며 다만 완전고용이나 물가안정과 같은 대내균형의 달성에만 전념하면 된다. 그러나 이상의 자동조절기능은 금의 자유로운 유출입, 완전한 금의 태환성보장, 임금·물가의 완전탄력성 등을 핵심적인 전제로 하고 있으며 따라서 이와 같은 전제가 완화될 경우에는 그만큼 자동조절기능은 손상을 입게 된다.

3. 금본위제도의 평가

금본위제의 핵심적인 내용은 위에서 살펴본 바와 같이 경제가 자동조절기능에 의해 대외균형과 물가안정을 달성할 수 있다는 데 있다. 그것은 국내통화량 공급량을 금의 보유량과 반드시 연계시킴으로써 중앙은행의 무차별적 통화발행을 대폭 제한함으로써, 방만한 통화팽창에 따른 인플레이션의 유발을 억제할 수 있기 때문이다.

위에서 설명한대로 금본위제하에서는 가격－정화－유출입 메커니즘을 통해 국제수지는 언제나 자동적으로 균형화 된다. 그런데 그러한 균형은 중앙은행이 금본위제의 운영원칙을 엄격히 준수할 때에 한해서 달성되는 것이며 그것이 준수되지 않으면 국제수지의 균형은 그만큼 어렵게 된다. 실제로 금본위제하에서 중앙은행은 수동적인 통화정책으로 일관해온 것이 아니라 오히려 적극적으로 시장에 개입하는 자세를 보였다. 예를 들면 국내에 금의 유입이 늘어나면 그것을 그대로 방치해 두기보다는 금의 유입에 따른 통화량 증가를 상쇄시키기 위해 오히려 국내에서 금융자산을 매각하고, 반대로 금의 유출이 일어나면 금융자산을 매입하여 통화량 감소효과를 상쇄하고자 했던 것이다. 만일 중앙은행이 금의 유출입과 관련하여 시장개입을 이와는 전연 반대방향으로 수행한다면 그것은 훨씬 더 빠른 속도로 국제수지를 조정시킬 수 있다. 예를 들어 국제수지가 흑자가 되어 금유입이 일어날 때 금융자산을 오히려 매입하면 통화량은 더욱더 빠른 속도로 증가하고 그만큼 물가변동과 국제수지의 균형화는 빠르게 진행될 것이다.

금본위제하에서는 대내균형은 언제나 대외균형의 달성 때문에 희생이 될 수 있다. 즉 국내에 실업이 있든 경기가 과열되어 있든 상관없이 오직 국제수지의 불균형이 있으면 금의 자동적인 유출입이 일어나게 되고 그것은 통화량변동과 더불어 국제수지의 조정을 진행시키게 된다. 그렇지만 금본위제하에서는 대외균형의 달성이 우선하고 실업의 증가 또는 경기변동의 심화와 같은 대내균형의 희생이 수반될 수 있다는 문제가 있다.

뿐만 아니라 금본위제하에서의 국제수지 자동조정기능은 오로지 경상수지에만 국한하여 자본수지의 존재를 도외시하고 있다. 금의 자유로운 유출입에 의해 경상수지의 조정은 가능하다 하더라도 그것이 자본수지를 포함한 전체적인 국제수지 즉 종합수지의 균형을 달성한다는 보장은 없다. 그러므로 이 경우 금의 유출입 이외에 자본수지의 균형을 위한 또 하나의 조정메커니즘이 추가되지 않으면 안 된다.

또 하나 중요한 것은 금본위제하에서는 통화량공급이 금의 보유량에 의해 엄격하게 통제되기 때문에 만일 금의 공급량이 부족할 경우에는 통화량공급도 부족하여 경제성장을 충분히 뒷받침하지 못하게 된다는 점이다. 예를 들어 5%의 경제성장을 이룩하기 위해서는 8%의 통화량 증가가 필요한데, 금의 공급량은 6%의 증가에 그친다면 통화량공급의 증가는 8%보다 낮을 수밖에 없고 따라서 경제성장은 5%에 미치지 못하게 될 것이다. 이와 같이 적정 경제성장의 달성여부는 금의 공급량 증가에 달려 있다. 그런데 금의 생산량은 제한되어 있어서 그 공급은 비탄력적이고 따라서 그만큼 경제성장은 지연되며 이것이 금본위제의 중요한 취약점의 하나가 된다.

4. 금본위제도의 붕괴

금본위제도는 1880년에서 1914년의 제1차 세계대전의 발발까지는 각국이 대체로 금본위제도의 기본운영원칙을 잘 준수하여 국제통화체제로서의 기능을 제대로 수행하였지만 제1차 세계대전의 발발과 함께 붕괴되고 말았다.

전쟁의 발발로 엄청난 전비지출의 확대를 가져왔던 각국의 통화당국은 금보유량에 엄격하게 맞추어 통화량을 공급할 수 없는 상황에 직면하게 되었으며 그것은 막대한 통화증발을 초래하였던 것이다. 이러한 통화증발은 결국 세계적인 인플레이션을 유발하였다. 또 1918년 전쟁이 끝난 후 전후복구를 위한 지출의 증가는 또다시 통화증발을 가져와 물가불안이 더욱더 가중되기에 이르렀다. 즉 제1차 세계대전 후 독일, 헝가리, 프랑스 등 유럽 주요국들이 모두 이른바 초인플레(hyper inflation)에 곤욕을 치렀던 것은 유명한 역사적 사실이다.

그러나 제1차 세계대전 후 금본위제도의 복귀운동은 활발히 전개되었다. 미국은 1919년에 금본위제로 다시 복귀하였으며 유럽국가들도 1922년에 이탈리아의 제노바(Genova)회의에서 금본위제에의 복귀에 합의하였다. 그러나 제노바회의에서는 금환본위제도를 도입하는 것을 부분적으로 허용하였는데 이에 따라 금 준비가 부족한 나라들은 금 준비가 풍부한 강대국들의 통화에 그들 통화의 평가를 설정하게 되었다.

이와 같이 재도입된 국제금본위제도는 전전(戰前)에 비해 훨씬 취약한 내용을 지니고 있었으며, 그나마 적지 않은 도전과 시련을 겪게 되었다. 전후(戰後) 영국의 경제는 전전(戰前)에 비해 훨씬 악화되었고 그에 따라 파운드화가 종래 누렸던 세계준비통화로서의 기능은 크게 후퇴하였으며 급기야 1929년에 세계경제를 강타한 대공황은 국제금본위제의 붕괴를 부채질하였다. 즉 세계 각국은 모두 금본위제를 포기하고 자국의 이익추구에만 급급하여 경쟁적으로 평가절하를 단행했을 뿐만 아니라 관세의 인상 등 경쟁적인 수입제한조치를 취하여 세계경제는 하나의 통합된 결정체로부터 개체적 존재로의 이탈이 확산되는 혼돈상태가 지속되었다.

이러한 세계경제의 혼돈상태는 1939년 제2차 세계대전의 발발로 더욱더 가중되었고 전쟁기간중 이와 같이 사분오열된 세계경제를 하나의 결집된 통합체로 재구성하는 새로운 국제경제질서를 모색하게 되었으며, 그것은 대내균형의 희생을 수반하지 않으면서 대외균형을 달성하고 동시에 세계금융질서의 안정을 도모하고자 하는데 그 초점을 맞추게 되었다. 여기에는 무엇보다도 자유무역과 환율의 안정, 국제수지의 불균형 해소 등을 위해서는 국제적인 협력이 그 근본전제조건임을 모든 국가들은 인식하게 되었으며 이러한 인식을 바탕으로 전후에 수립된 것이 이른바 브레턴우즈(bretton woods)의 IMF체제이다.

제3절 브레턴우즈체제

1930년대 세계경제의 대공황을 계기로 나타났던 국제무역 및 국제금융상의 혼란상태의 재발을 방지하고자 제2차 세계대전 직후 주요 연합국 측에서는 전후 국제통화질서를 이끌 새로운 국제통화제도의 구상에 대한 논의가 시작되면서, 신국제통화제도의 수립에 관한 국제회의가 전개되었다. 이에 따라 1944년 미국 뉴햄프셔주의 브레턴우즈에서 44개국 대표가 참가한 국제회의가 개최되어 이루어진 것이 이른바 브레턴우즈협약이며, 그 주요 내용은 현재의 국제통화제도에 관한 기본체제를 형성하게 되었다.

브레턴우즈협약 결과 국제무역 및 금융에 관하여 합의된 일련의 행위규칙을 각국이 준수하게 하고 일시적인 국제수지적자에 봉착한 국가에게 자금을 공여하기 위한 국제통화기금(IMF: International Monetary Fund)을 그 해 7월에 설립함으로써 1944년은 현 국제통화제도의 원년이 되었다.

브레턴우즈협약은 새로운 국제금융제도의 수립을 목적으로 제시된 영국의 케인즈(J. M. Keynes) 안과 미국 재무성의 화이트(H. D. White) 안을 절충한 것으로 영국의 케인즈 안은 1943년 7월 영국정부가 제의한 것으로서 한 국가의 중앙은행과 같이 국제유동성을 창출할 수 있는 국제청산동맹(international clearing union)의 창설을 주장하였으나 동년 7월 미국정부는 화이트 안을 통하여 강력한 국제안정기금(international stabilization fund)의 설립을 주장하였다. 그런데 당시 이 두 안은 영국과 미국의 대립된 이해관계를 나타낸 것으로서 케인즈 안은 전후 채무국가인 영국 입장에서 국제신용 공여요건의 완화를 주장하였고, 화이트 안은 전후 채권국가인 미국의 측면에서 환율의 안정을 강조하였다.

신국제통화제도 수립을 위한 케인즈 안과 화이트 안에 대한 논의는 1944년 4월 뉴욕에서 열린 30개국 전문가 회의에서 "국제통화기금 설립에 관한 공동성명"이라는 형태로 화이트 안이 채택됨으로써 미국의 안이 관철되었다.

브레턴우즈체제에서 채택한 주요 안은 국제통화기금협정과 이의 자매협정인 국제부흥개발은행(IBRD: International Bank for Reconstruction and Development)

협정으로 나누어지며 이에 따라 1944년 12월 국제통화기금과 함께 국제부흥개발은행이 설립되었다. 한편 브레턴우즈체제는 IMF가맹국을 중심으로 美달러화를 기축통화(key currency)로 하는 금환본위제 또는 금-달러본위제와 조정가능 고정환율제도(adjustable fixed exchange rate system)를 양대 지주로 하여 환율을 안정시키고 국제수지의 불균형을 시정함으로써 국제무역의 증진을 기하고자 하였다.

그러나 이러한 체제는 1960년대까지는 그런대로 환율의 안정을 유지함으로써 세계무역의 확대에 크게 기여하여 왔으나 근본적인 문제점이던 국제유동성 확보문제와 달러화의 신뢰도라는 상호 모순된 사실(즉, 유동성딜레마) 때문에 1970년대에 와서 붕괴되기 시작하였다.

1. 국제통화기금의 목적과 성격

브레턴우즈협정에 의해 창설된 IMF는 1947년 3월부터 그 업무를 개시하였는데 환율의 안정과 다자간 신용제공체계의 확립, 외환시세의 경쟁적인 절하방지와 외환제한의 제거를 주내용으로 하고 있으며 IMF협정문에서는 IMF의 목적을 다음과 같이 명시하고 있다. 즉 ① 가맹국간의 질서 있는 통화협약을 준수하고 경쟁적인 평가절하를 방지한다. ② 가맹국이 IMF의 기금을 이용함으로써 가맹국이 대내외적으로 번영을 저해시키는 수단을 사용하지 않더라도 국제수지의 불균형을 시정할 수 있도록 한다. ③ 가맹국간에 국제통화문제에 관한 협의 및 협력을 강화한다. ④ 국제무역의 확대와 세계경제의 균형적인 발전을 촉진함으로써 가맹국으로 하여금 높은 수준의 고용과 실질소득을 달성케 한다. ⑤ 가맹국의 경상거래에 있어서 다각적 결제제도를 확립하고 세계무역의 증진을 방해하는 외환제도의 철폐를 기하는 것으로 되어있다.

한편 IMF는 가맹국이 자금을 이용할 수 있도록 기금을 확보하고 있다. 그런데 이 기금은 가맹국의 출자에 의해 조달되며 가맹국의 출자액은 각 가맹국에 대한 할당에 의해 결정되고 각 가맹국에 대한 할당액은 해당 국가의 대외지불준비, 대외무역량, 국민소득 등을 기준으로 결정된다. 이에 따라 가맹국은 그 할당액의 25%는 금으로, 나머지는 자국통화로 불입하게 되어 있다. 이 할당액은 IMF에 있어서 각 가맹국의 투표권의 기준이 되는 동시에 각 가맹국의 기금이익의 기준이 되기도 한다.

또한 IMF 제4조에 의하면 각 가맹국의 외환시세는 IMF평가를 기준으로 상하 각각 1% 범위를 넘어서 환율이 변하지 못하도록 하였다. 그러나 각 가맹국은 일정한 조건하에서 자국의 평가를 변경시킬 수 있다. 가령 가맹국의 국제수지가 일시적으로 불균형을 시현할 경우에는 외환평가의 변경이 허용되지 않으나 기초적 불균형(fundamental disequilibrium)에 직면할 경우 예외적으로 평가변경이 가능토록 하였다. 즉 어느 가맹국의 국제수지불균형이 기초적 요인에 기인한다고 판단되어 그 평가변경을 요청하게 될 경우 당초의 기존평가의 10% 범위 내에서 변경이 허용된다. 이때 평가변경의 폭이 당초의 기존평가에서 10%를 넘어서면 IMF의 별도 승인을 받아야 한다.

결과적으로 브레턴우즈체제하의 환율을 요약하면 단기적으로는 1온스당 35달러의 평가를 기준으로 고정되나 장기적으로는 가령 기초적 불균형의 경우와 같은 상황이 발생 시에는 평가변경을 허용함으로써 국제수지의 불균형을 조정할 수 있게 된다. 이와 같이 IMF평가는 일정기간 단기적으로 고정되어 있으나 조정이 가능하다는 점에서 브레턴우즈체제를 앞에서 제시한 것과 같이 조정가능고정환율제도라고 부른다.

2. 국제통화기금의 기능

IMF의 기능을 살펴보면 첫째, 외환제한의 철폐이다. 즉 IMF 제8조는 경상지급에 대한 외환제한의 철폐, 차별적 통화조치의 제한 등을 규정하고 있다. 특히 제8조 제2항에 의하면 가맹국은 IMF의 동의 없이 경상적 국제거래를 위한 지급 또는 자본이동에 대하여 제한조치를 금지하고 있다. 또한 IMF협정과 위배되는 2국간 협정체결을 제한하기도 한다.

그런데 IMF 제14조 제2항에 의하면 전후 과도기에 있어서 가맹국은 제8조에도 불구하고 경상거래를 위한 지급 및 자본이전에 대한 제한조치의 유지 또는 사정에 따라 이를 완화할 수 있도록 규정하고 있다.

둘째, 국제유동성을 조절, 공여하는 기능을 들 수 있다. IMF의 기금은 각 가맹국의 비중에 따라서 할당되는 출자금으로 조성되고, 또한 모든 가맹국은 일시적인 대외수지적자를 보전하는데 필요한 자금을 차입할 수 있는 권리를 가진다.

한편 국제수지의 적자에 처한 가맹국이 IMF로부터 차입할 수 있는 한도(인출권)는 할당액의 125%를 원칙으로 하고 트란쉐(tranche)를 단위로 하여 이루어지며, 한 트란쉐는 할당액의 25%를 말한다. 한편 가맹국이 인출, 차입할 수 있는 신용은 5개 부문으로 구성된다.

우선, 리저브 트란쉐(reserve tranche)로서 소위 금 트란쉐(gold tranche)로 불리는 것으로 이는 할당액 중에서 SDR 또는 IMF 규정통화(종래에는 금)로 출자, 납입한 상당액으로서 이 범위 내에서는 IMF로부터 어떠한 제약이나 조건 없이 자동적으로 차입할 수 있다.

그리고 가맹국이 국제수지사정이나 환율안정을 위해 필요한 경우에 차입할 수 있는 크레디트 트란쉐(credit tranche)가 있다. 크레디트 트란쉐는 4차에 걸쳐 차입이 가능하다. 그런데 리저브 트란쉐를 초과하여 차입할 경우 IMF와 사전에 스탠바이협약(stand-by arrangement) 또는 확대협약(stand-by arrangement)을 체결하여야 한다. 물론 이 경우 경제운용에 대한 엄격한 조건이 따른다.

IMF지원금의 상환기간은 최장 5년으로 1~3년 거치 후 2년간 분할상환하도록 되어 있으나 인출가맹국의 국제수지 및 외환보유고 사정이 충분히 개선된 경우에는 만기 이전에 조기상환할 것을 권장하고 있다.

가맹국이 IMF로부터 필요한 외환을 차입하는 경우 그 차입액에 해당하는 자국통화를 예치하여야 하는데, IMF로부터 필요 외환의 차입한도가 출자액의 125%이므로 각 가맹국의 통화가 그 가맹국에 대한 IMF할당액의 200%를 초과할 수 없음을 의미한다.

셋째, IMF가 보유하고 있는 한 국가의 통화가 쿼타의 75%에 미달하면 이 부분에 대해서는 각국들이 차입금을 상환하지 않고도 기금으로부터 차입할 수 있다. 이것이 슈퍼골드 트란쉐(super gold tranche)이다.

한편 IMF는 각국의 리저브 트란쉐를 자국의 국제준비금으로 허용하고 있다. 즉 IMF는 각 가맹국들의 IMF 순포지션(IMF net position)을 자국의 국제준비금 보유고에 포함시키도록 권장하였다. IMF 순포지션이란 특정국의 IMF 할당액에서 IMF가 보유하고 있는 특정국 통화량을 차감한 것이다. 가령 한국이 IMF로부터 차입한 사실이 없고 더구나 IMF보유 원화에 대한 여타 가입국의 차입이 없었다면 한국의 IMF 순포지션은 한국의 금 트란쉐와 같다. 한편 일본이 IMF로부터 원화를 차입해갔다면 한국의 IMF 순포지션은 리저브 트란쉐를 초과하게 된다. 이 초과분이 앞에서 설명한 슈퍼골드 트란쉐(super gold tranche)이다.

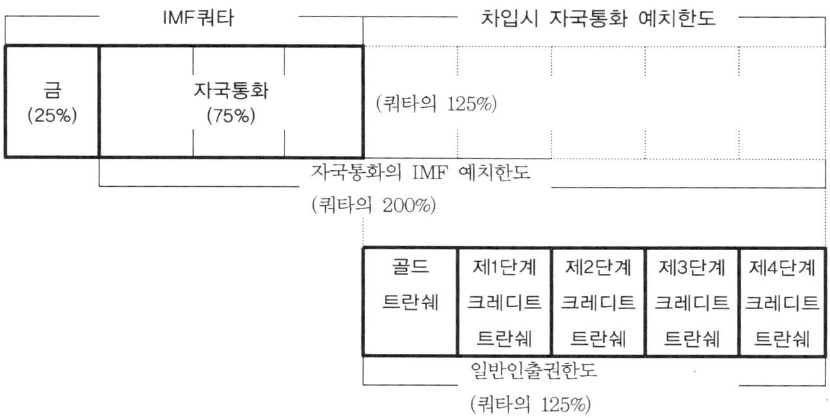

※ 자료 : 주한광, 『국제금융론』, 율곡출판사, 1993, p.455.

▶ 〈그림 10-1〉 쿼타와 트란쉐

3. 브레턴우즈체제의 운용과 그 붕괴

환율의 안정과 다자간 신용제공 등 국제통화제도의 정립을 모색하고자 탄생한 브레턴우즈체제는 1947년 초까지 국제무역의 성장에 긍정적 기여를 한 것이 사실이며 더구나 통화적 측면의 협력으로 인하여 국제무역 및 투자활동이 상당히 증가되었다는 사실도 부인할 수 없다. 특히 브레턴우즈체제는 국제수지의 기초적 불균형에 대해서 환율의 변화를 허용함으로써 각국의 국제수지 적자문제를 해결하는데도 큰 도움이 되었다.

그런데 문제는 대부분의 국가들이 환율의 변화에는 대단히 소극적이었다는 사실이다. 즉 적자국은 평가절하를 자국의 신뢰도 저하라는 이유 때문에 흑자국은 평가절상을 기하기보다는 국제준비자산의 축적에 급급하였다. 결국 각국들의 국제수지의 기초적 불균형에 대한 이 같은 평가변경 태도는 다음과 같은 문제를 초래하였다.

첫째, 브레턴우즈체제는 국제수지 불균형조정을 위한 신축성과 그 기능을 상실하였고, 둘째 평가변경에 소극적이었던 점에 비추어 환투기가 오히려 조장되곤 하였다. 더구나 과대평가된 통화의 경우 어쩔 수 없는 상황에 가서야 비로소 평가절하를 단행하는 것이 보통이었다.

그동안 브레턴우즈체제는 환경의 변화에 적응하면서 여러 방향으로 변천을 거듭하였다. 1962년에 IMF는 IMF 가맹국 중 가장 중요한 10개국(미국, 영국, 독일, 일본, 프랑스, 이탈리아, 캐나다, 네덜란드, 벨기에 및 스웨덴) 외에 스위스와 60억 달러 한도까지의 일반차입협정(general agreement to borrow)을 체결하기도 하였고, 또한 1960년대 초부터 가맹국들은 스탠드 바이 크레디트(stand-by-credit) 방식을 택하여 IMF로부터 자금공여를 받는 경우 미리 일정액의 한도를 설정해 정해진 기간 내에 수시로 필요에 따라 인출할 수 있게 한 바도 있다.

브레턴우즈체제에 도입된 가장 중요한 변화는 SDR(특별인출권, Special Drawing Right)이다. SDR은 달러의 위기를 극복하고 국제유동성의 공급을 증대시킴으로써 현행 국제통화제도를 보강하고자 IMF에 의하여 창출된 신준비자산이다. 그런데 SDR은 금이나 기타의 통화에 의해 뒷받침되지 않은 채 IMF가 창출한 순수한 국제준비자산이다. SDR의 가치는 가맹국의 합의로 결정된다. 즉 SDR 1단위의 가치는 SDR이 창출될 당시의 미화 1달러의 가치인 순금 0.888671그램이었으나 1974년 6월에 개최된 IMF회의에서 SDR의 새로운 가치는 국제무역상 비중(1% 이상)이 큰 16개국 통화의 가중평균으로 표시하기로 하였다. 따라서 종래의 금과 연결되어온 SDR의 가치는 금으로부터 이탈되었다. SDR은 국제수지 적자나 흑자를 결제하고자 할 때 중앙은행간의 거래에만 이용되고 민간상업거래에는 이용되지 않는다.

한편 제2차 세계대전 직후의 국제금융시장은 달러화의 부족상태였으나 1960년대 미국의 국제수지가 계속 악화되고 대외부채가 급증하자 달러화의 가치가 의심받게 됨으로써 국제통화위기가 초래되었다. 이에 따라 런던의 금시장에서 투기를 목적으로 이루어지는 금거래를 방지하고자 1961년 주요국들이 금을 각출하여 금시세를 1온스당 35달러로 유지시키려는 시도, 즉 금풀제(gold pool)가 시도되었다. 그러나 이는 1968년 gold pool의 이중가격제(two-price system for gold)의 실시로 중단되었다. 금의 이중가격제는 1961년 이래 유지되어온 금풀제를 대체한 것이다. 즉 금풀제에 의해 어느 정도 안정을 되찾은 국제통화질서는 미국의 국제수지가 악화되었던 1967년 11월 이래 나타난 국제적인 금매입(gold rush)현상으로 다시 붕괴되기 시작하였다.

금의 이중가격제는 이 같은 국제통화질서의 동요를 극복하고자 취해진 조치로서 각국 중앙은행간의 금거래에 있어서는 종전과 같이 1온스당 35달러의 공정가격을 적용하였으나 일반거래에 있어서는 가격을 자유금시장에서 결정토록 한 조치였다.

또한 각국의 중앙은행들은 '핫머니' 이동에 대한 대비로서 외환시장에 개입할 때 사용되는 상대방 국가의 통화를 서로 교환토록 하는 스왑협정(swap arrangement)을 체결하기도 하였다. 즉 스왑협정은 중앙은행 사이에 자국통화를 상호예치 공여하는 협정으로서 스왑협정에 의해서 얻어진 외화를 가지고 상대국이 보유하고 있는 여분의 달러를 매입함으로써 금교환 및 나아가서 금유출을 억제하고자 하였다. 이런 조치들에도 불구하고 국제통화질서는 회복의 기미를 보이지 않은 채 동요를 거듭하였다.

더구나 1971년 미국의 기초국제수지적자가 100억 달러에 달했으며 단기자본유출액 200억 달러를 합하면 총 300억 달러의 종합국제수지적자를 기록하게 되었다. 이와 함께 달러화에 대해 전례 없이 큰 규모의 투기적 매각이 이루어짐으로써 신임도는 날로 떨어졌고 자본시장을 중심으로 세계경제가 통합되는 움직임이 나타나는가 하면 다국적기업 등이 단기적 이익을 추구하는 가운데서 거대한 자금의 이동이 발생하는 등 단기적 여러 요인들이 가세하여 1971년 8월 닉슨(R. Nixon)행정부의 금태환 중지선언과 함께 브레턴우즈 체제는 종말을 고하게 되었다.

당시 닉슨 대통령은 다음과 같은 내용의 긴급조치를 발표하였다. 즉 ① 미국은 달러화의 금태환을 중지한다. ② 미국은 무역상대국들이 그들의 통화가치를 평가절상하지 않는 한 10%의 수입과징금을 부과한다. ③ 미국은 인플레이션을 억제하고자 임금, 물가수준을 동결한다는 것 등이다.

CHAPTER

11 현재의 국제통화제도

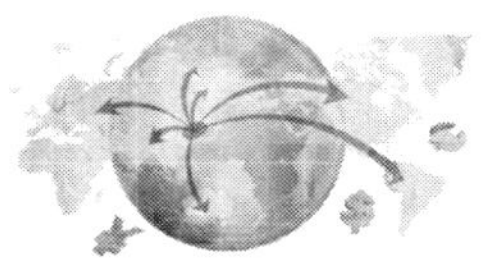

INTERNATIONAL FINANCIAL

브레턴우즈체제의 붕괴이후 현재의 통화제도 근간이 재정립되었다. 예컨대 미국주도의 국제통화질서가 형성되는 과정에서 스미소니언 협정, 킹스턴 체제가 탄생하였고, 그 이후 세계금융체계가 안정을 위협받으면서, 계수적으로 선진각국을 중심으로 새로운 국제통화제도에 관한 논의가 진행되었다. 이 장에서는 현재의 국제통화제도가 정착되는 과정을 살펴보기로 한다.

제1절 현재의 국제통화제도

앞에서 고정환율제도로 대표되는 브레턴우즈체제의 붕괴과정을 살펴보았다. 즉 브레턴우즈체제 붕괴의 직접적 원인은 미국의 막대한 국제수지적자와 미국의 달러화에 대한 신인도 문제에 있었다. 이에 따라 대규모의 유동자금이 미국에서 유출되고 1971년 8월 15일 닉슨 정부가 달러화의 금태환 중지선언을 함으로써 그 후의 국제통화제도는 불확실성의 늪에 빠져들게 되었다. 미국의 여행자들은 다른 통화를 달러로 교환하는데 어려움과 불리한 환율을 감수하지 않을 수 없었다.

드디어 주요국 통화와 환율이 유동화 되었고, 수개월간 변동환율제도가 널리 유포되기 시작하였으나 각종 통제와 당국의 공적개입 등으로 국제통화제도는 사실상 질서를 잃어버리게 되었다. 그런데 이에 대해 주요 선진국들의 정책당국자들은 1971년 말의 상황을 지극히 비정상적인 상태로 보고 오히려 고정환율제도로의 복귀를 원하게 되었다.[1)]

1. 스미소니언(Smithsonian)협정

1970년대 초 대부분의 선진국들은 달러화가 과대평가되어 있음을 인식하고 미국이 금에 대해 달러를 평가절하 하기를 원했다.

그런데 미국 측에서는 다른 국가들에 의한 달러의 평가절하 요구에 반대하고, 만약 여타국이 원한다면 그들 통화를 달러화에 대해 평가절상하라고 주장하기도 하였다. 더구나 당시 닉슨 대통령의 금태환 중지 조치는 달러화의 태환성 보장을 전제로 한 브레턴우즈체제의 붕괴를 가져옴으로써 국제통화제도는 새로운 전환기를 맞이하게 되었다.

이 같은 국제통화제도의 혼란을 수습하고자 1971년 12월 워싱턴의 스미소니언 박물관(Smithsonian institute)에서 선진 10개국 회의가 개최되었다. 여기서 이들 참가국들은 한결같이 환율의 안정을 원하였으며 주요국 통화의 환율을 조정하여 다시 고정환율제도로 복귀할 것을 합의했던 바, 이것이 스미소니언협정(Smithsonian agreement)이다.

스미소니언협정은 조정 가능한 고정환율제도로의 회복을 기하고자 달러화를 평가절하하고 과거 기준환율의 1% 수준에서 제한하였던 환시세의 변동폭을 2.25%로 확대하는 '와이더밴드 환율제(wider band exchange rate system)'의 채택을 골자로 하고 있다.

또한 미달러화는 금에 대하여 8.5% 평가절하를 단행하고, 마르크, 엔, 파운드화 등에 대하여 평가절상을 실시하기로 하였다. 따라서 금의 공정가격은 금 온스당 35달러에서 38달러로 인상하고자 하였다(그런데 이는 미국이 새로운 공정가격으로 외국의 중앙은행에 대하여 금의 매각을 재개한다는데 동의

1) 최해범, 『국제재무관리』, 도서출판 대명, 2002, pp.92~100.

하지 않음으로써 결국 실효를 거두지는 못했다). 이와 함께 미국은 종전의 10% 수입과징금을 철폐하기로 하였다.

그러나 스미소니언협정에서는 여타국들 통화를 달러화에 연계시키되 달러화의 금태환은 보장되지 않음으로써 완전한 고정환율제도의 성격을 갖지는 않았다.

그러나 스미소니언체제의 성립 후 곧 파운드 파동을 겪은 영국이 변동환율제도를 채택하였고, 더구나 미국의 국제수지가 1973년 들어 더욱 더 악화되자 달러의 재평가절하가 이어졌고(즉 달러의 10%평가절하가 단행됨으로써 금 1온스는 42.22달러로 되었다), 다른 국가들의 공동변동환율제도 채택 등으로 브레턴우즈체제의 재건노력은 완전히 실패하게 되었다.

2. 킹스턴(Kingston)체제

스미소니언체제가 붕괴하자 주요국들은 변동환율제 등 자국경제에 적합한 환율제도로 이행하였고 금의 공정가격 및 달러화의 금평가제가 사실상 무너지자 새로운 국제통화질서의 수립을 원하게 되었다.

스미소니언체제의 종말과 함께 IMF는 1974년 6월 변동환율지침을 마련하여 변동환율제 실시국으로 하여금 환율안정에 협조할 것을 요청하였다.

즉 브레턴우즈 체제의 회생을 위한 스미소니언협정도 그 실효를 거두지 못하자 1976년 1월 자메이카(Jamaica)의 수도 킹스턴(Kingston)에서 1973년에 사실상 붕괴된 브레턴우즈체제의 공식적인 붕괴를 선언하고 현행 국제통화제도의 근간이 되는 변동환율제도(floating exchange rate system)의 기본방향을 설정하였다. 다시 말하면 킹스턴에서 선진 10개국은 금문제, 환율문제, IMF신용문제 등 국제통화제도 전반에 관한 문제를 일괄적으로 타결하여 킹스턴체제(Kingston system)를 출범시켰다.

킹스턴체제의 주요 내용은 첫째, 변동환율제를 인정함으로써 국제수지 불균형의 조정기능을 상당한 정도까지 담당하게 하였다.

둘째, 금의 공정가치가 폐지됨으로써 가치척도로서 금의 기능이 없어지고 대신 그 기능을 SDR이 담당하게 되었다.

셋째, SDR의 국제통화로서의 사용범위를 확대시켰으며 그 이용조건도 완화하였다.

제2절 국제통화제도의 개선논의

1. 배경

현행 변동환율제도는 환율의 과도한 변동, 국제수지 불균형 확대, 국제금융시장불안 등 적지 않은 문제점을 안고 있다.

첫째, 변동환율제의 채택 이후 각국의 경제정책상의 자율성은 제고되었지만 긴밀한 정책협조(policy coordination)가 결여되어 범세계적 차원의 정책선택이 어려워지고 있다.

둘째, 환율이 과도한 변동을 보여 외환 및 금융 불안을 고조시키고 있다. 특히 자본시장의 개방 확대에 따른 투기적 자금의 이동은 이러한 환율변동을 더욱 더 증폭시키고 있다.

셋째, 환율의 과도한 변동은 경제의 기초적 흐름을 제대로 반영하지 못하고 오히려 자원배분의 왜곡을 초래하고 있다. 이는 변동환율제하에서 외환의 수급균형으로 자원배분의 효율성을 기할 수 있을 것이라는 당초의 기대와는 상당한 괴리를 일으키고 있다.

2. 국제통화제도의 개선방향

이와 같은 제 문제점에 직면한 IMF는 현행 국제통화체제를 개선하는 방안을 꾸준히 모색해 왔으며 그 주요 내용을 요약하면 다음과 같다.

첫째, 환율제도의 개선이다. 현행 변동환율제에 대한 평가는 나라에 따라 상당한 격차를 보이고 있지만 고정환율제도의 복귀를 주장하는 일은 사실상 없어졌으며, 근본적으로 변동환율제를 유지하되 환율의 과도한 변동을 막도록 보완하자는데 대체로 의견의 일치를 보이고 있다.

환율의 과도한 변동을 막고 안정적인 운용을 하는 방안으로서는 목표환율제도(target zone system)가 제안되고 있는데 이는 환율의 변동 폭을 일정하게 설정해 놓고 각국이 환율을 그러한 목표범위 내에 유지하도록 적극적으로 시장에 개입하도록 한다는 것이다.

그러나 목표환율제도는 균형환율(또는 기준환율)의 설정이 현실적으로 어려우며 또 환율의 자동조절기능을 인위적으로 제한한다는 단점을 지니고 있다.

둘째, IMF의 감독기능 강화이다. 국제통화질서를 안정적으로 유지하기 위해 가맹국의 환율정책과 기타 경제정책에 대해 IMF의 감독기능을 강화해야 한다는 것이다. 특히 변동환율제도하에서는 각국의 긴밀한 정책협조가 긴요한 과제이므로 IMF의 감독기능의 강화는 그만큼 중요하다. 게다가 1998년 이후 세계 각국의 금융혼란과 유동성 위기 문제를 해결하는데 있어서, IMF의 역할이 더욱 더 중요해지고 있다.

셋째, 국제유동성 조절기능의 제고이다. 국제유동성의 원활한 공급은 어느 국제통화체제하에서나 중요한 과제이다. 따라서 21세기에도 국제유동성의 편재현상을 시정하고 적정 유동성을 공급하도록 IMF의 기능을 더욱더 보강하는 일이 긴요하게 되었다. 물론 국제유동성의 공급을 늘리기 위해서는 SDR의 추가창출이 필요하나 그것은 인플레이션을 조장할 위험을 내포하고 있다는 한계도 있다.

그러나 선진국으로서는 국제유동성의 부족이 선진국보다는 주로 개도국에 한정되어 있는 문제이므로 개도국의 건전한 정책추진에 의해 극복되어야 할 것이라고 주장하는 반면 개도국은 그들의 국제유동성의 부족 또는 외채문제 등은 바로 세계경제에 심각한 악영향을 미칠 우려가 있으므로 선진·개도국을 막론하고 전세계적인 차원의 문제로 접근해야 한다고 주장하는 등 선진국과 개도국간에 의견의 격차를 보이고 있다. 그 같은 경향은 금융위기가 빈발하기 시작했던 1997년 이후부터 뚜렷해지고 있다.

끝으로 IMF의 역할개선이다. IMF의 신용정책, 조건, 범위, 대상 등에 대한 재검토가 요청되고 있다. 즉 IMF 신용의 인출조건완화, 인출한도 및 쿼터의 조정, IBRD와 IMF와의 협조강화 등이 주요 현안문제가 되고 있다.

3. IMF환율제도의 최근 논의

1990년대 후반에 들어 국제금융시장이 불안한 양상을 보이자 주요 통화간 환율의 변화가 심화되기 시작했다. 그리하여 1996년 4월 IMF 잠정위원회, 6월 리용(Lyon) G-7정상회담 등에서 국제통화제도의 안정성 문제가 본격적으로 논의되는 등 1970년대 초 조정가능고정환율제도가 갖고 있는 결함들을 치유하고자 도입된 변동환율제도의 개편논의가 또다시 고개를 들기 시작했다.

변동환율제도는 도입 시의 기대와는 달리 환율의 단기적 변동성(volatility) 심화 및 장기균형이탈(misalignment) 등 많은 현안문제를 제기시켰다. 또한 환위험 증가에 따른 세계교역규모 위축, 거래비용의 증가 등을 초래하여 투자를 위축시켰을 뿐만 아니라 국제수지 불균형, 국제유동성 편재가 야기되면서 자원배분의 비효율성을 초래하는 경우도 적지 않았다.

그리하여 1970년대 후반부터 고정환율제 복귀, 세계단일통화 창설, 고정환율제와 변동환율제의 절충, 외환거래세 도입에 의한 단기자본 이동규제 등 각종 논의가 활발히 전개되었다. 어쨌든 1980년대 중반 이후부터는 변동환율제도의 기능이 제역할을 되찾기 위해서는 국제적인 정책협조가 긴요하다는 공감대가 확산되었던 것이다. 이에 따라 1985년 9월 G-5는 플라자합의(plaza agreement)에 의한 정책협조의 일환으로 달러화 강세현상을 시정하기 위한 대규모 외환시장개입을 실시하였다.

그 후 1987년 2월 G-7간 루브르합의(Louvre accord)를 통해 주요 거시 경제지표에 대한 상호협조와 감시를 함으로써 환율안정을 도모하기로 합의하였다. 물론 1988년 이후에도 G-7의 정책협조체제는 지속되었다.

이와 같은 G-7간 정책협조결과 환율의 단기적 변동성은 어느 정도 완화시킬 수 있었다. G-7이 비공식적 회의체인데다 환율안정을 위한 명확한 규칙 등 구속성이 없었던바 각국의 정치적 이해에 따라 정책이 좌우되는 등의 문제점이 노출되었다.

지금까지 국제적인 통화제도의 논의를 거쳐 왔지만 2000년대에 들어서도 국제통화제도 개편논의의 모습을 보건대, 각국 정부가 이해관계에 따라 서로 다른 입장을 표명하고 있어 조만간 결론이 도출되기는 어려울 것으로 보인다. 가령 미국, 일본, 독일 등 주요 선진국 정부당국자들은 정치적·기술적 어려움을 이유로 공식적인 협조체제 구축보다는 현행 정책협조체제의 강화를 주장하는데 비해 자국통화의 대외결제비중이 상대적으로 낮아 환율변동의 영향을 많이 받는 개도국들은 유동성 지원 확대 요구 등 보다 적극적인 입장을 표명하는 등 이해관계가 서로 엇갈리고 있는 형편이다.

결국 1998년 이후부터의 논의는 환율제도의 변경보다는 환율정책을 포함한 거시경제전반에 대한 국가 간 정책협조 강화방안과 국제기구 개편문제 등을 중심으로 전개되고 있다. 1996년 6월 리용 G-7 정상회담에서도 국제통화제도에 관한 논의를 보면 환율제도 문제는 별로 관심을 보이지 않았던데 비해, 외환시장에서의 정책협조 강화 등은 특히 강조되고 있는 추세다. 때문에 21세기의 도래 이후 장기적으로 국제통화제도 개편이 추진된다고 볼 때 브레턴우즈위원회의 제안과 같은 단계적 접근론 형태로 진행될 가능성이 있을 것으로 예견된다. 다시 말해 선진국이 거시경제정책 강화로 정책의 탄력성을 확보한 후 국제적인 협의를 통하여 각국의 경제정책을 조화(coordination)시키고 수렴(convergence)시킨 다음 적당한 시기에 환율을 안정시키기 위한 탄력적인 범위(flexible band)를 설정하자고 제안한 브레턴우즈위원회의 단계적 접근론이 현실적으로 선택될 가능성이 높다.

4. IMF 시대와 한국

한국은 이미 1955년 8월에 58번째 가맹국으로 IMF에 가입한 바 있다. 이는 국제사회에서의 경제적 위상을 강화하고 동시에 경제개발에 필요한 재원조달을 위해 세계은행에의 가입을 위해서 필요한 전략이었다. 가입당시 한국의 쿼타는 12.5백만 SDR로 총 쿼터 중 0.14%의 비중에 불과했다. 그 후 여덟 차례의 증액을 거쳐 1996년 말 현재 쿼타 총액은 세계 36위인 799.6백만 SDR 그리고 쿼타 비중은 0.554%(투표권 비중 : 0.554%)로 증대되었다. 우리나라의 쿼타는 금 14.0백만 SDR, 교환성통화 165.9백만 SDR, 원화 619.7백만 SDR(약 6,640억 원)로 납입되었다. 한편 1997년 IMF연차총회에서 전체 가맹국의 쿼타 증액이 결의됨에 따라 우리나라의 쿼타 규모는 세계 28위인 1,633.6백만 SDR, 쿼타 비중은 0.770%로 늘어나게 되었다.

한국도 여타가맹국과 마찬가지로 국제통화질서의 안정 등을 위한 가맹국으로서 의무를 지고 있는데 가입 당시부터 대외지급제한조치를 잠정적으로 취할 수 있는 제14조국[2)]에 속하였으나 1988년 11월 1일 IMF 제8조국이 되었다. 현재 우리나라는 IMF가 매년 실시하는 협정문 제4조에 의한 정례협의와 제8조국으로서의 협의를 동시에 받고 있다.

한편 우리나라는 국제수지가 1980년대 후반부터 흑자로 반전되면서 1987년 3월 IMF 상무이사회는 우리나라를 국제수지 및 대외준비사정이 건실한 국가로 판정한 바 있다. 1989년 3월에는 우리나라 원화가 IMF 운용예산의 지급 및 수취통화에 포함되어 IMF 신용재원으로 사용되기 시작하였다. 나아가 우리나라의 IMF 신용수혜현황을 보면 1965년 환율의 안정유지와 국제수지 적자 보전을 위하여 쿼타의 50%에 해당하는 9.3백만 SDR 규모의 제1차 스탠바이 협약을 체결한 이래 1987년에 이르기까지 16회의 협약을 체결하여 모두 24.8억 SDR을 수혜 받았다. 그 후 국제수지가 크게 호전됨에 따라 1988년 들어 신용수혜 잔액을 전액 상환하는 한편 IMF의 확대구조조정금융(ESAF)을 통하여 만성적인 국제수지적자와 과중한 외채부담으로 곤란을 겪고 있는 저소득 개도국(1인당 GNP 905달러 이하)에 대하여 자금을 대출하는 등 재원공여국으로서의 역할을 강화시켜 왔다. 그렇지만 1997년 들어 태국, 인도네시아 등 동남아 국가들이 심각한 외환위기를 겪는 등 국제금융시장이 크게 동요되었다. 특히 우리나라도 한보, 대농, 기아 등 대기업들의 잇단 부도에 영향을 받아 1997년 말 IMF로부터 250억불 이상의 구제금융을 받음으로써 IMF시대를 맞이한바 있으며, 2000년에 와서도 대기업들의 구조조정과 함께 금융산업의 체질개선이 추진되고 있으며, 특히 2008년 이후 미국의 금융 불안이 세계경제를 위협하면서 지금에 이르고 있다.

---

2) IMF 가맹국의 경상지급제한 및 차별적 통화조치 등에 관한 협정문 제8조(2항, 3항 및 4항)에서 규정한 의무를 수락한 국가를 제8조국이라 하고 제14조에서 규정한 바와 같이 동 의무사항에 대해 제한을 계속하거나 사정상 이를 유보할 수 있는 국가를 제14조국이라 한다. 1997년 말 183개 IMF가맹국 중 140개국이 제8조국이다.

CHAPTER 12

유럽통화제도의 출범

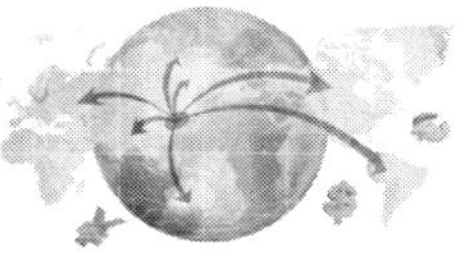

INTERNATIONAL FINANCIAL

이 장에서는 개발도상국중심의 통화질서 구축과 달리 유럽의 경제체제를 재정립할 수 있는, 유럽 고유의 새로운 통화질서 형성이 추진되는 과정을 고찰한다. 특히 1999년 1월 유로화라는 단일의 통화가 창출되는 역사적 과정까지 고찰하고자 한다.

제1절 유럽의 통화질서

1. 유럽공동변동환율제도(Snake System)

유럽의 공동통화제도는 EC출범 당시부터 추구되어 왔지만 그것이 현실화되기 시작한 것은 1970년대 초반부터이다. 즉 1971년 3월 유럽통화정책의 조화, 역내환율의 안정 등에 관한 단계적 방안이 마련되었으며 동년 12월에 스미소니언협정에 따라 대미달러 환율변동폭이 상하 각각 2.25%로 확대되자, 1972년 4월 EC역내국가들은 역내통화간의 환율변동폭을 이의 절반수준인 상하 각각 1.125%로 축소시키는 것을 주요 골자로 하는 역내공동변동환율제도(European system of narrower exchange rate margins)를 도입, 실시하였다.

한편 EC의 역내공동변동환율제도하에서 역내 통화의 미달러화에 대한 환율은 스미소니언협정에 따라 상하 각각 2.25%의 환율범위 내에서 변동하여 왔다. 즉 역내 국가들의 환율은 언제나 대미달러 환율변동폭 상하 각각 2.25%의 터널 속에서 움직이게 해 최대 4.5%를 변동할 수 있게 하였다.

이것이 <그림 12-1>에서 보는 것과 같이 역내국가들 통화의 환율은 하나의 터널 속을 기어가는 뱀의 형상을 띠게 된다고 해서 일명 스네이크제도(snake system)라 부르기도 한다.[1)]

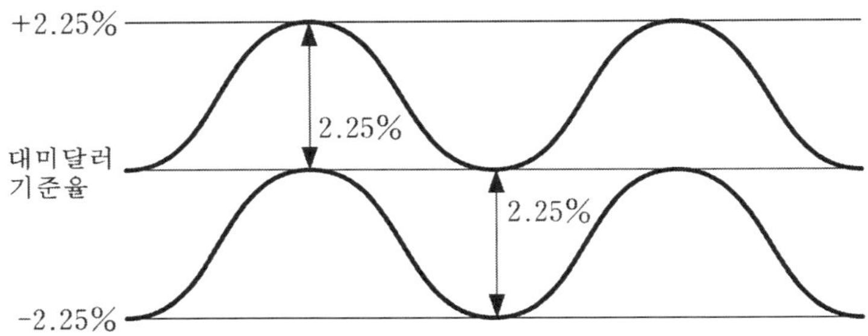

▶ 〈그림 12-1〉 EC 스네이크제도

EC스네이크체제는 가맹국간의 제반 거래에 적용할 계산단위 또는 가치기준으로서 유럽통화계산단위(EMUA: European Monetary Unit of Account)를 사용토록 하였는데, 1EMUA의 가치는 1971년 12월 18일 제1차 미달러화 평가절하전의 1미달러나 1SDR 또는 순금 0.888671g과 동일한 가치를 갖도록 하였다. 그리고 EC스네이크 체제는 가맹국으로 하여금 EMUA에 대한 자국통화의 기준환율을 설정토록 하는 한편 역내통화 간의 환율변동폭이 2.25%(상하 1.125%)의 관계를 벗어나는 경우, 당해국 중앙은행이 무제한으로 외환시장에 개입하도록 하였다. 시장개입에 필요한 재원은 초기에는 1970년

1) 최해범, 『국제재무관리』, 도서출판 대명, 2002, pp.101~114.

2월에 체결된 가맹국간의 단기신용공여협정(중앙은행간 스왑협정)에 의하여 조달하였으나 1973년 4월 6일 유럽통화협력기금(EMCF: European Monetary Cooperation Fund)이 설립된 이후로는 시장개입에 따른 각국 중앙은행간의 대차관계는 동 기금을 통해서 결제토록 하였다. 그러나 이 스네이크제도는 1973년의 석유파동, 선진 주요국의 변동환율제도의 전환 등을 계기로 역내 통화국간의 환율 괴리폭의 확대, 다수국의 빈번한 이탈과 복귀의 반복, 강세 통화권과 약세통화권의 형성 등으로 지탱하기 어렵게 되었다.

2. 유럽통화제도(EMS)

1) EMS의 운영과 특징

스네이크제도의 지탱이 어려워지자 1978년 12월 브뤼셀의 EC 9개국 정상회담에서 역내국가들은 유럽통화제도(EMS: European Monetary System)를 발족시키기로 합의하고 각국의 의견조정을 거쳐 1979년 3월에 EMS가 출범하였다.

EMS는 스네이크제도를 확대·개편한 것인데 유럽통화안정권(a zone of monetary stability)의 형성에 그 근본목적을 두고 있다. EMS는 ① 유럽통화단위(ECU: European Currency Unit)의 창출, ② 중앙은행의 외환시장 개입의무, ③ 중앙은행간의 신용공여 등을 기본운영체계로 해서 역내환율의 안정, 국제수지적자의 보전, ECU의 창출 등을 통해 단일통화권을 형성하여 유럽통화통합을 완결하는 것을 목표로 하였다.

이들의 내용을 좀 더 구체적으로 살펴보면 다음과 같다.

첫째, EMS는 각 가맹국 대외준비자산의 일부를 대가로 하여 유럽통화단위(ECU)를 창출하여 이를 가치척도(numeraire) 및 중앙은행간 결제수단으로 사용하기로 하는 한편 궁극적으로는 이를 발전시켜 유럽을 하나의 단일 통화권으로 통합하는 것을 기본목표로 하였다.

둘째, EMS는 1960년대 후반에 경험한 바 있는 각국간의 경쟁적인 평가절하를 지양하고 역내통화 간 환율의 안정을 도모하기 위하여 ECU를 중심으로 각 가맹국 통화 상호간의 기준환율을 정하고 가맹국으로 하여금 자국통화의 환율을 동 기준환율로부터 상·하 일정한도 내에서 유지토록 의무화 하였다. 여기서 각 가맹국의 통화당국은 자국통화환율을 동 한도 내에서 유지하기 위하여 필요한 경우에 외환시장개입, 국내정책조정 등 필요한 조치를 강구하여야 한다. 또한 기준환율은 가맹국간 기초경제력의 불균형(fundamental disequilibrium) 확대로 인하여 불가피한 경우에만 변경할 수 있도록 함으로써(평가 재조정) 역내통화간의 환율안정에 최대의 역점을 두었다. 한편 가맹국 이외의 통화에 대한 환율은 자유로운 변동을 허용하였다.

셋째, EMS는 초단기 및 중단기 신용지원제도를 운용하고 있는데, 특히 초단기신용제도를 이용하여 가맹국은 환율안정을 위한 의무적 외환시장개입에 필요한 자금을 무제한 조달할 수 있으며, 국제수지적자를 나타낸 가맹국의 경우에는 일정한도 내에서 필요한 자금을 인출하여 사용할 수 있도록 했다.

EMS는 1990년대에 접어들면서 운영에 큰 차질을 빚게 된다. 1980년대와는 정반대로 환율불안정이 심화되었고 EMS의 문제점이 가시화되었다. 여기에는 유럽역내시장통합과 국가 간 자본이동의 자유화가 크게 작용하였다. 이미 1980년대 후반부터 역내외 자본이동의 자유화가 진전되고 핫머니가 유입되면서 EMS가 불안정해지기 시작하였다. 1990년대 초 EMS국가들이 심각한 경기침체를 겪고 있을 때 독일의 인플레이션 억제를 위한 긴축정책은 ERM 이탈을 야기할 정도로 여타 국가들에게 큰 타격을 가하였다.

그러나 EC의 통화안정과 경제적 불균형의 축소를 도모하기 위해 비교적 신축적인 운영을 제시했던 EMS는 유럽의 통화안정 구축에 상당히 기여했다고 볼 수 있다.

2) 유럽통화단위(ECU: European Currency Unit)

ECU는 EMS의 기능수행에 있어 핵심적인 역할을 담당하였다. 즉, ECU는 통화가치의 척도가 되어 EMS 환율제도하에서 EMS 구성통화의 중심환율(central rate)과 괴리지표[2](divergence indicator)를 계산하는 단위로 사용되었

2) 괴리지표란 ERM내 어느 특정통화의 대 ECU시장환율이 ECU 중심환율로부터 괴리된

으며, 둘째 외환시장개입 및 신용제도의 표시단위가 되었고, 셋째 EC 통화당국간의 결제수단으로서의 기능을 수행하였다.

ECU는 1979년 3월 유럽통화제도(EMS)의 설립과 더불어 창출된 통화단위로서 종래의 EC계산단위이던 EUA(European Unit of Account)를 대신하여 사용하였던 복합통화단위이다. ECU의 바스켓 구성통화에는 12개 EC가맹국통화가 포함되어 있었으며, 각 통화별 가중치는 각국의 GDP수준, EC내 무역규모 등을 반영하여 결정되었다. EC는 각국 간의 상대적 경제력이나 역내통화의 환율변동을 반영하여 매 5년마다 바스켓의 구성통화단위수를 재조정하여 왔으나 1994년 1월부터 ECU 구성통화 단위수가 마스트리히트 조약의 취지에 따라 동결되었다. ECU바스켓의 각국 통화단위 수에 의한 산식은 다음과 같다.

〈표 12-1〉 ECU바스켓의 각국 통화단위수의 산식

1ECU				
	3.301(7.78)	벨기에 프랑	+1.332(19.29)	프랑스 프랑
	+0.13(0.30)	룩셈부르크 프랑	+0.008552(1.11)	아일랜드 파운드
	+0.1976(2.52)	덴마크 크로네	+151.8(10.23)	이탈리아 리라
	+0.6242(30.32)	독일 마르크	+0.2198(9.48)	네덜란드 길더
	+1.440(0.95)	그리스 드라크마	+1.393(0.81)	포르투갈 에스쿠도
	+6.885(5.15)	스페인 페세타	+0.08784(12.06)	영국 파운드

※ (　　)내는 가중치를 나타냄

(괴리율)를 당해통화의 ECU중심환율로부터의 최대허용변동폭(MDS: maximum divergence spread)으로 나눈 비율(괴리율/MDS)로서 다음 식으로 표시됨.

$$\text{괴리지표} = \frac{(\text{대 ECU시장환율} - \text{대 ECU중심환율})/\text{대 ECU중심환율}}{\pm 15\% \times (1 - \text{ECU 가중치})} \times 100$$

3) 유럽환율 조정 메커니즘(ERM)

ERM(European exchange rate mechanism)은 ERM참가 회원국[3] 통화 간에 중심환율(bilateral central rate)을 설정하고 환율변동은 원칙적으로 동 중심환율의 상하 15%(1993년 8월 2일 이전에는 상하 2.25%) 이내로 제한하는[4] 동시에 특정 ERM 회원국 통화의 환율변동이 동 제한폭을 이탈하는 경우 당사국에 대해 외환시장 개입을 의무화하였다. 또한 평가재조정(realignment)이 필요한 경우에는 전ERM회원국의 동의를 얻도록 하였다.

이와 같은 ERM은 ERM참가 회원국 통화 간 환율의 과도한 변동에 따른 불확실성을 제거하고 회원국 경제의 안정적 성장을 도모하기 위한 제도적 장치로 1979년 3월 발족한 이래 수차례의 평가조정을 경험하였으나 그동안 회원국 간의 협조를 통해 ERM 회원국 통화의 환율안정에 크게 기여한 것으로 평가되고 있다.

한편 ERM참가국 통화의 대 ECU중심환율(central rate)은 ERM참가국 중앙은행들의 합의에 의해 결정되며, 동 환율은 회원국의 합의에 의한 평가조정이 있을 때까지 계속 유지되었다. 그리고 ERM통화 상호간 중심환율(bilateral central rate 또는 cross paritv rate)은 대 ECU중심환율을 재정하여 산출하였다.[5]

---

3) ERM은 당초 독일 마르크화, 프랑스 프랑화, 이탈리아 리라화, 네덜란드 길더화, 벨기에 및 룩셈부르크 프랑화, 덴마크 크로네화, 아일랜드 파운드화 등 8개국 7개 통화로 발족하였으나 그 후 스페인 페세타화(89년 6월), 영국 파운드화(90년 10월), 포르투갈 에스쿠도화(92년 4월)가 추가로 가입하여 EC 12개 회원국 중 그리스 드라크마화를 제외한 전회원국 통화가 가입되어 있었음. 그러나 1992년 9월, 영국 파운드화와 이탈리아 리라화가 이들 통화의 시장투매에 의한 평가절하가 불가피함에 따라 ERM을 잠정 탈퇴하였다가 1996년 11월에 이탈리아만 재가입하였음. 한편 1995년 1월에 오스트리아가, 1996년 10월에는 핀란드가 그리고 1998년 3월에는 그리스가 각각 가입하였음.

4) 다만 독일 마르크화와 네덜란드 길더화간의 환율변동허용폭은 상하 2.25% 이내로 제한.

5) 이강남, 『국제금융론』, 법문사, 2001, pp.779~780.

제2절 유럽경제통화동맹(EMU)

1. EMU의 추진배경

1987년 7월 단일유럽의정서(Single European Act)의 채택은 역내의 노동, 자본, 재화 및 서비스의 완전자유화를 위한 제도적 기반을 마련한 것으로 동 의정서에서는 EC통합의 개념을 이제까지의 공동시장(common market)에서 역내시장(internal market)으로 확대하고 특히 유럽연합(EU: European Union)과 경제통화동맹(EMU: Economic and Monetary Union)의 실현을 명시하였다.

한편 1988년 6월의 하노바 EC정상회담에서는 EMU의 조기추진을 결정하고 당시 EC집행위원회 위원장인 Delors를 위원장으로 하여 EMU추진 방안을 실무적으로 검토할 Delors위원회를 구성하고 1989년 4월에는 EMU의 기본추진 계획인 Delors보고서가 채택되었다. 동 보고서에서는 EMU를 3단계로 나누어 단계적으로 추진할 것을 건의하였는데, 즉 제1단계에서는 전 회원국의 EMS 가입과 회원국 간 경제·통화정책의 협력을 강화하고, 제2단계에서는 유럽중앙은행의 설립과 경제·통화정책의 공동추진을 목표로 하고, 마지막 제3단계에서는 단일통화 창출과 유럽 중앙은행에 의한 역내 단일통화정책의 수립·집행을 추진하도록 하였다.

또한 1989년 6월의 마드리드 EC정상회담에서는 1990년 7월 1일부터 Delors 보고서에 의한 EMU 제1단계를 실시하기로 합의하고, 이어 1990년 6월의 더블린 EC정상회담에서는 EMU 완성을 위한 로마조약개정을 위하여 EC각국 정부 간 회의를 1992년 12월부터 시작하기로 하였다.

그리고 1991년 12월 9일~10일 네덜란드의 마스트리히트(Maastricht)에서 개최된 EC 12개국 정상회담에서는 경제통화동맹 및 유럽정치동맹(EPU: European Political Union)의 실현을 위해 유럽연합조약(Treaty on European Union)의 체결에 합의하였다.

2. EMU의 추진과정

EMU와 EPU를 목표로 체결된 마스트리히트조약, 즉 유럽연합조약은 유럽통합과정에서 1957년의 로마조약 이후 EC 정상 간에 이루어진 가장 중요한 정치적 합의이며, 이후 유럽의 장래와 국제정치경제질서의 근본적인 개편을 예고한다고 할 수 있다.

마스트리히트조약에서는 Delors보고서의 제안에 따라 EMU를 완성함에 있어 우선 이를 3단계로 나누어 추진하기로 하고 EMU 제1단계(1990년 7월 1일~1993년 12월 31일)에서는 전 회원국의 ERM가입과 환율안정 및 정책협조에 역점을 두고 있으며, EMU 제2단계(1994년 1월 1일~l998년 12월 31일)에서는 유럽통화기구(EMI: European Monetary Institute)를 설립하여, EMI로 하여금 유럽중앙은행제도의 설립과 단일통화 창출을 목적으로 하고 있는 EMU 제3단계로의 이행을 위한 준비업무를 담당하도록 하였다. 제3단계(1999년 1월 1일부터)에서는 유럽중앙은행제도(ESCB: Euro pean System of Central Banks)를 설립하여 참가국의 통화주권을 유럽중앙은행제도에 이양하고 동시에 단일통화를 창출하여 유럽통화통합을 완성하도록 명시하였다.

3. 경제수렴 조건

EMU의 추진과정중 제3단계에 진입하기 위하여 우선 거시경제측면에서 EU회원국이 충족하여야 할 경제수렴조건의 내용은 다음 <표 12-2>와 같다.

다음은 경제수렴조건들은 상호 밀접한 관련으로 인해 한 조건이 수렴조건에서 이탈하는 경우 나머지 세변수도 수렴조건의 충족이 어렵게 된다. 이들 5가지 조건 중에서 가장 중요한 조건은 물가인데 물가가 안정되는 경우 환율의 안정이 가능하며 기대 인플레이션율을 반영하는 장기금리도 안정 될 수 있다. 또한 재정적자의 축소는 나머지 수렴조건의 충족을 위해 반드시 준수되어야 하는 조건인 바 이는 방만한 재정지출과 재정적자 하에서는 물가안정은 물론 금리 안정도 불가능하기 때문이다. 예컨대 경제수렴조건으로서 5가지 거시경제지표는 상호 밀접한 관련을 가지고 있으면서 경제안정의 정도를 각각 다른 측면에서 평가한 것이라 하겠다.

수렴조건 충족에 관한 각종보고서(EU집행위원회, EMI, 각종중앙은행)를 기준으로 98년 5월 EU정상회담에서 5개 수렴조건을 충족한 독일, 프랑스 등 EU 회원국 중 11개 회원국이 초기 EMU출범에 참가하였으며, 초기 4개 불참국가중 영국과 덴마크는 선택적 불참(optionout)조건으로, 그리스는 수렴조건 충족 미달로, 스웨덴의 Krona 통화는 과거부터 EMS에 참가하지 않았기 때문에 초기 EMU 출범에 불참하게 되었다.

▶▶ 〈표 12-2〉 유럽경제통합의 수렴조건

물가안정	최근 1년간 소비자 물가상승률이 가장 안정된 3개 EU 회원국의 평균인플레이션율을 1.5% 이내로 유지할 것
재정적자	97년말 재정적자(Deficit)는 GDP의 3% 이내로 유지할 것
장기금리	최근 1년간 소비자물가 상승률이 가장 안정된 3개 EU 회원국의 평균장기금리을 2% 이내로 유지할 것
환 율	최근 2년간 ERM 회원국 통화간에 설정된 기준환율을 고수하고 자국통화와 다른 회원국 통화간의 시장환율은 ERM의 환율변동폭(독일 마르크화와 네덜란드 길더화는 ±2.25%, 기타 통화 ±15.0%)이내에서 유지할 것
공공부채	97년말 공공부채(Debt)는 GDP의 60% 이내로 유지할 것

4. 유로화의 도입

1995년 12월 마드리드 유럽연합(EU: European Union) 정상회담에서는 EMU 단일통화의 명칭을 유로(Euro)로 결정하였으며, 1999년 1월 1일부터 유로화 도입국의 통화와 유로화간의 환율을 고정하고 종전까지 공동통화로서 사용하던 공적 ECU는 공식적으로 폐기하도록 하였다.

1999년 1월 1일부터 적용된 최초참가국의 통화들과 유로화간의 교환비율은 <표 12-3>과 같다.

▶▶ 〈표 12-3〉 유로화와 EMU 참가국 통화간 교환비율

참국가 통화	교환 비율	참국가 통화	교환 비율
벨기에 프랑(BEF)	40.3399	룩셈브르크 프랑(LUF)	40.3399
독일 마르크(DEM)	1.95583	네덜란드 길더(NUG)	2.20371
스페인 페세타(ESP)	166.386	오스트리아 쉴링(ATS)	13.7603
프랑스 프랑(FRF)	6.55957	포르투칼 에스쿠도(PTE)	200.482
아일랜드 파운드(IEP)	0.787564	핀란드 마르크(FIM)	5.94573
이탈리아 리라(ITL)	1,936.27	그리스 드라크마(DRX)	340.75

※ 주 : 1) 교환비율은 1유로화 단위당 참가국 통화단위
2) 그리스는 2001년 1월 EMU 가입

1999년 ESCB의 설립 이후 2001년까지 유로화는 국공채발행, 공공거래 및 은행 간 거래 등 비현금거래에서만 사용되는 장부화폐로서 기능하였다. 2002년 1월 1일부터는 유로화 지폐 및 주화를 발행하여 유로지역(Euro-zone)의 각국 통화와 병행하여 사용할 수 있도록 하였으며 이후 6개월간 회수과정을 거쳐 2002년 7월 1일부터 유로화만이 유로지역 내의 법정통화로서 통용되고 있으며, 2013년 1월 현재 17개국이 유로화를 사용하고 있다.

제3절 유럽중앙은행제도(ESCB)

1. ESCB의 개요

유럽중앙은행제도(ESCB)는 미국의 중앙은행제[6]와 같이 유럽중앙은행(ECB: European Central Bank)과 EU 회원국의 27개 중앙은행(NCBs: National Central Banks)으로 구성되어 있다. 참 ESCB 통화정책은 ESCB 설립근거법 제2조에 따라 기본목표를 "물가안정 유지"에 두었으며[7] 통화정책을 결정하는 정책이

6) 미국은 연방준비이사회(Board of Governor: 7인)와 지역연방준비은행(Federal Reserve Bank: 12개)이 연방준비제도(Federal Reserve System)로 구성되어 있다.
7) ECB의 설립모델이 된 독일 중앙은행의 경우도 통화공급과 신용의 규제를 통한 통화안정유지가 목표임 미국 통화정책은 서로 상충될 수 있는 여러 가지 목표(물가안

사회(Governing council), 통화정책을 집행하는 집행위원회(Executive Board), 영국 등 초기 4개 EMU 불참국이 포함된 일반이사회(General council)가 'Euro' 지역 전체에 대한 통화정책을 담당하고 있다.

〈표 12-4〉 유럽중앙은행제도(ESCB)개요

구 분	주 요 내 용
구 성	• 유럽중앙은행 및 EMU 참가국의 중앙은행
목 적	• 물가안정 • 물가안정을 해치지 않는 범위 내에서 EU차원의 일반경제정책 지원
기 능	• 통화정책의 수립, 집행 • EU 재무장관이사회의 환율정책에 따른 외환관리 • 외화지급준비금 보유 및 운용과 지급결제시스템의 관리 • 단일통화(Euro화 발행) • 은행감독 및 금융제도의 안정성에 관한 자문
정책 수단	• 공개시장조작 • 지급준비율 변경 • 신용공여 등 기타 정책수단
의결 기구	• 정책이사회 • 집행위원회 • 일반이사회
자본금	• 규모: 50억 유로(정책이사회의 결정에 따라 증가 가능) • 회원국 중앙은행만이 출자가능하며 각 가맹국의 인구비 중(50%) 및 ESCB 설립 전 5 년간 GDP 비중(50%)에 따라 분담 • 동 출자기준은 매 5년마다 조정
통화정책 운용수익 배 분	• ESCB의 통화정책 수행으로 발생하는 회원국 중앙은행의 통화정책 운용 수익은 금융기관 예치금에 대한 이자, 회원국 중앙은행의 발권비용, ECB의 순손실금을 보전한 후 ECB 출자비율에 따라 회원국 중앙은행의 배분
ECB 순이익의 처 리	• 자본금의 100%에 달할 때까지 순이익의 20% 이내 금액을 일반 보유금으로 적립하고 나머지는 ECB 출자비율에 따라 회원국 중앙은행에 배분
법적 지위	• 회원국 정부 및 EU 기구로부터 완전 독립 • 유럽회의, EU이사회, EU재무장관이사회 및 EU 위원회에 ESCB 활동 및 통화정책에 관하여 보고

정, 높은 고용수준 유지, 성장잠재력에 맞는 경제성장, 낮은(Moderate) 장기금리)를 동시 추구

그러나 EMU 참가국 중앙은행(NCBs)의 전체 직원 수는 53,000명인 반면에 ECB 직원 수는 500명에 불과하여 ECB는 맨파워 면에서 열세에 직면할 수 있다. 중앙은행독립의 모델인 독일 중앙은행(Bundesbank)에 가깝도록 설계된 ECB는 제도면에서 세계에서 가장 독립된 중앙은행의 요건을 대부분 갖추고 있다고 할 수 있겠다. 총재를 포함한 ECB임원 6인의 임기는 8년 단임으로 재선을 위한 정치적 고려가 불필요하고, EMU 참가국 중앙은행총재는 최소한 5년 계약으로 임명되며 ECB는 어느 개인이나 기구로부터 지시/제의를 받는 것이 공개적으로 금지되어 있고 정치인은 ECB에 대하여 영향력을 행사하지 못하도록 ECB 근거법에 명시되어 있다.

2. ESCB의 조직

유럽중앙은행은 유럽중앙은행제도의 중추적인 기구로서 여기에는 정책이사회와 집행위원회 및 일반이사회 등 3개 의결기구를 두고 있다. 한편 유럽중앙은행총재는 이들 3개 기구의 의장직을 겸임하고 유럽중앙은행의 대외적인 대표권을 행사하게 된다. 유로지역의 중앙은행들은 유럽중앙은행 정책이사회와 집행위원회가 정하는 지침과 지시를 받아 통화정책 업무를 수행하게 된다.

1) 정책이사회

정책이사회(Governing Council)는 유럽중앙은행의 최고의사결정기구로서 유로지역의 단일통화정책을 수립하여 통화량, 금리 등 중간통화관리목표를 설정하고 이를 집행할 지침을 결정한다. 정책이사회는 집행위원회의 모든 위원과 유로지역 중앙은행총재들로 구성되며, EU재무장관이사회 의장과 EU위원회 대표 등은 투표권 없이 회의에 참석할 수 있다.

2) 집행위원회

집행위원회(Executive Board)는 정책이사회가 수립한 통화정책을 집행하고,

유로지역의 각국 중앙은행에 통화정책을 집행하기 위해 필요한 사항을 지시한다. 총재, 부총재, 이사 4인 등 유럽중앙은행의 임원 6명으로 구성되며, 이들 유럽중앙은행의 임원은 통화·금융 분야에서 전문적인 경험과 명성을 인정받고 있는 인사들 가운데 EU재무장관이사회가 유럽의회 및 유럽중앙은행 정책이사회와 협의를 거쳐 추천하면 참가국 정상 간의 합의에 의해 임명되며 임기는 모두 8년 단임으로 되어 있다. 또한 집행 위원들은 유럽중앙은행의 임원으로서 유럽중앙은행의 일상 업무를 관리한다.

3) 일반이사회

일반이사회(General Council)는 유럽통화기구 업무의 유럽중앙은행으로의 이관, 통계자료 수집, 유럽중앙은행 연차보고서 발간, 회계기준의 정립, 유럽중앙은행 직원인사 등 일반사무에 관한 사항을 심의 의결한다. 또한 일반이사회는 유로지역 외의 통화와 환율조정문제를 협의한다. 일반이사회는 총재, 부총재 및 모든 27개 EU회원국의 중앙은행총재로 구성되며 유럽중앙은행 이사 4인은 투표권 없이 회의에 참석할 수 있다.

4) 유로지역의 중앙은행

유로지역의 중앙은행은 유럽중앙은행제도의 일부 조직으로서 유럽중앙은행 정책이사회의 결정과 집행위원회의 지시에 따라 통화정책을 집행하게 된다. 각국 중앙은행의 지위와 기능은 유럽중앙은행제도의 독립적인 법적 지위와 통화정책 기능과 조화되어야 하며 각국 중앙은행 총재는 5년 이상의 임기가 보장된다.

한편 유럽중앙은행의 정책이사회가 2/3 이상의 의결로 유럽중앙은행제도의 목적이나 임무에 저촉되는 것으로 판단하지 않는 한 각국 중앙은행들은 자체적인 책임 및 의무의 원칙하에 유럽중앙은행제도 정관에 규정되지 않은 기능을 수행할 수 있다.

part 6
파생금융상품시장

- ▶▶ 제13장 스왑
- ▶▶ 제14장 옵션
- ▶▶ 제15장 주가선물거래

CHAPTER 13

스왑

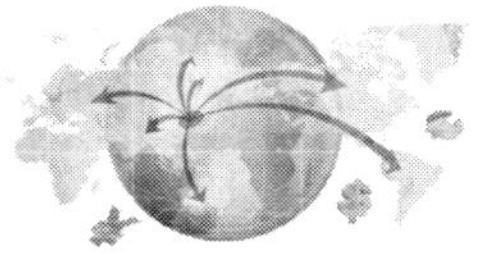

INTERNATIONAL FINANCIAL

1980년대 중반 이후 1990년대 후반, 2000년대에 이르기까지 국제금융시장에서 일어났던 가장 놀랄 만한 발전은 파생금융상품시장의 광범위한 등장이라 할 수 있다. 우선 전세계적으로 금융산업에 대한 규제가 완화됨에 따라 금융기관 간에 경쟁이 치열해지고 동시에 금리의 변동폭이 확대되었다. 이러한 금리변동에 따른 위험을 회피하고 효율적인 자산·부채관리에 대한 필요성이 증대되면서 다양한 금융위험관리상품이 출현하게 되었다.

최근에는 모든 금융기관들이 위험을 회피하면서 더 높은 수익을 달성하기 위해 파생금융상품에 적극 참여하고 있어서 이에 대한 중요성이 더욱 커지고 있다. 본 장에서는 가장 대표적인 파생금융상품으로 스왑을 중심으로 그 주요 내용을 살펴보고자 한다.

제1절 스왑거래의 개요

1. 스왑거래의 의의

스왑거래는 일정한 금융자산의 가격에 기초하여 설정된 일정한 계약내용에 따라 결제하기로 약속된 계약이다. 이때 기초로 하는 자산의 가격이 원유, 곡물 등과 같은 실물자산의 가격일 경우 상품스왑(commodity swap)이라 하고 통화, 금리, 주가지수 등과 같이 금융자산의 가격일 경우 금융스왑(financial swap)이라 한다. 이 장에서는 금융스왑의 대표적 형태인 금리스왑과 통화스왑에 대해서 기술하고자 한다.[1)]

스왑은 금리나 통화를 기준으로 발생하는 현금흐름에 대한 청구권을 상호 교환하기로 하는 양 당사자 간의 계약이다. 그런데 스왑에는 교환되는 두 개의 화폐금액이 서로 다른 통화로 표시되는 경우 통화스왑이라고 하며, 동일한 통화로 표시되나 한쪽은 고정이자금액이고 다른 한쪽은 변동이자금액인 경우 금리스왑이라고 한다. 그리고 서로 다른 통화로 표시되는 고정이자금액과 고정이자금액 또는 동일 통화로 표시되는 변동이자금액과 변동이자금액과의 스왑도 역시 가능하다.

스왑시장에는 최종이용자와 중개자로서의 금융기관이 참가한다. 최종이용자는 재무관련 활동으로부터 발생하는 금리 또는 환위험을 관리하기 위하여 스왑거래에 참여하고 있다. 은행, 기업, 저축기관, 보험회사, 공공단체, 국제기구, 각국 정부 등이 스왑시장의 최종이용자로 참여하고 있다.

스왑시장에서 중개자로 대형 상업은행 또는 투자은행 등의 금융기관이 참여하고 있다. 이들 대형 상업은행이나 투자은행 등은 브로커로서의 단순한 스왑의 중개역할만을 수행하는 것이 아니라 딜러로서 스왑시장의 시장조성자 역할을 수행하고 있다.

---

1) 최해범, 『국제재무관리』, 도서출판 대명, 2002, pp.255~272.

2. 스왑거래의 경제적 동기

대부분의 통화 및 금리스왑은 다음과 같은 세 가지의 경제적 동기를 가지고 수행된다. 첫째는 위험배분을 통한 장기간의 헷징(hedging), 둘째는 서로 다른 시장에서의 비교우위를 활용하여 자금조달비용을 절감시키고자 하는 차익거래(arbitrage), 셋째는 접근불가능한 시장에 실제적으로 접근한 효과를 얻고자 하는 시장완성(market completion) 등의 동기를 갖는다.

1) 위험배분을 통한 헷징

통화 및 금리스왑은 만기나 현금흐름의 형태 때문에 다른 파생금융상품들보다 효과적인 위험배분의 역할을 한다. 한 회사(또는 다른 상대방)가 외국통화표시 또는 변동금리부 부채에 대응되는 자산부분이 매치되지 않는 현금흐름을 가지고 있을 경우 그 회사는 그 반대의 입장에 있는 두 번째 상대방을 찾아서 자신의 외국통화 현금흐름과 매치되거나(통화스왑), 변동금리 자산과 부채의 흐름이 밀접하게 매치되는(금리스왑) 방법으로 스왑을 준비한다. 특히 만기가 장기이고 일정기간마다 발생하는 현금흐름을 갖는 자산과 부채의 경우, 다른 형태의 파생상품으로 이들이 갖는 금리 및 환위험을 커버하기가 어려울 수도 있다. 따라서 스왑을 통하여 금융자산가격의 변동성 확대로 인한 금리 및 환위험을 효율적으로 관리하고자 한다.

2) 차익거래

스왑거래는 자본시장간의 불균형이나 불일치 상태를 이용하여 시장에 존재하는 차익거래 이익을 얻고자 시도되고 있다. 이러한 차익거래 기회는 외환 및 자본통제, 조세법규, 고정금리 대 변동금리부채의 시장가격의 비일관성 및 서로 다른 통화로 표시되는 부채의 시장가격에서의 불일치로부터 발생한다.

통화 및 금리스왑을 통해 차익거래이익을 얻을 수 있음을 예를 들어 설명해보면 일본의 어떤 회사가 일본의 엔화로 표시된 부채를 원한다고 가정하면 적어도 엔화부채를 얻기 위한 두 가지 방법이 존재한다. 첫째는 엔화부채를 발행하는 방법이고, 둘째는 달러화부채를 발행하고 그것을 엔화부채로 스왑하는 방법이 있다. 그러면 일본의 그 회사가 달러화부채를 발행하고 스왑을 통해 엔화부채를 얻는 두 번째 방법을 택한다면 그 이유는 달러화부채를 발행하고 이를 엔화부채와 스왑하는 것이 엔화부채를 직접 발행하는 것보다 비용이 더 저렴한 방법이 될 수 있기 때문일 것이다.

어떤 여건 하에서는 고정금리부채를 조달코자 할 때 우선 변동금리부채를 발행하고 다음에 그것을 고정금리부채로 스왑하는 것이 비용이 더 저렴할 수 있다. 예를 들어 시장에서 두 회사의 고정금리부채의 가격차이가 두 회사의 변동금리부채의 가격차이와 일치하지 않을 수도 있다. 만일 이러한 불일치가 은행 또는 다른 중개인이 두 개의 회사를 서로 거래하도록 하여 이익을 얻을 수 있을 만큼 충분히 크다면 부채스왑은 이루어질 것이다.

스왑거래는 자금조달과 운용면에서 상대적 비교우위가 있는 시장에서 자금차입하거나 운용하여 투자자에게 유리한 금리나 통화로 교환함으로써 자금조달비용을 절감하고자 이용하는 것이다.

3) 시장완성

어떤 경우에 스왑은 시장완성의 역할을 한다. 영국 파운드화부채를 발행하기를 희망하는 회사가 신용도, 발행절차 등의 이유로 영국시장에 참여할 수 없을 수도 있다. 이 경우 그 회사는 영국 파운드화부채를 가지고 있는 다른 회사와 거래를 하여 그 회사가 다른 통화로 쿠폰과 원금을 지급할 채무를 인수하는 대가로 다른 회사의 영국 파운드화로 표시된 쿠폰과 원금을 지급할 채무를 떠맡는 것이다. 그 결과 그 회사는 실질적으로 영국 파운드화부채를 발행한 것과 동일한 효과를 얻게 된다.[2)]

2) 어윤대 · 임윤수, 『국제금융』, 학현사, 1998, pp.705~708 재인용.

제2절 금리스왑

금리스왑(interest rate swaps)은 두 채무자가 각각의 채무에 대한 이자지급 의무를 일정기간 동안 상호 교환하기로 약정하는 거래를 말한다.

금리스왑은 보통 자금조달비용을 줄일 목적으로 많이 이용된다. 즉, 당사자들의 자금시장에서의 신용도에 따라 한쪽이 고정금리로 자금을 조달하는데 비교우위에 있고, 다른 쪽이 변동금리로 자금을 조달하는데 비교우위에 있다면 이들은 각자 비교우위가 있는 금리로 자금을 조달하여 딜러를 통해 금리스왑을 함으로써 양자 모두 금리부담을 줄일 수 있다.

금리스왑에서 교환의 대상이 되는 원금은 동일한 통화이며 액수도 동일하므로 굳이 원금의 교환이 이루어질 필요는 없다. 단지 서로 다른 형태의 금리교환으로 인해 발생하는 금리차이에 따른 차액만큼만 매 정산일마다 지급하면 된다. 따라서 금리스왑에서의 비교우위는 주로 고정금리와 변동금리의 차이에 기인하는 것이다.

1. 표준금리스왑

두 기업에 대한 금융시장의 신용도 평가의 차이에 의해서 양측이 적용받는 고정금리와 변동금리가 각기 다를 경우 서로 간에 비교우위에 의해 이자지급의무를 교환하는 가장 기본적인 형태의 금리스왑을 표준금리스왑(plain vanilla swap)이라고 한다. 이러한 스왑계약이 성립하기 위해서는 스왑을 통해 갖게 될 이자지급의무의 형태에 대해서 서로가 만족해야 함은 물론이다.

예를 들어 <표 13-1>에서 보듯이 A사는 5년 만기의 자금을 조달하는데 있어서 변동금리로 자금을 조달하는 데에 비교우위가 있지만 고정금리의 자금을 선호하는데 비하여 B사는 고정금리로 자금을 조달하는데 비교우위가 있지만 변동금리의 자금을 선호한다고 하자.

▶▶ 〈표 13-1〉 스왑이전 차입가능조건

	A사	B사
고정금리	12.50%	10%
변동금리	LOBOR+1%	LIBOR
비교우위	변동금리	고정금리
목　　표	고정금리	변동금리

위의 경우에 A사는 변동금리로 자금을 차입하고 B사는 고정금리로 자금을 차입한 다음, 딜러를 통해 스왑거래를 시행할 수 있다. 이 스왑거래에서 원금의 교환은 없지만 변동금리차입, 고정금리차입, 이자지급교환 등 세 단계의 거래가 일어나게 된다.

결과적으로 <그림 13-1>에서 보듯이 A사는 LIBOR+1%에 차입하고 스왑딜러에게서 LIBOR를 공급받는다. 대신에 A사는 고정금리로 딜러에게 11%를 지불한다. 따라서 A사의 최종 이자비용은 12%이다. A사가 자체적으로 고정금리자금을 조달할 경우 금리는 12.50%이기 때문에 A사는 스왑을 통해서 0.50%를 절감할 수 있음을 알 수 있다.

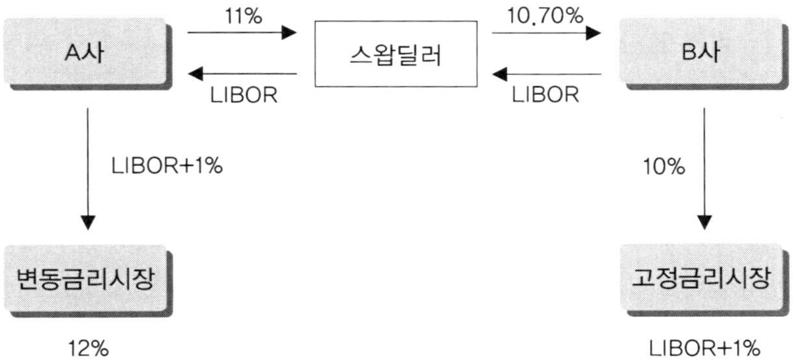

▶▶ 〈그림 13-1〉 표준금리스왑

B사의 경우는 고정금리 10%로 자금을 조달하고 스왑딜러에게 LIBOR를 주는 조건으로 10.70%의 고정금리를 공급받을 수 있어 고정금리에서 0.70%를 얻는다. 그런데 B사가 지불하는 금리는 변동금리인 LIBOR이므로 B사의 유효차입비용은 결과적으로 LIBOR-0.70%가 되므로 B사 역시 변동금리로 직접 자금을 빌릴 때 지불하는 LIBOR보다 0.70%를 절감하는 결과를 얻는다.

여기서 스왑딜러는 A로부터 11.00%의 고정금리를 받아 10.70%에 B사로 넘기는 과정에서 0.30%의 매입－매도의 차이(bid-ask spread)를 대가로 얻게 되는데 이것이 딜러가 취하는 일종의 수수료인 셈이다.

2. 기준금리스왑

일반적으로 금리스왑이 고정금리와 변동금리 사이에 이루어지는데 비하여 기준금리스왑(basic swap)은 변동금리 사이에 이루어지는 스왑이다. 즉, 기준금리가 될 수 있는 변동금리들의 변동성에는 차이가 있으며 스왑거래의 양 당사자가 서로 다른 종류의 변동금리를 원하는 경우 기준금리스왑이 성립될 수 있다. 주로 CP와 재정증권, 혹은 CP와 LIBOR금리간의 스왑이 이루어지는 것이 보통이며 서로가 다른 유형의 자산과 부채를 갖고 있기 때문에 자신이 가진 자산과 부채의 유형에 알맞은 변동금리를 통하여 위험을 관리하기 위하여 이를 사용한다.

예를 들어 A사는 현재 CP변동금리로 자금을 조달하고 있다. 그러나 A사는 이자지급을 LIBOR금리로 전환하기를 원하며 이 경우 신용등급 최우수인 A사는 LIBOR+0.20%를 적용받을 수 있다. 반대로 B사는 자신이 가지고 있는 LIBOR+0.50% 부채를 CP변동금리로 전환하려고 한다. 이 경우 두 기업 사이에 기준금리스왑이 <그림 13-2>와 같이 이루어질 수 있다. 결과적으로 A사는 자신이 원하는 대로 LIBOR+0.20%의 이자율을 부담하며 B사는 CP+0.40%의 이자율을 부담한다.[3)]

3) 박영규, 『글로벌 파이낸스』, 삼영사, 1999, pp.174~176 재인용.

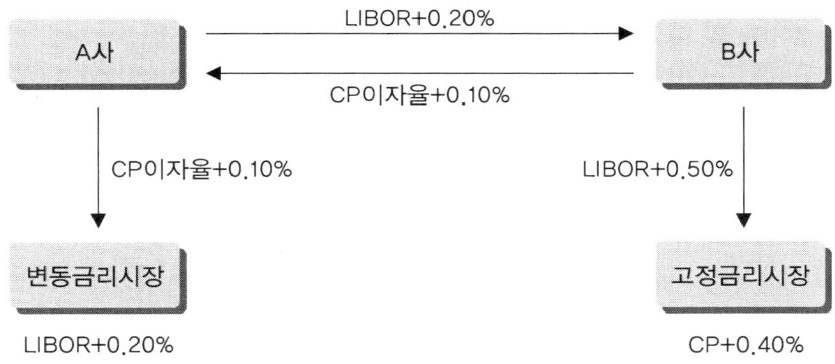

〈그림 13-2〉 기준금리스왑

제3절 통화스왑

통화스왑(currency swap)은 상이한 통화로 차입한 두 차입자가 각자의 차입금에 대한 상이한 통화표시 채무의 원리금 상환을 상호 교환하는 계약이다.

통화스왑은 이자의 지급이 서로 다른 통화로 이루어진다는 점과 원금이 서로 교환된다는 점에서 금리스왑과 차이가 있다. 통화스왑에서 양 당사자는 처음에 하나의 통화로 표시된 원금을 시장현물환율에 의해 다른 하나의 통화로 전환된 동일 금액으로 교환한다(경우에 따라서는 계약시점에서의 원금교환을 생략할 수 있다. 왜냐하면 현물시장에서 계약당사자가 원하는 통화로 환전할 수 있기 때문이다). 그리고 이자지급은 결제일에 각각의 통화로 이루어지며, 원금은 최초에 교환되지 않았다 하더라도 스왑계약기간 동안의 환율변화때문에 반드시 만기에는 재교환된다. 통화스왑시장에서 거래되는 일반적인 통화스왑이란 양 당사자가 서로 다른 통화로 차입한 자금의 원리금상환을 서로 맞바꿔서 이행하기로 한 약정을 말한다. 즉, 통화스왑은 일정통화로 차입한 자금을 다른 통화차입으로 대체하는 거래상품이다.

미 달러화보다는 유로화로 운용하고 싶지만 대출을 미달러화로 받은 경우를 예로 들어보면 이 기업은 상대방과 통화스왑계약을 맺고 차입통화(U$)를 현물환시장에서 매각하여 운용하고자 하는 통화(€)로 전환한다. 그리고 만기상환시에는 스왑거래 상대방으로부터 당초 차입통화(U$)의 차입금액을 받는 대신에 스왑계약 당시 약정한 환율에 의해 계산된 운용통화(€)를 지급한다. 물론 이때 금리도 스왑기간 중에 상호 교환지급된다. 이와 같은 통화스왑계약을 통해 대출은 원하지 않은 미달러화로 받지만 운용은 원하는 유로화로 할 수 있다.

통화스왑시장에는 다양한 부류의 실수요자들이 참여하고 있다. 전세계의 은행과 기업들, 보험회사, 정부기관, 국제기구들이 모두 활발하게 참여하고 있다. 최근에는 신용이 뛰어나고 스왑거래를 빈번하게 하는 대규모의 실수요자들간에 중개기관을 개입시키지 않고 직접 스왑거래를 하는 현상도 나타나고 있다. 통화스왑시장에서 가장 활발한 중개기관은 미국의 상업은행들, 미국과 영국의 투자은행들과 일본의 증권회사들이다. 이들에게 있어 스왑은 대차대조표에 기재되지 않으면서도 수익을 올릴 수 있는 매력적인 상품이다.

불과 수년 전까지만 해도 하나의 스왑거래를 성사시키는데 한 달 이상이 소요되었으나, 오늘날에는 며칠 또는 몇 시간 만에 체결되는 것이 보통이다. 또한 작성해야 하는 서류도 매우 정형화되었으며 세금과 회계처리도 비교적 확실해졌다. 이처럼 스왑거래가 편리해지고 쉬워지면서 참가자들도 스왑거래에 따르는 비용과 이익의 산정이 확실해져 적극적으로 통화스왑시장에 참여하게 되었다.

1. 직접통화스왑

직접통화스왑(straight currency swap)은 두 거래자가 스왑계약에 따라 상호간에 필요로 하는 통화표시자금을 현물환율을 적용·매입하고 만기일에는 기간 중의 환율변동과는 관계없이 계약시와 동일한 현물환율을 적용하여 당초의 금액과 동일한 금액을 상호간에 매각하는 금융방식이다.

직접통화스왑과 상호융자는 그 이용목적이나 현금흐름형태가 유사하나 상호융자가 두 개의 독립된 융자계약으로 이루어진 반면 직접통화스왑은 단일계약으로 이루어지는 점이 상이하다. 또한 장기선물환계약(long-term forward contracts)에서는 선물환율이 두 통화간의 금리격차에 기초하되 조달자금이 복리로 재투자함을 가정하여 산정되었으나 직접 통화스왑에서는 만기시에 적용할 환율이 계약체결시의 현물환율과 동일하다는 점이 다르다.

<그림 13-3>은 미국의 모기업 A와 영국의 모기업 B간의 직접통화스왑거래를 나타낸 것으로서 이때 영국에 소재하는 미국의 자회사(a)는 1백만 파운드를, 미국에 소재하는 영국의 자회사(b)는 1.5백만 달러를 각각 모기업을 통해 조달할 수 있게 된다.

한편 위에 예시한 직접 통화스왑거래에서 파운드화와 달러화의 금리(연율)가 각각 12%와 10%라고 한다면 A·B 두 모기업간에 이루어지는 계약기간중의 이자지급흐름은 다음과 같다.

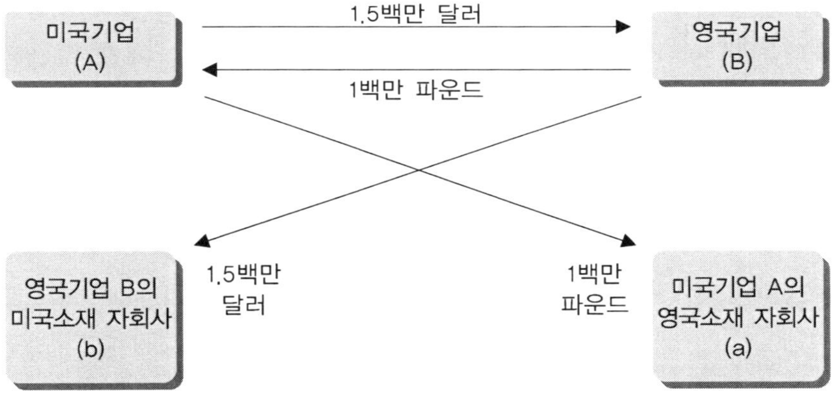

주 : 직접통화스왑거래에 따른 최초의 자금흐름이며 만기시에는 이와는 반대방향의 자금흐름이 발생한다.

▶ 〈그림 13-3〉 직접통화스왑의 현금흐름

즉, 고금리인 영국파운드화를 매입·이용한 미국의 모기업 A는 파운드화 금리인 12%를 계약기간 동안 지급해야 하는 한편 저금리인 미달러화를 차입 이용하는 영국의 모기업 B는 미달러화 금리 10%를 계약기간 동안 지급해야 한다. 이와 같은 거래관계는 결국 직접통화스왑에서 만기시에 적용할 환율을 계약시의 환율로 고정시킴으로써 저금리통화(스왑프리미엄통화)국의 기업이 고금리통화(스왑디스카운트통화)국의 기업에 대해 금리격차만큼의 추가금리 비용을 지급한 결과가 된다. 이와 같이 직접통화스왑의 금리비용은 기본적으로 두 통화간의 금리차에 기초를 두고 있으나 거래당사자간의 협의를 통해 결정된다. 한편 직접통화스왑계약의 만기는 상호융자의 경우와 같이 5~10년은 물론 12~18년에 달하는 장기스왑거래도 있다.

2. 채무상환스왑

채무교환(exchange of borrowings)은 지금까지 설명한 통화스왑거래와 금리스왑거래가 혼합된 금융기법으로서 스왑을 통해 거래자 상호간에 채무상환의무를 교환하는 것이다. 이와 같은 채무교환거래는 최근 들어 환율 및 금리 변동폭이 확대됨에 따라 보유부채 또는 신규부채의 가격변동위험을 적극적으로 방어하기 위해 개발된 기법으로 거래당사자가 환리스크의 회피 또는 차입비용의 경감을 위하여 이종통화표시 차입금을 서로 교환하는 거래이다.

일반적으로 채무의 교환거래에는 이종통화표시 고정금리채무간스왑(cross-currency fixed to fixed debt swaps), 이종통화표시 변동금리채무간스왑(cross-currency fixed to floating debt swaps) 그리고 이상의 스왑유형 중 두 가지 이상의 스왑이 결합된 혼합스왑(cocktail swaps) 등이 있다.

1) 고정금리간의 채무상환스왑

이종통화표시 고정금리채무간스왑(cross-currency fixed to fixed debt swaps)은 이종통화로 표시된 고정금리채무를 보유하고 있는 두 거래자가 스왑계약을 체결하여 상호간에 각자의 고정금리채무에 대한 원리금 상환의무를 교환함으로써 양자가 모두 금리비용을 경감할 수 있는 스왑기법인데 구체적인 사례를 살펴보기 위해 다음과 같은 상황을 가정해 보자. 예컨대, 지금 K은행은 미국의 자본시장에서는 지명도가 높아 상대적으로 유리한 조건으로 달러화표시 채권발행이 가능하였으나, 지난 수년간 저금리통화로 자금을 차입한다는 재무관리방침에 따라 스위스자본시장에서 스위스프랑화 채권을 발행해왔다. 여기서 K은행이 스위스프랑화 채권을 추가발행하고자 할 경우 K은행채를 과다하게 보유하게 된 스위스투자가들은 K은행채의 매입시 프리미엄을 요구하고 있어 다소 높은 금리수준으로 채권을 발행해야 할 입장에 왔다.

한편 미국의 다국적기업인 IBM사는 미자본시장에서 달러화표시채권을 발행할 경우 신용등급이 다소 낮고, 특히 이미 발행된 달러화채권 규모가 상당하여 추가발행시에 프리미엄을 지급해야 할 입장에 있다고 가정하자. 여기서 IBM사의 경우 스위스프랑화 시장에서는 신인도가 높고 흑자회사로 평가되고 있을 뿐만 아니라 과거 수차례에 걸쳐 대규모의 스위스프랑화 채권을 성공적으로 발행한 사례가 있어 매우 유리한 조건으로 스위스프랑화 채권을 발행할 수 있다고 하자. 그런데 지금 K은행과 IBM사가 각각 미달러화와 스위스프랑화 채권시장에서의 채권을 발행하고자 할 경우 다음 <표 13-2>에서와 같이 전자는 미달러화 채권시장에서, 후자는 스위스프랑화 채권시장에서 각각 상대적으로 유리한 조건을 갖고 있다고 가정하자.

▶▶ 〈표 13-2〉 K은행과 IBM사의 채권발행조건

(단위 : %, %포인트)

구　분	미달러화 채권시장	스위스프랑화 채권시장
K은행(A)	11 7/8	5 3/8
IBM사(B)	12	5 1/4
금리격차(A-B)	-1/8	1/8

위와 같은 채권발행조건에서 우선 K은행은 달러화표시채권을 발행하고, IBM사는 스위스프랑화 표시채권을 발행하여 원금을 상호교환하고 만기시에 각자의 원리금상환도 교환하는 조건의 채무교환거래를 이용함으로써 쌍방

모두 차입비용을 경감시킬 수 있는데, 여기서 거래의 흐름과 효과를 살펴보면 다음과 같다.

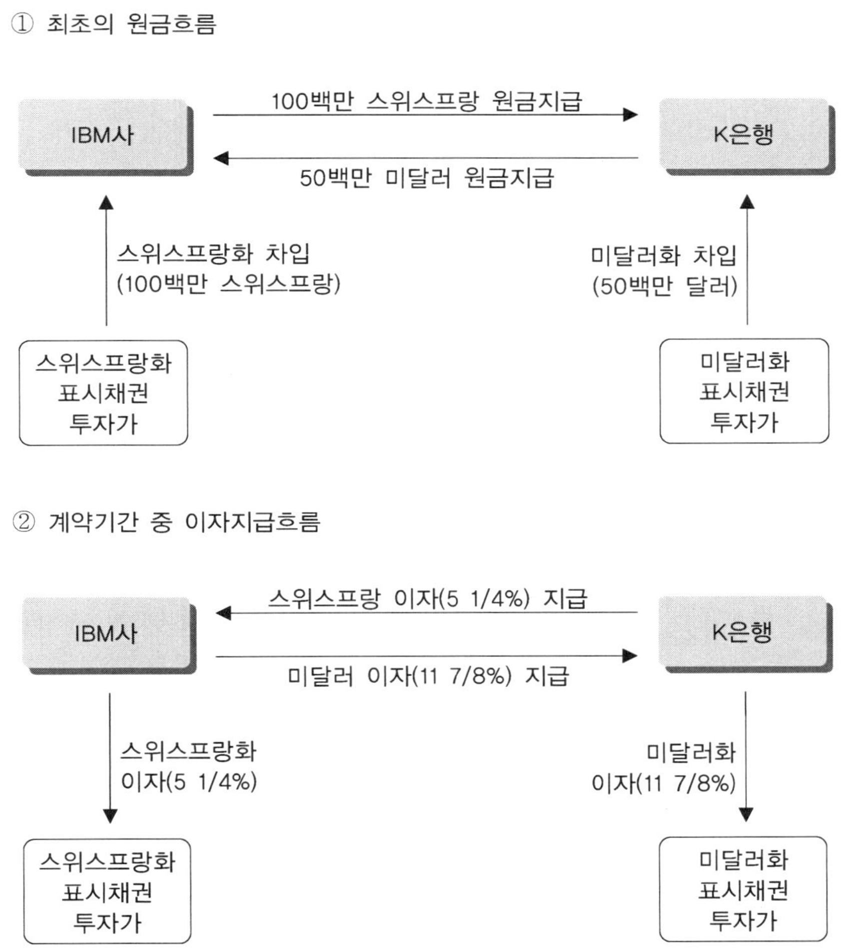

▶ 〈그림 13-4〉 고정금리간의 채무상환스왑

지금 K은행이 미달러화 채권시장에서 50백만 달러의 채권을 발행하고 IBM사가 스위스프랑화 채권시장에 100백만 스위스프랑의 채권을 발행하여 상호간에 스왑거래를 실행할 경우 자금흐름은 <그림 13-4>와 같이 나타나며

계약만기시에는 원금의 재교환(re-exchange of principal)이 일어남으로써 당초의 자금흐름과는 반대방향의 자금흐름이 발생한다.

한편 이들 통화스왑거래에서 중개은행이 개입하지 않고 계약시와 만기시의 적용환율이 동일하였다고 가능하면 K은행으로서 저금리통화인 스위스프랑화 자금을 직접 차입할 경우보다 $\frac{1}{8}$% 포인트(= $5\frac{3}{8}$% − $5\frac{1}{4\%}$) 저렴한 비용으로 조달하였으며, IBM사도 필요로 하는 고정금리의 미달러화 자금을 직접 차입하는 경우보다 $\frac{1}{8}$% 포인트(12% − $11\frac{7}{8}$%) 저렴하게 조달한 결과가 된다.

2) 고정금리와 변동금리간의 채무상환스왑

이종통화표시 고정금리채무와 변동금리채무간통화스왑(cross-currency fixed to floating debt swaps)거래는 고정금리채무를 변동금리채무로 전환한다는 점에서 일반적인 금리스왑거래와 유사하나 만기시점에서 원금도 상환해야 한다는 점에서 금리스왑과는 다른 특징을 갖고 있다.

이와 같은 이종통화표시 고정금리와 변동금리간 통화스왑은 특히 달러화 이외의 여타 통화 거래 위주의 영업을 하는 은행(non-dollar based banks)들이 중기변동금리조건의 달러화 자금을 차입하여 이를 매칭거래의 하나인 중기변동금리 대출자금으로 운용하고자 할 경우에 흔히 이용된다. 즉, 비달러화 거래위주의 영업을 하는 A국 은행이 유로달러시장에서 달러화자금을 차입하고자 하나 신인도 높지 못하여 차입조건이 불리한 경우 A국의 금융시장에서 상대적으로 유리한 조건의 A국 통화표시 고정금리자금을 차입한 후 이를 거래상대방(변동금리조건의 달러화자금을 유리한 조건으로 조달할 수 있으나 현재는 A국통화표시 고정금리자금을 차입하고자 하는 거래상대자)과 고정－변동금리간 스왑거래를 행함으로써 자국통화 고정금리부채를 변동금리조건의 달러화 부채로 전환시키는 금융기법이다.

① 최초의 원금교환[1)]

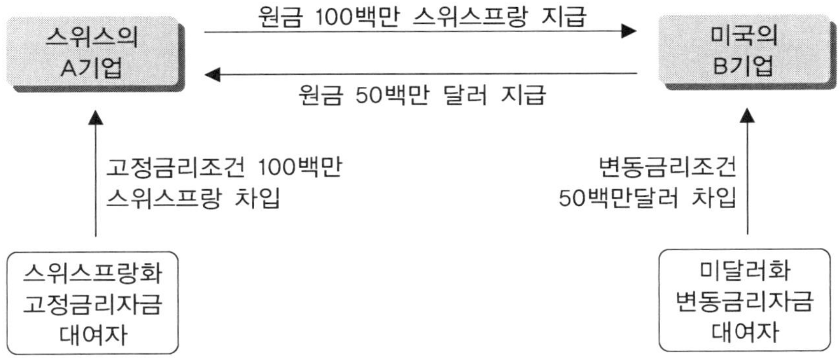

※ 주 : 1) 계약만기시 원금상환은 최초의 자금흐름과 반대방향으로 이루어진다.

② 계약기간중 이자지급 흐름

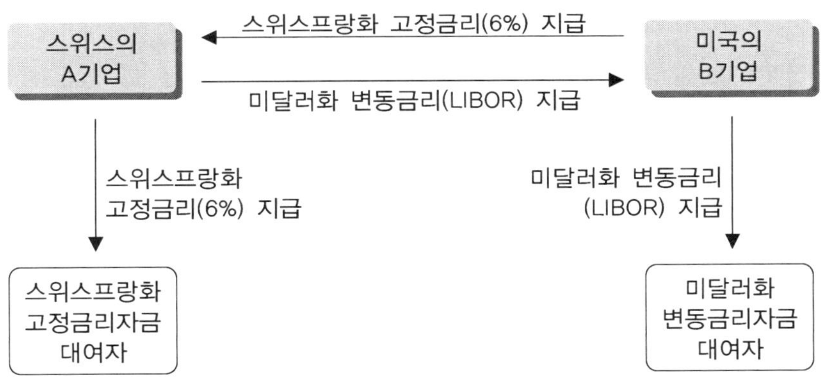

〈그림 13-5〉 고정금리와 변동금리간의 채무상환스왑

이제 위와 같은 스왑거래의 구체적 사례를 살펴보면, 지금 스위스의 A기업은 100백만 스위스프랑을 5년 만기, 연율 6%의 고정금리조건으로 차입하고(미달러화 변동금리조건으로 차입할 경우에는 LIBOR+1/4%로 조달가능함) 미국의 B기업은 100백만 스위스프랑 상당의 50백만 달러(여기서 환율은 U$1=S.Fr2로 가정)를 5년 만기, LIBOR 6개월 금리의 변동금리부조건으로 차입하였다고(고정금리부 스위스프랑화 자금을 차입할 경우에는 $6\frac{1}{4}$%로 조달 가능함) 가정하자. 여기서 스위스의 A기업은 자신이 보유하고 있는 스위스프랑화표시 고정금리채무를 달러화표시 변동금리채무로 전환하고자 하며, 미국의 기업은 이와 반대되는 거래를 원하고 있어 쌍방간에 채무의 교환거래를 실행하였다면 이때의 자금흐름은 <그림 13-5>와 같다.

한편 이러한 채무의 교환거래를 통하여 스위스 A기업은 변동금리부 달러표시 자금을 조달함에 있어 직접차입의 경우보다 $\frac{1}{4}$% 포인트[=(LIBOR + $\frac{1}{4}$%) − LIBOR]의 자금조달비용을 경감할 수 있으며, 미국의 B기업도 스위스프랑화를 고정금리로 조달함에 있어 직접차입의 경우보다 1/4%포인트(= $6\frac{1}{4}$% − 6%)만큼의 금리비용을 경감할 수 있게 된다.

3) 변동금리간의 채무상환스왑

이종통화표시 변동금리채무간스왑(cross-currency floating to floating debt swaps)은 두 변동금리채무자가 스왑을 통해 쌍방간에 변동금리채무의 원리금상환의무를 교환하는 거래인데 이를 구체적으로 살펴보면 다음과 같다.

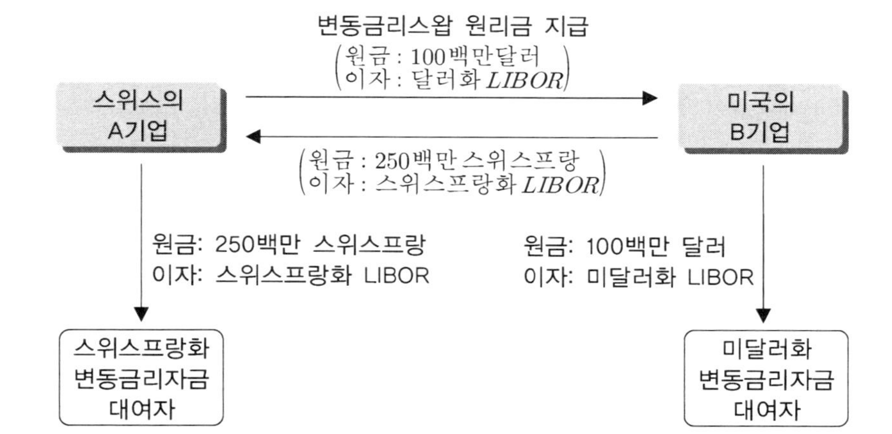

〈그림 13-6〉 변동금리간의 채무상환스왑

지금 스위스의 A기업은 5년 만기 250백만 스위스프랑을 6개월 LIBOR에 연동하는 변동금리조건으로 차입하고 미국의 B기업도 100백만 달러를 6개월 LIBOR에 연동되는 변동금리조건으로 차입하여 이들 두 기업이 이종통화표시 변동금리채무간 스왑거래를 실행하였는바 여기서 만기시의 원리금 지급에 따른 현금흐름을 살펴보면 <그림 13-6>과 같다.

그림에서 보는 바와 같이 스왑거래의 결과 스위스 기업은 변동금리부 스위스프랑화 채무를 변동금리부 달러화 채무로, 미국기업은 변동금리부 달러화 채무를 변동금리부 스위스프랑화 채무로 전환하였음을 알 수 있다.

한편 위에서 설명한 스왑거래의 현금흐름을 매 기간별로 스위스의 A기업의 입장에서 정리해 보면 <표 13-3>과 같다.[4]

〈표 13-3〉 변동금리스왑에 따른 스위스 기업의 현금수지

(단위 : %)

연도	S.Fr 대출자에 대한 지급	미국기업에 대한 지급	미국기업으로 부터의 수취	순현금흐름
$\frac{1}{2}$	S.Fr. LIBOR	U$ LIBOR	S.Fr. LIBOR	U$ LIBOR
1	〃	〃	〃	〃
$1\frac{1}{2}$	〃	〃	〃	〃
2	〃	〃	〃	〃
$2\frac{1}{2}$	〃	〃	〃	〃
3	〃	〃	〃	〃
$3\frac{1}{2}$	〃	〃	〃	〃
4	〃	〃	〃	〃
$4\frac{1}{2}$	〃	〃	〃	〃
5	〃	〃	〃	〃
5(원금)	S.Fr 250백만	U$ 100백만	S.Fr 250백만	U$ 100백만

4) 이강남, 『국제금융론』, 법문사, 2005, pp.631~638 재인용.

CHAPTER 14

옵션

INTERNATIONAL FINANCIAL

옵션은 환율변동이 불확실한 외환시장에서 외환거래에 수반되는 환리스크를 방어하거나 또는 재정거래를 통하여 추가이익을 실현할 수 있는 파생금융상품이다. 특히 2000년대 와서 환율 및 통화가치의 안정성이 위협을 받으면서 외환거래자들로서는 보다 안정적으로 외화를 확보하거나 매각할 수 있는 수단이 더욱 더 필요하게 되었다. 여기에 해당되는 게 바로 옵션이며, 이 장에서는 그 주요 내용을 고찰하도록 한다.

제1절 옵션의 개요

1. 옵션의 의의

옵션은 계약 당사자 간에 정하는 바에 따라 일정한 기간 내에 미리 정한 가격으로 상품이나 유가증권 등의 기초자산을 사거나 팔 수 있는 권리(선택권)를 의미한다. 옵션의 매도자는 계약에서 정한 특정자산을 사거나 팔 수 있는 권리를 매수자에게 부여하고, 옵션의 매수자는 계약 후 일정기간 동안 기초자산의 시장가격과 계약당시 정한 가격을 비교하여 상황이 자기에게 유리하면 권리를 행사하고 불리하면 권리를 포기한다.1)

옵션의 매도자는 매수자가 권리를 행사하면 이에 응해야 하는 의무만을 부담하기 때문에 매수자로부터 그 대가를 받는데 이를 프리미엄(premium)이라고 한다.

▶ 〈표 14-1〉 콜옵션과 풋옵션의 차이

	콜옵션	풋옵션
옵션 매입자	만기일 혹은 그 이전에 미리 약정된 가격으로 특정자산의 약정된 수량을 매수할 수 있는 권리를 보유한다.	만기일 혹은 그 이전에 미리 약정된 가격으로 특정자산의 약정된 수량을 매도할 수 있는 권리를 보유한다.
옵션 발행자	만기일 혹은 그 이전에 미리 약정된 가격으로 특정자산의 약정된 수량을 매도해야 할 의무가 있다.	만기일 혹은 그 이전에 미리 약정된 가격으로 특정자산의 약정된 수량을 매입해야 할 의무가 있다.

옵션에는 권리를 행사할 수 있는 선택권의 종류에 따라 콜옵션(call option)과 풋옵션(put option)이 있다. 콜옵션은 옵션매도자로부터 특정자산을 미리 정한 가격으로 약정기일 또는 그 이전에 매입할 수 있는 권리를 옵션매입자에게 부여하며, 풋옵션은 옵션매입자가 특정자산을 일정가격으로 약정기일 또는 그 이전에 옵션매도자에게 매도할 수 있는 권리를 보유하게 된다.

옵션권리, 행사시에 매도 및 매수의 대상이 되는 특정자산을 기초자산(underlying assets), 옵션의 매수인이 권리를 행사하여 기초자산을 매수하거나 매도할 수 있는 가격을 행사가격(exercise price), 옵션소유자가 권리를 행사할 수 있는 마지막 날을 만기일(expiration date)이라고 한다.

1) 최해범, 『국제재무관리』, 도서출판 대명, 2002, pp.273~291.

▶ 〈표 14-2〉 옵션발행자와 옵션매수자의 차이

구 분	옵션발행자	옵션매수자
거래관계	매수자에게 매수 및 매도할 권리를 부여하므로 행사시 응해야 할 의무 발생	발행자로부터 매수 및 매도 권리를 수취
프리미엄	수취	지불
권리행사시기	–	임의(만기일)
손익가능성	이익은 프리미엄에 한정되나 손실가능성은 무한(프리미엄 제외)	이익가능성은 무한(프리미엄 제외)하나 손실은 프리미엄에 한정
권리행사에 의한 손익	옵션대상물 가격과 행사가격의 차액이 손실	옵션대상물 가격과 행사가격의 차액이 이익
권리소멸에 의한 손익	프리미엄이 이익	프리미엄이 손실
위탁 증거금	필요	불필요

자료 : 김철교·정헌용, 『금융선물옵션』, 형설출판사, 2000, p.230.

2. 옵션의 기능과 목적

1) 옵션의 기능

(1) 레버리지기능

옵션은 기초자산에 대한 투자에 비해 적은 금액을 투자하여 큰 손익확대효과를 얻는다. 예를 들면, 현재 현대자동차의 주식가격이 10만 원이고 이러한 현대자동차에 대한 콜옵션가격이 1만 원이라고 하고 투자가능금액이 1억 원이라 하는 경우 <표 14-3>과 같은 두 가지 투자전략의 성과를 비교하여 보자. 단, 무위험이자율은 0으로 놓는다.

<표 14-3>의 투자성과를 보면 옵션의 투자는 기초자산인 주식의 가격변화에 따라서 큰 손익확대효과, 즉 레버리지기능을 하는 것을 볼 수 있다. 기초자산인 주식의 가격이 10만 원에서 12만 원, 14만 원으로 오를 때 옵션을 통한 수익은 200%, 400%로서 기초자산을 직접 매입하였을 때보다 높은 수익률을 나타내고 있다. 반대로 기초자산의 가격이 10만 원에서 8만 원, 6만 원으로 떨어질 때 옵션매매를 통한 손실은 100%임을 볼 수 있다.

▶▶ 〈표 14-3〉 옵션투자 사례

• 투자전략 1 : 현대자동차의 주식을 10만 원에 1,000주 매입한다.
• 투자전략 2 : 현대자동차의 주식에 대한 콜옵션을 1만개 매입한다.

구분		현대자동차주식의 가격				
		60,000원	80,000원	100,000원	120,000원	140,000원
전략 1	투자성과	6천만 원	8천만 원	1억 원	1억 2천만 원	1억4천만 원
	투자수익률	-40%	-20%	0	20%	40%
전략 2	투자성과	0	0	0	2억 원	4억 원
	투자수익률	-100%	-100%	-100%	200%	400%

(2) 위험의 제한 및 헷지기능

투자자는 옵션을 이용하여 기초자산투자의 위험을 제한하거나 헷지를 할 수 있다. 예를 들어, 시중은행이 현재 교섭한 고정이자율로 가까운 장래에 대출할 계약을 맺었다고 하자. 만일 이자율이 하락하면 자금차입자가 그 계약을 유보하려는 의도가 생길 수 있다. 하지만 만일 이자율이 상승하게 되면 자금차입자는 여하튼 그 계약을 매듭지으려 하고, 은행의 입장에서는 예금이자율의 상승으로 인해 순마진이 줄어들 것이다. 이때 은행은 장기국공채 등에 대한 풋옵션을 구입함으로써 그 계약을 헷지할 수 있다. 만약 이자율이 상승하게 되면, 국공채의 가격은 하락하게 되고, 은행은 행사가격으로 국공채를 팔 권리를 행사할 수 있게 된다. 이때 헷지로 인한 이익은 이자율 상승으로 인한 부채비용증가를 상회하는 데 이용된다. 반대로 이자율이 하락하는 경우에는 국공채의 가격이 상승하므로, 은행은 풋옵션을 행사하지 않을 것이다. 옵션의 가격은 자금대여자가 이자율의 상승폭만큼을 보전하려고 지급하는 액수가 된다.

(3) 새로운 금융상품을 창조하는 기능

투자자는 옵션간의 결합, 기초자산과 옵션의 결합을 통해 다양한 투자성과를 가져다주는 새로운 금융상품을 만들어 낼 수 있다. 이렇게 새로운 현금흐름을 가져다주는 신금융상품의 설계과정을 연구하는 분야가 금융공학

(financial engineering)이다. 이 같은 신금융상품의 등장으로 종전에는 얻을 수 없었던 투자기회를 갖게 되어 자본시장은 보다 더 완성된 시장으로 접근하게 되는 것이다.

(4) 유동성 제고 및 균형가격 발견기능

옵션시장의 존재는 옵션과 기초자산간의 거래, 옵션시장내의 거래 등을 통하여 시장의 유동성을 제고시키며, 차익거래과정을 통해 시장균형가격의 발견기능을 수행한다.

(5) 미래시장상황에 대한 정보제공기능

콜옵션과 풋옵션의 시장가격은 기초자산의 미래의 수요·공급에 대한 투자자들의 예상을 반영해 준다.[2)]

2) 옵션투자의 목적

옵션투자의 목적과 투자시 부담되는 위험을 옵션 매입자와 매도자로 구분하여 살펴보면 <표 14-4>와 같다.

〈표 14-4〉 옵션거래자의 투자목적과 투자위험

	투자목적	투자위험
매입자	① 높은 레버리지 효과를 이용한 높은 수익 기대 ② 기초자산 투자위험의 한정목적(put) ③ 기초자산 취득목적(call) ④ 기초자산 공매자의 기초자산 가격 상승에 따른 위험 헷지목적(call)	투자전액의 상실위험
매도자	① 옵션프리미엄의 획득 ② 기초자산 취득목적(put) ③ 기초자산 매도가격의 확보목적 (call)	① 옵션행사가 이루어질 위험 ② 기초자산 가격상승이익의 상실위험 ③ 기초자산의 거래정지에 따른 위험, 즉 거래정지시 옵션행사는 가능하나 옵션거래는 정지

2) 성태홍·최도성, 『파생금융상품과 금융위험관리』, 경문사, 1997, pp.174~176.

제2절 옵션의 종류

옵션은 계약내용에 따라서 다양한 종류가 존재한다. 첫째, 권리의 내용이 매수권인가 매도권인가에 따라서 콜옵션과 풋옵션으로 구분한다. 둘째, 권리의 행사가능 시점에 따라서 아메리칸옵션과 유러피언옵션으로 구분할 수 있다. 아메리칸옵션은 만기일 이전에 언제든지 옵션을 행사할 수 있는 반면, 유러피언옵션은 만기일이나 그 직전에만 옵션을 행사할 수 있다. 셋째, 권리의 대상인 기준물이 현물일 경우에는 현물옵션이라고 하며 선물일 경우에는 선물옵션이라고 한다. 현물옵션에서는 옵션이 행사되면 현물을 인수 또는 인도하지만 선물옵션에서는 옵션이 행사되면 선물포지션을 취득하게 된다. 또한 기초증권의 종류에 따라서 금리, 통화, 주식을 기초자산으로 하는 옵션을 각각 금리옵션, 통화옵션, 주식옵션이라고 하고 기초자산이 주가지수이면 주가지수옵션이라고 한다. 본 절에서는 기초자산별 옵션의 종류에 대해서 살펴보고자 한다.

1. 금리옵션

금리옵션(interest rate option)은 금리상품을 대상으로 하는 옵션을 말한다. 일반적으로 금리옵션은 채권옵션과 같은 의미로 사용된다. 그러나 금리옵션은 기초자산의 양도여부에 따라 양도가 가능한 채권을 대상으로 하는 채권옵션과 양도가 불가능한 예금상품이나 추상적인 금리 그 자체를 대상으로 하는 금리옵션으로 구분할 수 있다.

금리옵션은 금리선물과 구별된다. 양자는 금리위험의 헷지기능과 레버리지기능을 공통적으로 가지고 있으나, 손익구조의 측면에서 보면 선물은 대칭적 손익구조를 가진 반면에 옵션은 비대칭적 손익구조를 갖는다는 점에서 큰 차이가 있다.

〈표 14-5〉 전세계 주요 금리옵션

국가	거래소	기초자산	
		단기자산	장기자산
미국	CBOE CBOT CME MidAm	T-bill(3개월) 유로달러, 유로엔(3개월) LIBOR(1개월)	T-note, T-bond T-note, T-bond, Muni-bond T-bond
캐나다	ME	캐나다 BA(3개월)	캐나다 장기국채
영국	LIFFE	스털링(3개월), LIBOR(3개월) 유로스위스(3개월)	영국 Long gilt, 독일 장기국채, 이탈리아 장기국채, 미국 T-bond
프랑스	MATIF	EURIBOR(3개월)	프랑스 장기국채(10년), 중기국채(5년)
독일 · 스위스	EUREX	EURIBOR(3개월)	Bund, Euro-Bund, 스위스 국채
네덜란드	AEX		네덜란드 장기국채
벨기에	BXS		벨기에 장기국채
덴마크	FUTOP		덴마크 장기국채
일본	TIFFE TSE	유로엔(3개월)	일본 장기국채(10년) 일본 장기국채(10년)
싱가포르	SIMEX	유로엔(3개월), 유로달러(3개월)	
호주	ASX SFE	 호주 BA(3개월)	호주 장기국채 호주 장기국채(10년), 중기국채(3년)
뉴질랜드	NZFOE	뉴질랜드 BA(3개월)	뉴질랜드 장기국채(10년)
브라질	BBF	브라질 은행간 평균금리	

금리옵션은 1980년대에 미국에서 먼저 도입되었다. CBOE는 1982년에 T-bond 옵션을 도입하였고 1985년에 T-note 옵션을 도입하였다. 또 CBOT는 1982년에 T-bond 선물옵션을 도입하였고 1985년에 T-note 선물옵션을 도입하였으며, CME는 1985년에 유로달러 선물옵션을 도입하였고 1986년에 T-bill 선물옵션을 도입하였다. 미국에 이어 유럽과 아시아 각국에서도 <표 14-5>와 같이 다양한 금리옵션을 도입하였다. 단기금리옵션은 주로 단기국채, CD, BA와 그 금리를 대상으로 하고, 장기금리옵션은 장기국채를 대상으로 한다. 그리고 금리옵션도 현물옵션과 선물옵션으로 구분되지만 거래 비중은 선물옵션이 훨씬 크다.

2. 통화옵션

통화옵션(currency option)은 특정한 통화를 대상으로 하는 옵션을 말한다. 즉, 특정한 통화를 사전에 약정한 환율로 일정한 행사기간 내에 사거나 팔 수 있는 옵션을 말한다.

통화옵션은 선물환이나 통화선물과 구별된다. 선물환이나 통화선물의 경우에는 매도자와 매입자가 모두 만기일에 반드시 의무를 이행해야 하는 반면에, 통화옵션의 경우에는 옵션매도자는 의무를 반드시 이행해야 하지만 옵션매입자는 그렇지 않다. 즉, 옵션매입자는 만기일에 옵션을 행사할 권리를 갖지만 반드시 행사할 의무는 없다.

▶▶ 〈표 14-6〉 전세계 주요 통화옵션

국 가	거래소	기초통화
미국	CME	AD, £, BR, CD, Euro, ¥, MP, NZD, FF, SF
	PHLX	AD, £, CD, Euro, ¥, £/Euro, Euro/¥
	NYCE	Euro, ¥, Euro/£, Euro/¥, Euro/SF
프랑스	MATIF	$, £
독일 · 스위스	EUREX	$
벨기에	BSX	$
네덜란드	AEX	$
헝가리	BCE	£, CC, Euro, ¥, SF, $
	BSE	$, Euro
한국	KOFEX	$
브라질	BM&F	$

통화옵션은 1980년대에 미국에서 먼저 도입되었다. PHLX는 1982년에 파운드 옵션을 처음 도입하였고 1983년에는 일본 엔, 스위스 프랑, 캐나다 달러, 독일 마르크를 대상으로 하는 통화옵션을 도입하였다. 그리고 CME는 1984년에 마르크 선물옵션을 도입한 데 이어, 1985년에는 영국 파운드, 스위스 프랑, 1986년에는 일본 엔, 캐나다 달러들 대상으로 하는 통화선물옵션을 도입하였다.

미국에 이어 유럽과 아시아 각국에서도 <표 14-6>과 같이 다양한 통화옵션을 도입하였다.

3. 주식옵션

주식옵션(stock option)은 개별 주식을 대상으로 하는 옵션으로 금융옵션 중에서 가장 먼저 도입되었다. 주식옵션은 주식 콜옵션과 풋옵션으로 구분되며, 행사가격과 만기일에 따라 다양한 종류가 거래되고 있다. 옵션의 대상이 되는 주식을 기초주식(underlying stock)이라 하며, 기초주식에 따라 옵션의 명칭이 부여된다. 예를 들어, IBM 주식에 대한 옵션은 IBM 옵션이라 하고 GM 주식에 대한 옵션은 GM 옵션이라 한다.

주식옵션은 장외시장에서 먼저 거래되기 시작하였다. 유럽에서는 17세기경에 그리고 미국에서는 18세기 말경에 장외시장에서 소규모로 거래되었다. 그러나 장외시장은 비조직적이고 비능률적이기 때문에 거래가 활발하지 못했다. 미국의 장외옵션 거래량은 1973년 4월 26일에 CBOE가 개설되기 이전까지는 NYSE 주식거래량의 1%에도 미달하였다.

그러나 CBOE의 개설은 미국 옵션시장의 발전에 획기적인 전환점이 되었다. CBOE는 미국에서 최고의 역사와 최대의 거래량을 자랑하는 CBOT의 거래제도를 도입하여 옵션거래를 표준화하고 조직화함으로써 짧은 기간 동안에 놀라운 발전을 이룩하였다. 처음에는 16종목의 주식에 대한 콜옵션이 상장되었으나 10년이 지난 1983년 말에는 145종목의 주식에 대한 콜옵션과 풋옵션이 상장되었으며 옵션계약의 발행수는 1973년 5월말에 1,622계약에서 10년 후인 1983년 말에는 6,840,625계약으로 421배나 증가하였다.

CBOE의 성공에 힘입어 AMEX(1975. 1. 13), PHLX(1975. 6. 25), PSE (1976. 4. 9), MSE(1976. 12. 10)에서도 주식콜옵션을 상장하였으며, 1977년 6월 3일부터는 주식풋옵션이 이상의 미국 5대 옵션거래소에 상장되기에 이르렀다.

미국에서는 현재 CBOE에 200개 이상, AMEX에 200여개 종목 등 750여개 주식옵션이 거래되고 있으며, 영국, 호주, 독일·스위스에서도 주식옵션이 거래되고 있다. 그러나 우리나라에는 아직 주식옵션이 도입되지 않고 있다.

4. 주가지수옵션

주가지수옵션(stock index option)은 주가지수를 대상으로 하는 옵션이다. 주가지수는 유형의 상품이 아니라 무형의 지수이므로 실제로 인도가 불가능하기 때문에, 권리가 행사되면 주가지수를 인도하는 대신에 행사일의 최종지수와 행사가격의 차이를 현금으로 결제한다. 물론 만기일 이전에는 언제든지 반대매매를 통해 옵션포지션을 청산할 수 있다. 주가지수옵션은 기초지수가 주식시장에서 거래되지 않는 데도 불구하고 옵션시장에서 거래대상으로 한다는 점에서 혁신적인 금융상품에 속한다.

▶▶ 〈표 14-7〉 전세계 주요 주가지수옵션

국가	거래소	기초지수
미국	AMEX	S&P MidCap, MMI, Eurotop 100, Morgan Stanley High Tech 35
	CBOE	S&P 100, S&P 500, DJIA, NASDAQ 100, Nikkei 300, FTSE, Latin 15
	CBOT	DJIA
	CME	S&P 500, S&P 400, MMI, NASDAQ 100, Nikkei 225, Russell 2000
	KCBT	Mini VLI
	NYBT	NYSE composite, PSE tech 100, Russell 1000
캐나다	PHLX	VLI, US top 100, Super cap, OTC
영국	TFE	TSE 35, TSE 100
프랑스	LIFFE	FTSE 100
독일 ·	MONEP	CAC 40, STOXX 50
스위스	EUREX	DAX, DJ STOXX 50, DJ Euro STOXX 50
오스트리아	WB	ATX, CeCe
네덜란드	AEX	AEX, Eurotop 100, Dutch top 5
벨기에	BXS	Bel 20, Gold
덴마크	FUTOP	KFX
스웨덴	OMS	OMX
노르웨이	OSE	OEX
한국	KSE	KOSPI 200
일본	OSE	Nikkei 200, Nikkei 300
	TSE	TOPIX
홍콩	HKFE	Hang Seng, Red chip, Taiwan
싱가포르	SIMEX	Nikkei 225, MSCI Taiwan
말레이시아	KLOFFE	KLSE composite
호주	SFE	All ordinaries
뉴질랜드	NZFOE	NZSE 10
브라질	BM&F	Bovespa
남아공화국	SAFEX	All share, Industrial, Financial, Gold

미국에서는 1982년에 KCBT(VLI 선물, 1982. 2. 24), CME(S&P 500 지수선물, 1982. 4. 21), NYFE(NYSE 종합지수선물, 1982. 5. 6)가 주가지수선물을 도입하여 성공을 거둔데 고무되어, 1983년에는 CBOE(S&P 100 지수옵션, 1983. 3. 11), AMEX(MMI 옵션, 1983. 4. 19), CBOE(S&P 500 지수옵션, 1983. 7. 3)가 주가지수옵션을 도입하였다. 미국에서 주가지수옵션이 성공하자 영국, 프랑스, 독일, 스위스 등 유럽 각국과 아시아의 일본, 홍콩, 말레이시아에서도 도입되었다. 우리나라도 1997년 7월에 KOSPI 200 지수옵션을 도입하였다. 현재는 <표 14-7>에서와 같이 세계 주요국에서 다양한 형태의 주가지수옵션이 거래되고 있다.[3]

제3절 옵션투자의 손익

옵션이라는 금융상품은 왜 개발되었을까? 선물과 마찬가지로 미래의 자산가격의 변동에 따르는 위험을 헷지(hedge)하는 수단으로 개발되었다. 예를 들어 어떤 수입업자가 6개월 후 수입대금으로 10만 달러를 지급해야 한다고 하자. 그런데 6개월 후 환율이 너무 높으면 원화로 계산한 수입대금이 높아져 손실을 볼 수 있다. 따라서 이 수입업자는 일종의 '보험'에 가입하여 환율이 오르더라도 그 손실을 보충할 수 있는 방법을 강구하고자 할 것이다. 이때 달러에 대한 콜옵션을 사면 그것이 바로 '보험'에 가입하는 것과 같은 효과를 얻을 수 있다.

가령 이 수입업자는 만기가 6개월 후이고 1달러당 1,200원(행사가격)에 10만 달러를 살 수 있는 콜옵션을 샀다 하자. 이때 그는 그 콜옵션의 가격으로 500만 원을 지급했다 하자. 이제 이 수입업자는 6개월 후 환율이 1,200원 이상으로 오른다 하더라도 걱정할 필요가 없다. 6개월 후 수입대금을 지급해야 할 때가 되었을 때 환율이 1,200원 이상이 되면 그는 자신이 보유하고 있는 콜옵션을 행사하여 1달러당 1,200원(옵션의 행사가격)에 10만 달러를 구입할 수 있기 때문이다. 이와 같이 옵션은 미래의 가격변동으로부터의 위험을 방

3) 신민식, 『파생금융상품시장론』, 법문사, pp.392~395.

지하기 위한 수단(헷지 수단)으로 이용될 수 있다.

만약 6개월 후 환율이 1,200원 이하가 된다면 수입업자가 가지고 있는 콜옵션은 무용지물이 되고 만다. 결과적으로 그는 콜옵션 매입가격인 500만 원만 날리게 된다.

옵션은 헷지의 수단이 될 뿐만 아니라 투기의 수단도 된다. 수입업자의 예에서 6개월 후 환율이 가령 1,300원이 되면 그 수입업자는 콜옵션을 행사함으로써 달러당 100원(6개월 후 1달러의 가격이 1,300원에서 콜옵션의 행사가격인 1,200원을 뺀 숫자)의 이득을 챙길 수 있다. 달러당 1,200원에 10만 달러를 살 수 있으므로 수입업자는 1천만 원(100원×10만 달러=1천만 원)의 이득을 올리게 된다. 콜옵션 구입비용 500만 원을 고려한다면 그는 콜옵션에 투자함으로써 500만 원의 순수익(1천만 원−콜옵션 구입 비용 500만 원=500만 원)을 얻을 수 있다.

이와 같이 콜옵션을 구입한 사람은 만기 때의 기초자산가격(여기서는 달러의 가격)이 높으면 높을수록 이익이 높아진다. <그림 14-1>은 앞의 수입업자(즉, 콜옵션 매입자)의 경우 순수익(혹은 순손실)이 만기의 환율수준과 어떤 관계를 가지는지 보여주고 있다.[4)]

<그림 14-1>에서 만기일의 환율이 1,200원 이하가 되면 수입업자는 콜옵션을 행사하지 않을 것이므로 콜옵션 구입비용 500만 원이 순손실로 표시되어 있다. 환율이 1,200원 이상 되면 수입업자는 콜옵션을 행사할 것이나, 환율이 1,250원이 될 때까지는 그래도 순손실을 기록한다. 행사가격이 현물 환율보다 낮아 콜옵션을 행사함으로써 그 차액을 남길 수는 있지만 그것이 콜옵션 매입비용 500만 원에는 미치지 못하기 때문이다. 환율이 1,250원을 넘어서면 수입업자는 비로소 순이익을 볼 수 있다. 환율이 1,250원을 넘어서면 환율이 1원 오를 때마다 순이익이 10만 원씩 증가한다(1원×10만 달러=10만 원)는 것을 그림에서 확인할 수 있다.

---

4) 만약 콜옵션을 구입하지 않았더라면 6개월 동안 콜옵션 구입 비용 500만 원을 굴려 이자수입을 올릴 수 있었을 것이므로, 콜옵션에 투자하여 6개월 후에 얻은 순이익은 엄밀하게 보면 「1천만 원−500만 원×(1+r/2)」가 된다. 여기서 r은 연 이자율이다. 본문에서는 이자는 고려하지 않고 있다.

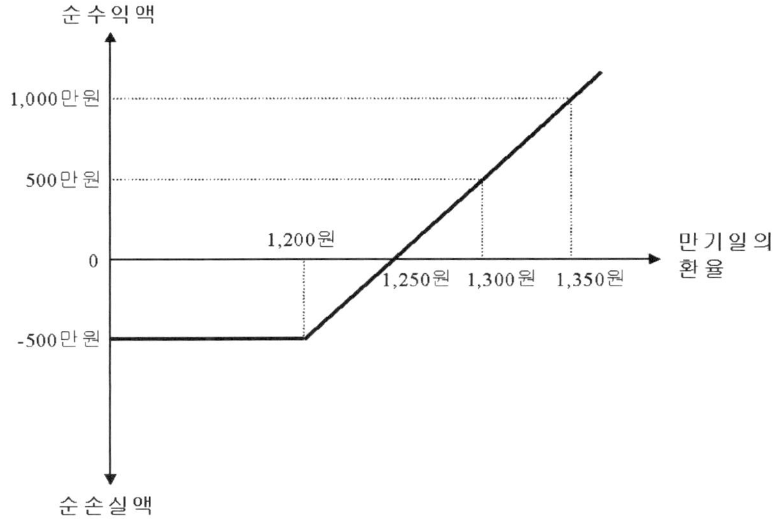

▶▶ 〈그림 14-1〉 기초자산가격에 따른 콜옵션투자의 순수익(순손실)

마찬가지의 논리를 풋옵션에 대해서도 적용할 수 있다. 풋옵션을 보유한 사람은 만기 때의 기초자산가격(우리의 예에서는 환율)이 낮을수록 풋옵션으로부터 수익이 높아진다. 어떤 사람이 6개월 후(만기) 1달러에 1,200원의 행사가격으로 10만 달러를 팔 수 있는 풋옵션을 500만 원에 매입했다 하자. 만기일에 환율이 1,200원 이상이 된다면 그는 풋옵션을 행사하지 않을 것이다. 현물시장에서 행사가격(1,200원)보다 더 비싸게 팔 수 있기 때문이다. <그림 14-2>는 이 같은 내용의 풋옵션을 매입한 사람의 순이익(혹은 순손실)이 만기일의 환율수준에 따라 어떻게 변하는지를 보여주고 있다. 만기일의 환율이 1,200원 이상이 되면 풋옵션은 아무런 쓸모가 없으므로 풋옵션 구입비용 500만 원이 모두 순손실로 잡힌다. 환율이 1,200원에서 1,150원 사이가 되면 풋옵션은 행사되지만 행사가격과 환율의 차이가 아직 옵션 구입비용을 상쇄할 정도의 수익을 내지 못하므로 여전히 순이익은 마이너스(−)이다.

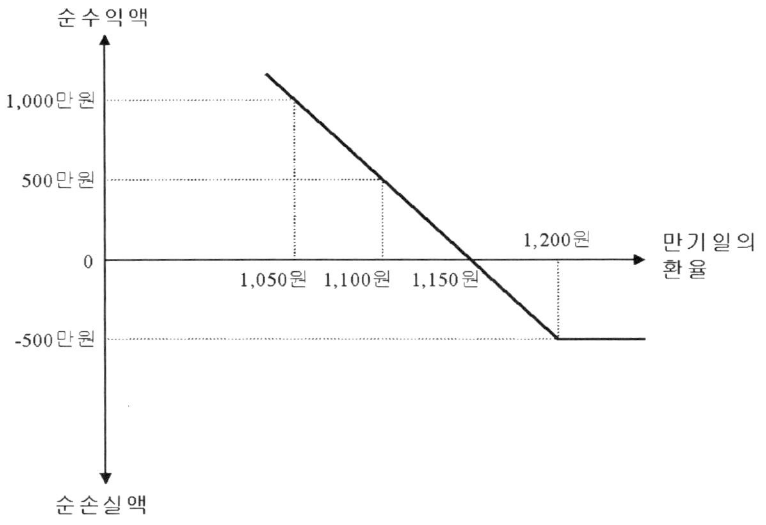

▶ 〈그림 14-2〉 기초자산가격에 따른 풋옵션 투자의 순수익(순손실)

환율이 1,150원보다 더 낮아지면 풋옵션을 행사함으로써 순수익을 올리게 되는데, 환율이 낮을수록 순수익은 커진다는 것을 <그림 14-2>는 보여주고 있다.[5)]

제4절 옵션가격에 영향을 미치는 요인

1. 시장가격

기초상품의 가격과 행사가격간의 관계는 옵션가격에 엄청난 영향을 준다. 옵션의 최종가치(terminal value)는 기초상품가격과 행사가격의 차이로 정의된다. 옵션이 내가격일 때 시장가격과 행사가격의 차이의 절대값이 옵션과

5) 한동근, 『국제금융의 이해』, 명경사, 2001, pp.116~119.

관련된 최소가치 혹은 내재가치를 결정하므로, 일반적으로 콜옵션 행사시의 수익은 시장가격이 행사가격을 초과하는 금액이 되며, 풋옵션 행사시의 수익은 행사가격이 시장가격을 초과하는 금액이 된다. 그러므로 콜옵션 가격에 있어서 시장가격이 상승하면 콜옵션의 프리미엄도 증가하게 된다. 반면에 풋옵션은 시장가격이 상승함에 따라 더 작은 가치를 갖게 된다.

2. 행사가격

시장가격과 함께 옵션가격에 결정적 영향을 주는 행사가격은 계약시점에서 매도자와 매수자간에 정해지는 상수이므로 행사가격이 작을수록(클수록) 콜옵션 프리미엄의 크기는 커지게(작아지게) 된다. 반면에 풋옵션은 행사가격이 상승함에 따라 더 큰 가치를 갖게 된다.

3. 만기(잔존가치)

옵션의 외재가치(extrinsic value)는 흔히 시간가치(time value)라고도 하는데, 이는 옵션의 만기가 외재가치에 가장 큰 영향을 미치는 요인 중의 하나이기 때문이다. 만기가 가까워옴에 따라 외재가치는 감소한다. 이러한 현상은 옵션의 보험가치가 만기가 가까워 옴에 따라 감소한다는 사실에 기인한다고 할 수 있다.

옵션만기가 연장되면 상당히 불리한 변동이 발생할 확률이 높아지는 것이 사실이나, 상품가격이 어느 방향으로 변화할지 예측하는 것은 쉬운 일이 아니다. 따라서 옵션만기가 연장될수록 가격이 유리하게 변동될 가능성 역시 증가한다. 이는 만기가 길면 길수록 옵션이 보유한 레버리지 효과가 증가한다는 것을 의미한다. 따라서 아메리칸 콜 및 풋옵션은 잔존기간이 길어질수록 더 큰 가치를 갖게 된다. 그러나 유러피언 콜 및 풋옵션은 잔존기간이 길어짐에 따라 반드시 더 큰 가치를 갖게 되는 것은 아니다. 왜냐하면 유러피언 장기옵션의 보유자는 유럽형 단기옵션의 보유자가 지닌 모든 행사기회를 보유하고 있는 것은 아니기 때문이다.

4. 무위험이자율

옵션도 역시 신금융상품의 하나로 자본투자가 있게 되면 어느 정도의 수익을 기대하는 것은 당연하다. 투자자에게는 다른 투자대안들이 있기 때문에 옵션투자에서 기대되는 수익은 위험수준이 비슷한 투자대상에서 기대되는 수익과 일치하여야 한다.

어느 주식가격이 현재 $100이고 1년 이내에 10% 상승 혹은 하락할 것으로 예상된다고 가정하면 일 년 후에 100주의 가격이 $11,000 혹은 $9,000이 될 것이다. 무위험이자율이 12%이고 이 주식에 대한 콜옵션의 행사가격이 주당 $100, 만기가 1년이라고 가정하고 다음의 두 포트폴리오를 고려하여 보자.

- 포트폴리오 A : 주식 100주(시장가격 $10,000)
- 포트폴리오 B : 액면가 $10,000 만기 1년인 순수할인채권

(이자율 12%에 현재가격 $8,929)과 주당 행사가격 $100인 콜옵션(주식옵션은 100주 단위)

어느 포트폴리오가 더욱 가치가 있는지를 비교해 보자. 1년 후 주가가 10% 상승하면 포트폴리오 A의 100주 가격은 $11,000이 될 것이고, 10% 하락하면 $9,000이 될 것이다. 포트폴리오 B의 경우에는 채권과 콜옵션을 고려해야 한다. 채권가격은 주식가격과 관계없이 1년 후에 $10,000이 될 것이다. 그러나 주가는 콜옵션의 가치에 강렬한 영향을 미치므로 만일 주가가 10% 상승하면 콜옵션은 $1,000의 가치가 되며(주가－행사가격), 주가가 10% 하락하면 콜옵션은 가치가 없게 되고, 옵션은 만기가 되어 행사되지 않은 채 소멸된다. 따라서 주가가 10% 하락하면 포트폴리오 B의 가치는 $10,000이 되고 주가가 10% 상승하면 $11,000이 될 것이다.

▶ 〈표 14-8〉 1년 후의 포트폴리오 가치

		시장상황에 따른 주가	
		+10%	−10%
포트폴리오 A	주식	$11,000	$9,000
포트폴리오 B	채권	$10,000	$10,000
	콜옵션	$1,000	0

결국 주가가 하락하면 포트폴리오 B의 가치가 포트폴리오 A보다 $1,000만큼 더 크며, 주가가 상승하면 포트폴리오 A와 B의 가치는 동일하다. 따라서 투자자가 포트폴리오 B에 투자하면 포트폴리오 A와 동일하거나 때에 따라서는 그보다 더 높은 수익률을 올릴 수 있다. 이렇게 되면 분명히 누구나 포트폴리오 B를 선호할 것이다. 그러므로 포트폴리오 B의 가치는 포트폴리오 A의 가치보다 크거나 같아야 한다.

이것은 옵션가격에 대하여 매우 중요한 점을 시사한다. 포트폴리오 B는 적어도 포트폴리오 A만큼의 수익을 주는 것이 확실하므로 가치도 최소한 그만큼은 되어야 한다.

포트폴리오 A의 가치가 $10,000이므로 포트폴리오 B의 가치는 적어도 $10,000은 되어야 하는데 포트폴리오 B에서 채권가격이 $8,929이므로 콜옵션의 가치는 적어도 $1,071(=$10,000−$8,929)이 되어야 한다. 이는 콜옵션의 가치가 최소한 주가에서 행사가격의 현재가치를 차감한 것만큼은 되어야 한다는 것을 의미한다.

$$PV(E)+C \geq S \quad \cdots\cdots (14.1)$$

$$C \geq S-PV(E) \quad \cdots\cdots (14.2)$$

여기서, PV(E) = 행사가격의 현재가치 C = 콜옵션 가격 S = 주식의 시장가격

만일 콜옵션이 이 조건을 충족시키지 않으면, 모든 투자가는 포트폴리오 A 대신 포트폴리오 B를 선호할 것이다. 따라서 다른 조건이 같다면, 이자율

이 높을수록 행사가격의 현재가치가 작아지므로 콜옵션의 가격은 상승한다.

콜옵션은 보유자에게 레버리지 효과를 제공한다. 옵션보유자는 기초상품을 매입하기 위하여 차입금을 이용하는 대신 레버리지 효과를 이용할 수 있다. 따라서 콜옵션은 기초상품을 매입하기 위한 대안으로 간주될 수 있다. 차입금의 이자가 높으면 높을수록 콜옵션이 차입금의 대안으로 더욱 매력적이다. 따라서 이자율이 상승할수록 콜옵션이 더욱 매력적이 되고 콜옵션의 가격이 상승한 풋옵션의 가치는 감소된다.

5. 가격변동성

시장가격의 변동성(volatility)이란 미래의 가격변동이 얼마나 불확실한가를 나타내는 척도이다 예컨대 주식의 경우 변동성이 증가함에 따라 그 주식의 투자실적은 아주 좋거나 아주 나쁠 가능성이 커진다. 주식소유자에게는 이 두 가지 결과는 서로 상쇄되는 경향이 있다. 그러나 콜이나 풋옵션의 소유자에게는 그렇지 않다. 콜옵션의 소유자는 주가상승으로부터 이익을 얻지만 주가하락 시에는 손실위험이 제한된다. 왜냐하면 그가 잃는 것은 기껏해야 옵션의 프리미엄이기 때문이다. 마찬가지로 풋옵션의 소유자는 주가하락으로부터 이익을 얻지만 주가상승 시 손실위험이 제한되어 있다. 그러므로 콜과 풋옵션의 가치는 변동성이 증가함에 따라 증가한다.[6)]

6) 김종선 · 김종오, 『금융시장론』, 학현사, 1999, pp.423~427.

CHAPTER 15

주가선물거래

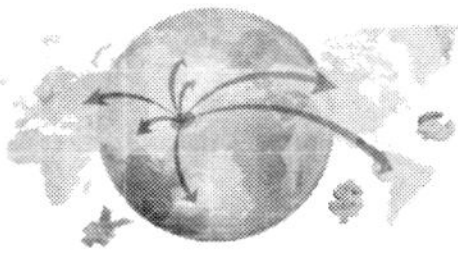

INTERNATIONAL FINANCIAL

주가지수선물거래는 스탠다드 투어 종합지수, 뉴욕증권거래소 종합지수와 같이 다수의 회사주식을 하나로 묶어서 이들의 주가를 가중평균하여 산출한 종합주가지수를 매매하는 파생금융상품이다. 최근처럼 주가지수의 등락이 심할 경우 그 지수 자체를 매매의 대상으로 함으로써, 가격변동에 적절히 대응하면서 수익을 올릴 수 있는 금융상품이다. 본 장에서는 주가지수선물거래에 관해 살펴보고자 한다.

제1절 주가지수선물의 개요

1. 주가지수선물의 의의

주가지수선물은 주식시장의 전체 또는 일부 상장주식의 평균적 변동을 반영하는 주가지수를 대상으로 하는 현금결제선물이다. 주가지수는 거래가 가능한 유형의 상품이 아니라 무형의 지수이므로 실제로 인도가 불가능하기 때문에, 만기일이 되면 주가지수를 인도하는 대신에 만기일과 거래당일간의 주가지수의 차이를 현금으로 결제한다. 물론 만기일 이전에는 반대매매를 통해 선물포지션을 청산할 수 있다.[1)]

주가지수선물은 기초지수가 주식시장에서 거래되지 않는 데도 불구하고 선물시장에서 거래대상으로 한다는 점에서 혁신적인 금융상품이다. 또 주가지수선물은 주식시장에서 포트폴리오투자를 통해 제거되지 않는 체계적 위험까지 제거시키는 헷지수단으로 사용되며, 이러한 위험헷지기능으로 인해 주식시장에서 적극적인 포트폴리오투자가 가능하게 되어 투자규모도 증가하였다. 나아가, 선물시장과 현물시장간의 지수차익거래로 주식시장의 유동성이 확대되어 주가 안정화에도 기여하였다.

주가지수선물가격은 주가지수선물시장뿐만 아니라 주식시장의 각종 가격정보를 바탕으로 미래의 주가를 예시하는 기능을 갖고 있다. 즉, 주가지수선물가격은 미래의 주가에 대한 예측치를 나타내므로, 주식시장에서도 중요한 투자지표로 사용된다.

주가지수선물은 적은 증거금으로 대규모의 거래를 가능하게 하기 때문에 높은 수익률과 높은 위험을 동시에 수반하는 투자수단이라 할 수 있다. 주가지수선물은 주식시장의 신용거래나 대주거래보다 증거금이나 거래비용이 저렴할 뿐만 아니라, 일시에 대규모의 포트폴리오를 복제할 수 있기 때문에 적은 비용으로 신용거래나 대주거래와 동일한 효과를 얻을 수 있다. 나아가, 경제 전체적으로는 위험의 최적배분을 가능하게 하여 자원배분의 효율성을 제고시킨다.

2. 주가지수선물거래의 기능

주가지수선물거래는 통상의 선물거래와 마찬가지로 위험헷지기능, 투기자금 흡수기능, 현물시장의 유동성향상의 기본적 기능을 가진다. 주가지수선물거래만이 가지는 기능을 정리하면 다음과 같다.

---

1) 최해범, 『국제재무관리』, 도서출판 대명, 2002, pp.292~302.

1) 시장위험 헷지기능

주가지수선물거래에서 헷지할 수 있는 위험은 주가변동위험이다. 주식투자의 주된 목적의 하나는 시세차익을 얻고자 하는 것이다. 그러나 주가가 예측한 것과는 반대로 움직여 손실을 입게 될 위험성이 있는데 이러한 주가 변동에 따른 투자위험은 개별기업 고유의 요인에 의한 개별주식의 주가변동위험과 시장 전체적인 요인에 의한 주가변동 위험으로 구분할 수 있다. 개별주식의 주가변동에 따른 위험은 여러 종목에 분산투자함으로써 어느 정도 감소시킬 수 있으나, 주식시장 전체적인 가격변동에 따른 위험은 분산투자로도 회피할 수 없다.

주가지수선물거래에서 헷지거래란 이러한 주식시장의 전체적인 가격변동에 따른 투자위험을 효과적으로 회피하기 위하여 주가지수선물시장에서 주식시장과는 반대되는 거래를 행하는 것을 말한다.

대규모 주식포트폴리오를 보유한 기관투자자가 앞으로 주가하락이 예상될 경우 보유주식 금액에 상당하는 주가지수선물을 매도해 두면 주가하락으로 인한 보유주식의 가치하락을 주가지수선물거래에서의 이익으로 보전할 수 있다. 이때, 주가지수선물을 매도하지 않고 보유주식을 모두 매각할 수도 있겠으나 대규모의 다양한 주식을 일시에 직접 매도한다는 것은 현실적으로 매우 어려울 뿐만 아니라 거래비용도 많이 들기 때문에 실행이 곤란하다. 그러나 주가지수선물을 거래하는 것은 주가지수를 구성하는 종목전체를 사고 파는 것과 똑같은 효과가 있으므로 효과적인 헷지수단이 된다.

2) 새로운 투자수단의 제공

투기자(speculator)에게 주가지수선물거래의 최대장점은 개별종목선택에 신경을 쓸 필요가 없이 주식시장 전체의 움직임에 대해 모든 것을 걸 수 있다는 점이다. 향후 장세기조를 강세라고 보면 주가지수선물을 매입하고, 약세일 것으로 판단하면 지수선물을 매도하는 단순한 전략으로 매매차익을 올릴 수 있다.

개별종목매매뿐만 아니라 주식시장 전체를 매매하는 수단이 등장함으로써 주식시장에 관심이 있는 투자자의 자산운용폭을 확대시킨다. 주가지수선물거래가 새로운 자금을 흡수하여 유동성을 높이게 되면, 주가변동위험을 헷지하려는 투자자의 니즈(needs)를 충분히 만족시킬 수 있다.

3) 주식시장의 확대기능

주가지수선물거래는 헷지거래와 차익거래를 통해서 현물시장을 한층 더 보강한다고 할 수 있다.

첫째는, 기관투자자 또는 증권회사는 주가지수선물로써 시장위험을 헷지할 수 있다면 보다 적극적인 현물포지션조정이 가능하게 된다. 예를 들어 주가하락위험에 대해 주가지수선물을 매도하여 헷지할 수 있으면, 증권회사가 기관투자자의 거액주식 매매주문을 집행하기 위해 일시적으로 거액의 포지션을 쉽게 취할 수 있다. 또한 주식인수위험을 주가지수선물로써 커버하게 되면 기업의 자금조달니즈에 신속히 대응할 수 있어 발행시장 확대에도 기여할 수 있다. 한편 기관투자자는 자금의 입금시기에 맞추어 주가지수선물을 매입, 가격상승위험을 헷지하면서 점차로 시장에서 주식을 매입할 수 있다.

둘째는, 차익거래에 의한 주식시장 유동성 증가이다. 주가지수선물거래를 이용하는 차익거래는 선물대상이 되는 주가지수와 연동성이 높은 주식바스켓(basket)을 구축하고 이것과 주가지수선물간에 차익거래를 하는 것을 말한다. 선물가격이 이론적으로 평가하는 수준보다 높은 경우는 선물을 매도하고 주식바스켓을 매입하는 '매수차익거래'가 이루어지고, 반대로 선물가격이 낮은 경우는 선물을 매입하고 주식바스켓을 매도하는 '매도차익거래'가 이루어진다.

이러한 차익거래가 활발해지면 선물시장의 가격형성이 보다 효율적이 되며 이들 두 시장의 유동성도 동시에 높아질 것이다.

4) 금융시스템 강화

선물시장이 활성화되면 주식시장이 그 기능을 제대로 발휘하고, 효율성 증대도 기대되므로 장기적으로 금융시스템의 안정에 기여할 것이다. 금융기관은 선물시장의 적극 참여와 함께 다양한 상품개발을 통하여 업무영역의 확대를 이룩할 수 있다. 또한 선물을 이용한 헷지거래로 말미암아 금융기관의 리스크가 감소하여 경영안정 및 합리화가 촉진될 것이다.

한편 각 금융기관의 업무영역이 확대됨에 따라 이를 규제하기 위한 규제기관의 협조체제의 강화 내지 통합화가 이루어질 것으로 기대된다. 그러나 주가지수선물을 비롯한 금융선물시장이 발달하지 못하여 가격결정구조가 왜곡되거나 투기가 심화되면 현물시장의 불안정성이 커지게 되고, 이는 금융기관 및 금융시스템의 리스크를 증가시켜 경제전반의 안정을 저해할 수도 있다.[2)]

제2절 주가지수선물시장의 현황

미국의 주가지수선물은 1982년 2월에 KCBT가 VLI(Value Line Index)를 대상으로 한 주가지수선물을 세계 최초로 도입함으로써 시작되었고, 1982년 4월에는 CME가 S&P 500 지수선물을 도입하였다. 1982년 5월에는 NYFE가 NYSE 종합지수선물을 도입하였고, 1984년 7월에는 CBOT가 MMI 선물을 도입하였다. 1990년대 이후에는 CBOT가 DJIA 지수선물을 도입하였고, CME는 Mini S&P 500 지수선물, S&P Midcap 400 지수선물, NASDAQ 100 지수선물, Russell 2000 지수선물 등을 도입하였으며, NYMEX는 Euro Top 100 지수선물을 도입하였다. 이러한 주가지수선물은 도입 초기부터 매우 성공적이었으며, 세계 각국에서도 미국의 주가지수선물시장을 모델로 삼았다.

2) 김철교·정헌용, 『금융선물옵션』, 형설출판사, 2000, pp.116~118.

1. 미국의 S&P 500 지수선물

미국의 CME는 1982년 4월에 S&P 500 지수선물을 도입하였다. S&P 500 지수는 대부분 우량주에 속하는 500개의 주식으로 구성된 시가총액지수이다. S&P 500 지수에 포함된 주식의 대부분은 NYSE, AMEX, OTC 시장에 상장된 주식으로 미국의 주요 산업에 속해 있는 주식을 골고루 포함하고 있기 때문에, S&P 500 지수는 DJIA보다 더 포괄적이다. S&P 500 지수에 포함된 주식의 약 95%는 NYSE에 상장되어 있고, 지수구성종목의 시가총액은 NYSE에 상장된 모든 주식의 시가총액의 약 80%에 해당한다. <표 15-1>은 S&P 500 지수선물의 명세서를 나타낸다.

〈표 15-1〉 S&P 500 지수선물의 명세서

구 분	내 역
기초지수	S&P 500
거 래 소	CME(Chicago Mercantile Exchange)
거래단위	S&P 500 지수 × $250
결 제 월	3, 6, 9, 12월
최종거래일	결제월의 제3목요일
결제명서	최종거래일 이후의 금요일의 개정지수에 따라 현금결제 : 주식시장이 금요일에 개장되지 않으면 최근의 매도가격을 적용한다.
호가단위	0.05 지수포인트 또는 계약당 $12.50

2. 일본의 Nikkei 225 지수선물

일본의 오사카증권거래소(OSE)는 1988년에 Nikkei 225 지수선물을 도입하였다. Nikkei 225 지수는 도쿄증권거래소에 상장된 주식 중 225개의 종목으로 구성되며, Nikkei 225 지수를 구성하는 주식의 시가총액은 도쿄증권거래소 1부 상장 주식의 시가총액의 약 60%를 차지한다. 이 지수는 미국의 DJIA와 같이 주가평균지수에 속한다. 또한 오사카증권거래소에서는 이보다 앞서 1987년에 「株先 50」을 도입한 바 있고, 1994년에는 Nikkei 300 지수선물을 추가로 도입하였다. <표 15-2>는 Nikkei 225 지수선물의 명세서를 나타낸다.

▶▶ 〈표 15-2〉 Nikkei 225 지수선물의 명세서

구 분	내 역
기초지수	Nikkei 225 Index
거 래 소	OSE(Osaka Stock Exchange)
거래단위	Nikkei 225 Index × ¥10,000
결 제 월	3, 6, 9, 12월
최종거래일	각 결제월의 두 번째 금요일 전일
결제명서	최종거래일의 종지수에 따라 현금결제
호가단위	¥10,000

3. 영국의 FTSE 100 지수선물

영국의 런던국제금융선물거래소(LIFFE)는 1984년에 FTSE 100 지수선물을 도입하였다. FTSE 100 지수는 영국의 ISE(International Stock Exchange)에 상장된 주식 중 시가총액이 큰 100개의 주식으로 구성된 시가총액지수이다. FTSE 100 지수의 기준일은 1984년 1월 3일이고, 기준일의 지수를 1,000으로 하여 비교일의 지수를 계산한다. <표 15-3>은 FTSE 100 지수선물의 명세서를 나타낸다.

▶▶ 〈표 15-3〉 FTSE 100 지수선물의 명세서

구 분	내 역
기초지수	FTSE 100 지수
거 래 소	LIFFE(London International Financial Futures Exchange)
거래단위	FTSE 100 지수 × £25
결 제 월	3, 6, 9, 12월
최종거래일	각 결제월의 최종영업일 오전 11시 20분
결제명서	최종거래일 오전 11시 20분의 지수로 현금결제
호가단위	0.05 지수포인트 또는 £12.50

4. 한국의 KOSPI 200 지수선물

한국증권거래소는 1996년 5월 3일에 KOSPI 200 지수선물을 도입하였다. KOSPI 200 지수는 한국증권거래소에 상장된 주식 중 시장대표성과 유동성이 높은 200개의 종목으로 구성된 시가총액지수이다. KOSPI 200 지수의 기준일은 1990년 1월 3일이고, 기준일의 지수를 100으로 하여 비교일의 지수를 계산한다. <표 15-4>에서와 같이, KOSPI 200 지수선물가격은 KOSPI 200 지수에 50만 원을 곱한 값으로 계산하고, 호가단위는 0.05지수포인트 또는 2만 5천 원이며, 가격제한폭은 5% 정률제로 하고 있다.[3)]

〈표 15-4〉 KOSPI 200 지수선물의 명세서

구 분	내 역
기초지수	KOSPI 200 지수
거 래 소	한국증권거래소
거래단위	KOSPI 200 지수 × 50만 원
결 제 월	3, 6, 9, 12월
최종거래일	각 결제월의 두 번째 목요일
결제명서	최종거래일의 현물지수로 최종거래일 2일 후 현금결제
호가단위	0.05 지수포인트 또는 2만 5천 원

제3절 주가지수선물을 이용한 위험관리

1. 헷지거래

헷지거래라 함은 현물주식 포트폴리오의 가치와 주가지수선물의 값이 연동함을 가정하고 현물자산과 선물자산에 동시에 서로 반대방향으로 포지션을 취하는 전략이며 미래의 현물자산 가치변동에 따른 위험의 회피를 목적

3) 신민식, 『파생금융상품시장론』, 법문사, 2001, pp.205~210.

으로 한다.

현물자산이 여러 주식에 잘 분산되어 있다 하더라도 그 자체만으로는 시장위험 또는 체계적 위험을 회피할 수 없다. 하지만 주가지수선물의 거래를 병행함으로써 현물의 이러한 시장위험까지 회피할 수 있으므로 포트폴리오 운용을 보다 안정적으로 관리할 수 있다.

만약 현물과 선물의 가격이 똑같은 폭으로 변하지 않는다면 현물과 선물 간의 가격차이, 즉 베이시스가 변할 것이고 이에 따라 완전한 헷지는 불가능하다. 그러므로 가장 위험을 줄일 수 있는 최적헷지비율, 즉 현물포지션의 헷지를 위한 최적 선물포지션을 산출하여 선물계약단위로 나누어 헷지에 필요한 선물계약수를 정한다.

이 최적헷지비율은 사전에 정확한 수치를 구할 수 없으며, 추정방법으로 현물가치와 선물가치의 변동폭에 대한 비율을 주로 사용하고 있다. 주가지수선물에 있어서의 최적헷지비율로는 현물 포트폴리오의 주가지수에 대한 가격변동성, 즉 베타가 주로 사용되고 있다.[4)]

헷지거래의 예를 들어 살펴보면, 기관투자자인 A는 100억 원 상당의 주식을 보유하고 있다. A는 2월 2일 현재 미래의 주가하락을 예상하여 KOSPI 200 지수선물을 선물가격 109.38에 183계약 매도하였다. 3월 9일에 들어 주가가 10% 하락하고 KOSPI 200 지수선물가격이 98.37로 하락한 경우의 헷지거래의 결과를 보면 <표 15-5>와 같다.

〈표 15-5〉 헷지거래결과

일자	현물시장	선물시장
2/2	보유주식 시가총액 : 100억 원	선물 183계약을 109.38에 매도
3/9	주가 10% 하락 : 90억 원	선물 183계약을 98.37에 매입
손익	90억 원-100억 원 = -10억 원	(109.38-98.37)×50만×183계약 ≒10억 원(1,007,415,000원)
헷지거래결과	-10억 원 + 10억 원 = 0	

4) 김철교·정헌용,『금융선물옵션』, 형설출판사, 2000, p.119.

2. 주가지수선물투기거래

주가지수선물거래는 적은 증거금으로 거래할 수 있으므로 레버리지가 높아 투기가 유발된다.

투기는 현물포지션의 가격변동위험을 헷지하려는 거래자의 상대방이 되기도 하고, 현물포지션을 갖지 않고 선물가격의 변화만을 가지고 거래를 함으로써 이익을 취하는 거래이다. 투기거래는 현물에 대한 예상가격의 발견과 위험의 적정배분이라는 경제적 기능을 수행하며, 이를 통하여 현물주식시장의 효율화와 활성화에 기여한다.

예를 들어 살펴보면, 투자자 B는 2월 2일 현재 주가상승을 예상하여 KOSPI 200 지수선물 2계약을 선물가격 109.38에 매입하고 만기까지 그 포지션을 유지하였다. 이 선물의 만기인 3월 10일 KOSPI 200 지수선물가격이 98.55인 경우 거래의 결과를 보면 <표 15-6>과 같다.

〈표 15-6〉 투기거래결과

2/2	선물 2계약을 109.38에 매입
3/10	최종선물가격 98.55에 현금결제
손익	(98.55−109.38)×50만 원×2계약 = −10,830,000원
투기거래결과	10,830,000원의 손실

결과적으로 투자자는 주가상승예상이 빗나감으로써 1,000만 원 정도의 손실을 입게 되었다.

3. 주가지수선물차익거래

주가지수차익거래는 주가지수와 주가지수선물가격의 일시적 불균형상태를 이용하여 주가지수선물과 시장포트폴리오를 동시에 매입·매도함으로써 차익을 실현하는 투자기법이다. 만약 주가지수선물의 시장가격이 이론가격보다 높게 형성되어 있으면 주가지수선물계약을 매도하고 자금을 차입하여 시장포트폴리오에 투자하는 것이다. 이후 만기에 선물계약을 현금결제하고 보유하고 있던 주식포트폴리오를 매각하여 차입금을 상환하면 된다. 반면에, 주가지수선물이 이론가격보다 낮은 경우에는 이와 반대의 전략을 취하여 차익거래 이익을 얻을 수 있다.

〈표 15-7〉 차익거래결과

거래내용	KOSPI 6월물	KOSPI 3월물
2/15	선물 10계약을 102.30에 매입	선물 10계약을 101.20에 매도
3/5	선물 10계약을 102.95에 매도	선물 10계약을 101.35에 매입
손익	(102.95−102.30)×50만×10계약 = 3,250,000원	(101.20−101.35)×50만×10계약 = −750,000원
스프레드 거래결과	2,500,000원 이익	

예를 들어 살펴보면, 투자자 C는 2월 15일 현재 향후의 주가상승을 예상하고 있다. 그러나 그는 주가의 하락가능성도 배제하지 못하여 가격변동폭이 큰 KOSPI 200 지수선물 6월물 10계약을 선물가격 102.30에 매입하고, 가격변동폭이 작은 KOSPI 200 지수 3월물 10계약을 선물가격 101.20에 매도하였다. C는 3월 5일에 KOSPI 200 지수선물 6월물 10계약을 102.95에 매도하여 3월물 10계약을 101.35에 매입하였다. 거래의 결과는 <표 15-7>과 같다.[5)]

5) 성태홍·최도성, 『파생금융상품과 금융위험관리』, 경문사, 1997, pp.112~115.

part 7

환위험관리와 측정

CHAPTER 16

환위험의 관리

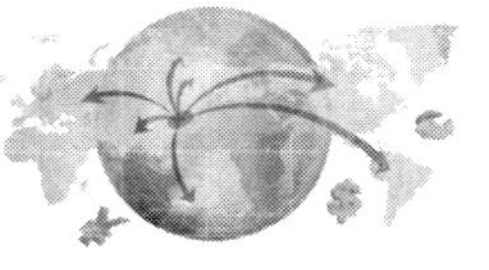

INTERNATIONAL FINANCIAL

최근까지 기업의 환위험관리(exchange risk management)에 대한 여러 가지 다양한 기법이 발전되어 오고 있으며, 이를 크게 내부기법과 외부기법으로 구분할 수 있다. 환위험관리의 내부기법이란 기업내부에 의해 환위험을 최소화하려는 모든 전략을 말하며, 외부기법이란 환손실(실현되는 것이든 아니든)을 방지하기 위하여 기업외부의 제도를 이용한 각종 계약조치(contractual measures)를 의미한다.

일반적으로 내부기법은 환위험 자체가 발생하는 것을 방지하기 위한 예방조치이며, 외부기법이란 이와 같은 내부기법에 의해 제거되지 못한 환위험으로부터 발생할지도 모를 환손실을 최소화하는 방안이다. 물론 앞으로 보는 바와 같이 이와 같은 구분은 반드시 명확한 것은 아니다. 그러나 환위험관리라고 하면 흔히 외부기법만을 강조하는 경향이 있기 때문에 내부기법의 중요성을 인식하기 위해서도 이와 같은 구분은 매우 유용하다 하겠다.

환위험관리의 구체적인 기법들을 설명하기 전에 강조해야 할 점은, 이들 기법이 모든 환경에서 항상 이용 가능한 것이 아니라는 사실이다. 왜냐하면 각국은 외환제도나 금융제도를 통해 특정한 내부기법 또는 외부기법의 사용을 금지 또는 제한하고 있기 때문이다.

이 장에서는 환위험의 관리 차원에서 기업들이 선택할 수 있는 내·외부적 관리전략에 대해서 살펴본다.

제1절 환위험 내부적 관리전략

1. 환위험 관리의 목표

1) 환위험 관리의 목표

기업의 환위험관리의 주된 목표는 국내통화표시 재무결과에 대한 환율변동의 총체적 영향을 최소화하는데 두어야 하며, 기업자신이 직면하는 환위험 종류에 따라 또 다른 목표가 설정되어야 할 것이다. 예컨대 거래적 환위험에 대해서는 외환을 매개로 하는 거래로부터 발생하는 총체적 비용과 손실을 최소화하는데 관리목표를 둘 수 있을 것이고, 환산 환위험에 대해서는 기업이 수용할 수 있는 범위 내에서 환산으로부터 결과하는 미실현 손익을 고려하는 것으로 관리목표를 설정할 수 있을 것이다.[1)]

그리고 장기적인 미래 환위험에 대해서도 관리할 필요성이 있는 경우에는 경제적 환위험에 대한 분석과 그에 대한 대응전략을 강구하는데 목표를 두는 게 옳을 것이다.

물론 기업의 환위험 관리목표는 기업의 현실적 외부환경, 현재의 관리기법 그리고 기업의 가용자원과 관리능력을 감안한 것이어야 하며 또한 이는 총괄적인 기업경영목표와 기업의 특정 국제경영전략 및 목표와도 일관성이 있어야 할 것이며 특히 최고경영자의 태도와 위험회피성향을 고려하는 것이어야 한다.

따라서 이와 같은 환위험 관리목표를 달성함에 있어서는 일반적으로 다음과 같은 세 가지 점은 필히 고려되어야 할 것이다.

1) 최해범, 『국제재무관리』, 도서출판 대명, 2007, pp.291~311.

첫째, 환위험관리에 대한 대응자세의 신속성이다. 환율은 항상 변동하기 때문에 환위험관리는 예상할 수 없는 것에 대해 장래 바람직하지 못한 일이 일어난다 해도 다액의 손실을 입지 않도록 순발력 있게 대처한다는 각오가 필요하다.

둘째, 채산점의 중요성을 고려하여, 채산점을 정하고 비용 및 이익을 확정시켜 나가는 것이 필요하다.

셋째, 기업의 경영상 견딜 수 있는 상한을 설정해 두는 것이 필요하다.

2) 환위험의 일반적 관리과정

변동환율제도의 이행 이후 환위험이 국제경영의 중요한 환경요인이라는 인식이 증대되고 외환과 관련된 문제들의 다양성과 복잡성에 대한 이해가 증대되면서 환위험 관리에 대한 관심과 노력이 급증하게 되었으며, 종전의 임기응변식 대응에서 탈피하여 환위험 관리를 과정화, 조직화하는 경향이 늘어나게 되었다. 특히 오늘날 외자에 대한 의존도가 높은 우리의 기업으로서는 이에 대한 각별한 관심과 연구가 요망된다고 하겠다.

환위험 관리의 과정은 <그림 16-1>과 같이 표시할 수 있다.

동과정을 요약하면, 첫째로 앞서 말한 환위험관리의 목표가 설정되어야 하며, 둘째로 외환거래에 따른 순노출의 규모를 추정하고, 셋째로 환율예측을 행한 후, 넷째로 어떤 환관리기법을 선택할 것인가를 포함하는 환관리 전략을 수립하며, 다섯째로 이 전략에 의해 환위험 관리를 수행한 후, 여섯째로 사후평가를 행하는 것으로 된다.

<그림 16-1>의 과정중 순노출 규모의 추정, 환율예측, 관리전략의 수립에 대해서 더 구체적으로 살펴보자.

첫째, 순노출이란 특정기간 혹은 연속하는 특정기간에 걸친 추정된 외환의 유입과 유출의 차이이며, 외환의 유출입에는 기 계약분 뿐만 아니라 기업의 장·단기계획에 비추어 합리적으로 예상 혹은 예측이 가능한 것들을 포괄한다.

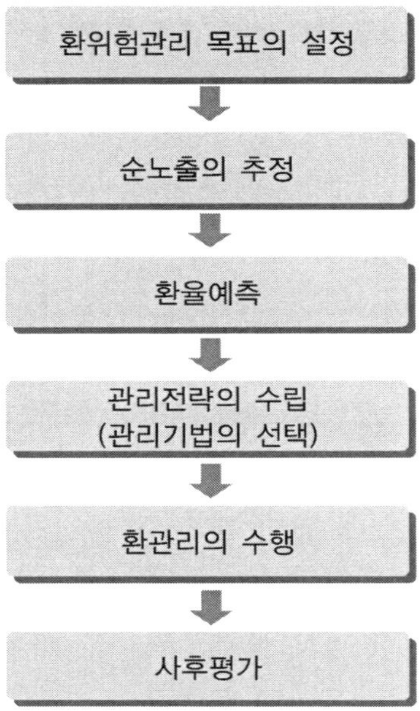

〈그림 16-1〉 환위험 관리과정

이러한 순노출 확정의 목적은 각 통화에 대한 기업의 순노출 포지션(position)을 근사하게 예측함으로써 관리전략 수립의 기초를 제공하는데 있으며 특정통화에 대한 유출입이 불확실한 경우에는 예측치로 부터의 이탈에 대한 상·하한선을 설정해 두는 것이 바람직하다. 나아가 해외자회사가 있는 경우에는 모기업과 자회사가 종합적으로 각 통화에 대한 유출입을 파악하여야 할 것이다.

둘째, 환율은 특정통화의 다른 통화에 대한 가격으로서, 그 예측은 매우 어려운 문제지만 장·단기 미래환율변동의 범위에 대한 합리적 추정은 주어진 특정 순노출하에서 가능한 이익과 손실에 대한 대강의 전망을 기업에 제공해 준다는 데서 중요한 의미를 갖는다.

따라서 특정한 환율의 움직임은 예측 불가능한 것은 아니나 지극히 어려운 성질을 지니고 있다. 특히 최근과 같이 환율변동에 영향을 줄 수 있는 요인들이 많은 경우에는 더욱 더 그러하다. 그렇지만 환위험 관리를 위해서는 어떤 형태로든 환율예측이 행해지지 않으면 안 된다는 것이다.

셋째, 주어진 환위험 관리 목표 하에서 기업의 순노출이 통화별로 확정되고 각 통화에 대한 환율예측이 이루어진다면 다음 단계로 관리전략의 수립이 이루어지게 된다. 관리전략은 첫째, 관리대상 노출의 확정, 둘째, 관리기법의 선택, 셋째, 시기(timing)의 결정 등의 문제들과 관련되어진다.

2. 대내적 환위험 관리기법

대내적 관리기법이란 일상 영업업무와 관련하여 기업의 내부적인 자금관리 기능의 일환으로 환노출을 본원적, 사전적으로 예방·감축 또는 경우에 따라 환차익까지 감안하는 수단을 말한다. 동 관리기법에는 ① Netting & Matching ② Leading & Lagging ③ Pricing Policy ④ Asset & Liability Management 등이 있는 바, 아래서는 그 각각에 대해서 간략히 살펴본다.

1) Netting & Matching

넷팅(netting)과 매칭(matching)의 개념은 흔히 상호 교환적으로 사용되기도 하지만 다음과 같은 점에서 구분된다. 즉 넷팅은 본지사간 또는 자회사 상호간의 채권과 채무를 건별로 결제하지 않고 일정기간 경과 후 순차액만을 정기적으로 결제하는 제도이다. 넷팅제도에는 모회사와 자회사 또는 두개의 자회사간의 양자간 넷팅(bilateral netting)과 모회사와 2개 이상의 자회사간에 이루어지는 다자간 넷팅(multilateral netting)이 있다.

매칭은 자금흐름의 입출을 통화별로, 시기별로 일치시킴으로써 현금흐름의 환위험이 서로 상쇄되도록 하는 방법이다. 외화표시의 수출과 수입을 대량으로 하는 기업은 수출과 수입금액을 통화별로, 시기별로 의도적으로 조정한다. 이를 위해서 다국적기업은 모회사와 자회사간에 상호 조정에 관한 협약을 체결하기도 하며, 제3자와도 마찬가지의 협약을 할 수 있다. 따라서 넷팅은 다국적기업만이 사용할 수 있지만 매칭은 수출입업자들도 이용할 수 있는 특징이 있다.

매칭의 기본적인 요건은 동일통화 표시의 수입과 지급이 쌍방으로 이루어지고 있어야 한다는 것인데, 이를 자연적 매칭(natural matching)이라고 부른다. 그러나 환율이 대부분 같은 방향으로 움직이는 두 통화(예를 들어, 유로화와 스위스프랑화)로 각각 수입과 지급이 표시되는 경우에도 매칭의 효과가 나타날 수 있는데, 이를 패러렐 매칭(parallel matching)이라고 부른다. 이때에는 한 통화의 평가절상으로부터 얻는 이익(유로화표시 받을 어음)은 다른 통화의 평가절상으로부터 발생하는 손실(스위스프랑표시 지급어음)에 의해 상쇄된다.

2) Leading & Lagging

리딩(leading)과 래깅(lagging)이란 국제거래를 행하는 기업이 지급(payment)의 시기를 조정함으로써 환노출을 감소시키는 기법을 말한다. 이때 지급의 시기를 앞당기는 것을 리딩이라 하고, 지급의 시기를 늦추는 것을 래깅이라고 한다. 리딩과 래깅은 다국적기업의 동일그룹 간에 행해질 수도 있고 또는 독립된 기업 간에 행해질 수도 있다.

리딩과 래깅은 두 해당 기업의 대차대조표를 반대방향으로 변화시킨다. 따라서 독립된 기업 간에 이루어지는 리딩과 래깅에 있어서는 두 기업의 이해가 상충된다. 그러나 다국적기업의 경우에는 그룹 전체가 공동의 목표를 추구하고 있으므로 이와 같은 문제가 없다. 또 동일그룹 간에 주기적으로 각종 지급이 이루어지고 있으므로 리딩과 래깅의 기회도 훨씬 많다.

다국적기업 간에 이루어지는 지급은 일반 영업에 관련된 것과 금융거래에 따른 것으로 구분할 수 있다. 전자에 속하는 것으로는 완제품뿐만 아니라 원료나 부품의 수출입 그리고 선박이나 항공기 등의 이용료 그리고 기술과 경영의 제공에 대한 수수료 등이 있고, 후자에 속하는 것으로는 배당금이 있다.

3) 가격정책

환위험을 관리하는 수단으로서의 가격정책은 기대되는 환율변동에 대처하기 위한 가격조정과 평가절하가 기대되는 주통화(host currency)와 관련되는 환위험을 감소시키기 위한 거래통화의 결정문제를 포함한다.

즉, 가격조정의 경우를 보면 자국통화가 평가절상될 때는 상품수출대금의 양이 적어지기 때문에 이를 만회하기 위하여 상품가격을 상향조정해야 한다. 그러나 가격의 상향조정은 수출시장의 여러 사정으로 그리 간단히 결정할 성질의 것은 아니고 상품의 가격경쟁력, 가격탄력성 등을 고려하여 신중히 결정해야 한다. 또 거래통화 결정은 상품대금의 거래를 특정통화로 결정함으로써 환위험을 관리하는 방법으로 수출상품에 대해서는 강세에 있는 통화를 거래통화로 결정하고 수입을 할 경우에는 그 반대로 결정할 수 있다.

4) 자산 · 부채관리

이 기법은 대차대조표상에 노출된 자산과 부채를 일치시킴으로써 환위험을 회피하려는 방법을 말하는데, 흔히 대차대조표헷지(balance sheet hedge)라고도 불린다. 이와 같은 자산과 부채의 관리(asset and liability manage ment)는 주로 환산환위험을 감소시키기 위해 이용되지만, 거래환위험 또는 경제적 환위험을 상쇄시키기 위해서 사용될 수도 있다. 이 기법은 요컨대 자산과 부채의 표시통화를 전략적으로 선택함으로써 환율변화가 기업에 미치는 영향을 최소화하려는 것이다.

환위험관리의 목표가 환산환위험의 상쇄에 있을 때 사용되는 일반적인 방법은 동일통화표시의 자산과 부채를 일치시키는 것이다. 한편 환위험관리의 목표가 경제적 환위험 또는 거래환위험의 감소에 있다면, 일반적으로 장기부채의 표시통화를 장래 기대되는 현금의 유입이 표시될 통화와 일치시키는 방법을 이용한다. 일반적으로 대차대조표상의 각 항목의 표시통화는 생산, 마케팅, 원료구입 등 기업 특유의 내부조건에 의해 결정된다.

그러므로 이와 같은 일상적인 영업활동의 수행과 표시통화에 대한 환위험관리의 목표는 상충될 수도 있다. 따라서 표시통화의 결정은 기업의 전반적인 경영전략에 따라 타협적으로 결정되어야만 할 것이다.

이제 예를 들어 자산과 부채의 관리를 설명해 보자. 지금 미국 기업의 프랑스자회사가 1,000,000프랑의 노출된 자산과 500,000프랑의 노출된 부채를 가지고 있다고 하자. 이때 대차대조표 헷지를 달성할 수 있기 위해서는 노출된 자산을 감소시키거나 또는 노출된 부채를 증가시키는 두 가지 방법을 사용할 수가 있다.

우선 노출된 자산을 감소시키기 위해서 미국기업의 프랑스자회사는 프랑스프랑 현금을 달러로 교환하여 보유하거나 또는 배당금으로 모회사에 송금하거나 또는 재고 또는 고정자산에 투자할 수가 있다. 한편 프랑스프랑표시 받을 어음은 신용기간의 단축, 특별할인, 디스카운팅과 팩토링 등을 통해 감소시킬 수가 있다. 또 만약 달러표시의 부채가 있을 때에는 프랑스프랑 자금은 이 부채의 조기상환에 사용할 수 있다. 그러나 프랑스프랑표시 부채의 상환은 노출된 자산과 부채를 동시에 감소시킴으로 환산 환위험을 변화시키지 않는다.

다음으로 미국기업의 프랑스자회사는 프랑스프랑표시의 부채를 증가시킴으로써 대차대조표헷지를 달성할 수 있다. 물론 이와 같이 부채의 증가에 의해 조달된 자금은 환위험에 노출되지 않는 자산, 예를 들어 재고나 고정자산에 투자하거나 또는 달러표시부채의 조기상환에 사용되어야만 한다.

이상에서 설명한 바와 같이 노출된 자산과 노출된 부채를 일치시키는 것은 환산환위험의 발생을 미리 예방하는 방어적인(defensive) 조치이다. 그러나 거래환위험 또는 경제적 환위험의 관리를 위해서는 보다 적극적인(aggresive) 전략을 수립할 수 있는데, 한 가지 예를 들면 약세통화표시의 부채를 증가시키는 방법이다.

그러나 이때 물론 명목이자율에서 예상되는 평가절하율을 뺀 실효이자율(effective interest cost)을 면밀히 분석해야 한다. 또, 경제적 환위험의 관리를 위해서는 장래 현금의 유입이 예상되는 통화표시로 부채를 구성하는 방법이 있다.

5) 재송장전략

재송장전략(reinvoicing)이란 환위험의 관리를 위해서 별도 법인의 센터를 설립하여 본·지사간 이종통화 표시 채권·채무를 이 센터와의 단일통화거래로 단순화하는 전략을 말한다. 이로 인해 모든 환위험은 이 센터 내에서 관리하게 된다.

재송장전략은 환위험의 집중기법으로 잘 알려져 있고 가장 널리 사용되는 기법이다. 일반적으로 송장(invoice)이란 매매계약의 조건을 완전하게 이행했음을 밝히는 수출업자가 수입업자에게 보내는 서류를 말한다. 이러한 송장을 해외제조회사는 판매자회사 앞으로 곧바로 발송한다.

그러나 재송장전략하에서는 제조자회사가 송장을 직접 판매자회사로 발송하지 않고 재송장센터(reinvoicing center)로 보낸다. 그러면 재송장센터는 이 송장을 판매자회사가 원하는 통화표시로 재발송하게 된다. 이와 같은 과정을 통하면 판매자회사는 통화전환에 따른 환위험을 벗어날 수 있으며 모든 환위험은 재송장센터로 집중된다.

대부분의 재송장발행회사는 별도의 법인체로 일반적으로 저세율 지역에서 활동한다. 재송장발행회사의 기능은 기업의 판매자회사 중의 하나가 담당하기도 하지만 때로는 모기업 자체가 그 기능을 수행할 수도 있다.

6) 환차손준비금전략

환차손준비금(foreign exchange loss reserve)은 미래의 환차손 발생에 대비하여 영업이익의 일부를 환차손준비금으로 적립하고 실제 환차손이 발생하면 이 적립금을 환차손에 충당하는 제도이다. 환차손준비금제도는 환위험을 제거 또는 축소시킬 수 있는 사전적인 환위험 관리방법이라기보다는 사후적인 관리방법이다.

이는 환차손이 발생한 경우에 사후적으로 이를 일정기간에 걸쳐 이연분산시킴으로써 특정기간에 이례적으로 발생한 환차손 때문에 왜곡될 수 있는 경영성과를 평준화할 수 있는 회계제도이다. 이 제도는 환위험의 회피를 위한 별도의 현금비용을 부담하지 않아도 되는 장점이 있다. 그러나 실제 부담한 환차손이 현재화되지 않는 단점도 있다.

대차대조표에서 자본항목의 이익잉여금내에 환차손준비금을 설정하면 이에 따라 환차손준비금의 자산항목에서는 불특정자산으로 유보되게 된다. 만일 반드시 이익잉여금으로 유보시킨 환차손준비금을 환차손이 발생할 때만 충당하고자 할 경우에는 자산항목 가운데 장기 혹은 단기금융상품계정을 설정해 둘 수도 있다. 손익계산서상에서는 환차손준비금이 외부에 유출되지 않고 영업이익내에 포함되므로 계정이 별도로 나타나지 않게 된다.

그런데 현재 국내 기업회계기준에서는 당해 연도에 모두 비용처리하도록 되어 있다. 따라서 이러한 환차손준비금적립에 따른 경영성과의 평준화 방법은 기업회계기준에 따른 외부보고 목적의 재무회계보다는 내부관리 목적의 관리회계차원에서 활용해 볼 수 있을 것이다.

환차손준비금은 환변동보험(foreign exchange fluctuation insurance)과 대비될 수 있다. 환차손이 발생할 것을 우려하여 보험금의 성격을 가진 준비금을 마련하는 것을 환차손준비금이라 할 수 있다. 이에 반해 환차손이 발생할 것이 우려되어 보험료를 부담하다가 일정한 비율 또는 일정한 금액 이상의 환차손이 발생한 경우 이를 보전하기 위해 보험금을 받는 제도가 환변동보험이다. 따라서 같은 성격의 전략으로서 환차손준비금은 내부적 전략의 일환이며 환변동보험은 외부적 전략의 하나라고 볼 수 있다.[2)]

2) 지호준, 『국제재무관리』, 경문사, 2000, pp.521~524.

제2절 환위험의 외부적관리전략

1. 대외적 관리기법의 의의

환위험 관리의 외부기법이란 환위험으로부터 발생될지도 모를 손실의 가능성을 배제하기 위해서 기업체 외부에서 특수한 계약 조치를 행하는 것을 총칭한다. 즉, 외환시장 및 국제금융시장을 통한 거래를 행함으로써 환위험을 제거시키는 방법을 말하며 그 대표적인 예로서 선물환시장, 금융시장 또는 옵션시장을 통한 헷징방법이 있다.

2. 대외적 환위험 관리기법

먼저 선물환시장을 통한 헷징은 미리 정해진 환율로 한 통화를 다른 통화로 교환하기로 하는 선물환계약을 체결함으로써 환율변동으로 인한 위험을 제거하는 방법이다. 금융시장을 통한 헷징은 외국통화를 차입하여 자국통화로 바꾸어 자국의 금융자산에 투자를 함으로써 환율변동에 따르는 위험을 피하는 방법이다. 선물환시장을 통한 헷징이 금융시장을 통한 헷징과 다른 점은 선물환시장을 통한 헷징의 비용은 forward premium 또는 discount에 의하여 결정되는 데 비해 금융시장을 통한 헷징의 비용은 두 국가 간의 이자율 차이에 의해서 결정된다는 점이다. 마지막으로 옵션시장을 이용한 헷징은 미래 일정시점에서 일정환율로 외국통화를 사거나 팔 수 있는 옵션을 매입함으로써 환율변동에 따르는 위험을 제거하는 방법이다. 이 경우 헷징의 비용은 옵션가격에 의해 결정된다.

다음에서는 선물환시장, 금융시장, 옵션시장 등을 이용함으로써 어떻게 환위험을 헷징할 수 있는지를 예를 들어 설명한 후 세 가지 방법에 대해 서로 비교해 보기로 한다.

〈상황〉

미국의 컴퓨터 수출업체인 프레이저사는 영국의 후커사에게 개인용 컴퓨터 £1,000, 000어치를 3월에 팔기로 계약하고 대금은 3개월 후에 £화로 결제받기로 하였다면 프레이저사는 계약시점 이후부터는 £1,000,000에 대하여 환위험상태에 있게 되는데, 이러한 환위험상태를 제거하고자 한다. 다음과 같은 상황을 가정한다.

현물환율 : $ 1.5640/£
90일 선물환율 : $ 1.5540/£ (forward discount per annum 2.5575%)
프레이저사의 90일 후 현물환율에 대한 예상치 : $ 1.56/£
영국의 90일 차입이자율 : 10.00%(분기당 2.5%)
영국의 90일 투자이자율 : 9.00%(분기당 2.25%)
미국의 90일 차입이자율 : 8.00%(분기당 2.0%)
미국의 90일 투자이자율 : 7.00%(분기당 1.75%)
6월 만기 put option(거래소) : 12,500 pounds; 행사가격 $ 1.55;
옵션 프리미엄 £당 2.5cents;
계약건당 수수료 $25
6월 만기 put option(장외시장) : 1,000,000 pounds; 행사가격 $1.55;
옵션 프리미엄 1.7%

1) 선물환시장 헷징

선물환시장(forward exchange market)을 이용한 헷징이란 환위험이 발생한 시점에서 미래의 일정시점(결제시점)에 대한 두 통화의 교환비율(선물환율)을 거래액과 함께 미리 결정해 두고 실제 외환의 인수·인도는 결제시점에서 이루어지도록 하는 선물환거래를 행하는 것을 말한다.

위의 예에서 미국의 프레이저사가 선물환시장 헷징을 이용할 경우 외상매출금에 대하여 90일 선물환율로 £매도계약을 체결하게 되면 결제가 이루어지는 3개월 후에 프레이저사는 환율변동 여하에 관계없이 £1,000,000를 은행에 지불하고 그 대가로 $1,554,000(=$1.5540/£×£1,000,000)를 확보할 수 있게 됨에 따라 안정된 $ 자금을 수취할 수 있게 된다.

선물환시장 헷징은 선물환계약의 체결과 함께 이 계약을 이행할 수 있는 자금의 공급원을 필요로 하게 되는데 위의 예에서처럼 선물환계약이 이행되는 데 있어서 필요한 자금이 확보되어 있는 경우를 covered, perfect, square 헷징이라 한다. 반면에 선물환계약을 체결하였지만 이행하는 데 필요한 자금이 확보되지 않았거나 앞으로도 확보할 계획이 없는 경우 이때는 계약이행시점에 가서 현물환시장에서 자금을 구입하여 계약을 이행하여야 하며 이러한 헷징을 open, uncovered 헷징이라 한다.

2) 금융시장 헷징

금융시장을 이용한 헷징이란 노출된 외화자산에 대해서는 외화부채를, 노출된 외화부채에 대해서는 외화자산을 발생시킴으로써 순노출 포지션을 영으로 만들어 환위험상태를 제거시키려는 방법이다.

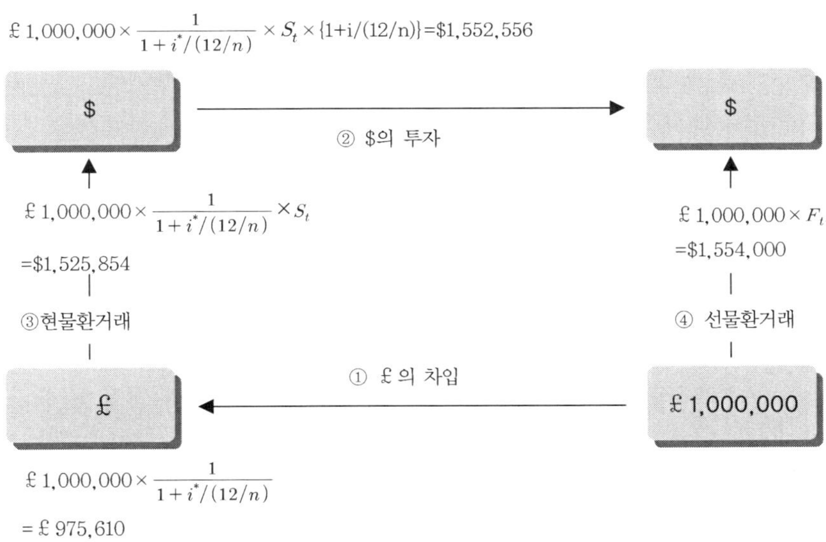

▶ 〈그림 16-2〉 선물환시장과 금융시장을 이용한 헷징의 비교

즉, 위의 예에서 볼 때 그림과 같이 미국의 프레이저사는 3개월 후 영국의 후커사로부터 받게 될 수출대금 £1,000,000를 가지고 상환한다는 계획하에 환위험이 발생한 시점에서 파운드화 금융시장에서 파운드화 자금을 3개월간 차입한다. 그러면 이때 차입하는 금액은 £1,000,000를 2.5%의 이자율로 할인한 금액인 £975,610가 된다. 이 금액을 현물환시장에서 달러화로 바꾸면 $1,525,854(=$1.5640/£×£975,610)가 될 것이고 다시 이 금액을 달러화 금융시장에서 투자하면 3개월 후에는 $1,552,556 (=$1,525,854×1.0175)를 확보하게 될 것이다.

이제 프레이저사는 3개월 후 영국의 후커사로부터 받게되는 수출대금 £1,000,000로 파운드화 금융시장에서 차입금에 대한 원리금을 상환함으로써 모든 거래는 청산된다.

<그림 16-2>에서 볼 수 있는 바와 같이 프레이저사가 현재시점으로부터 3개월 후 수출대금 £1,000,000를 수취하기로 되어 있으므로 프레이저사는 3개월 후 받게 되는 £화를 $화로 전환시켜 확실한 $ 금액을 확보하고자 한다고 볼 수 있다. 이러한 목적을 달성하기 위하여 그림에서 ①+②+③의 경로를 택하는 것이 금융시장을 이용한 헷징이라고 할 수 있으며 그러한 목적은 ④의 경로를 통한 직접적인 방법으로도 이루어질 수 있는데 이것이 앞에서 설명한 선물환시장을 이용한 헷징방법이다.

3) 옵션시장 헷징

통화옵션(currency option)이란 일정기간 내에(혹은 계약만기일에) 일정량의 통화를 일정가격으로 사거나 팔 수 있는 계약상의 권리를 의미한다. 옵션계약에는 옵션 매입자와 옵션 매도자가 있게 되는데 옵션 매입자는 프리미엄을 지급함으로써 만기일 이내에 언제라도 옵션을 행사할 수 있는 권리를 취득하게 되며 옵션 매도자는 프리미엄을 받는 대가로 계약기간 중 언제라도 옵션 매입자의 옵션행사에 응해야 하는 의무를 지게 된다.

통화옵션은 거래되는 장소에 따라 장내옵션(floor option)과 장외옵션(over-the-counter option)으로 구분되는데 미국의 Philadelphia Stock Exchange나 암스

테르담의 European Options Exchange와 같은 거래소에서 거래되는 표준화된 옵션을 장내옵션(floor option)이라고 하며 은행간 및 은행·고객간 시장 등 거래소 이외의 장소에서 거래되는 옵션을 장외옵션(over-the-counter option)이라 한다. 또한 옵션의 행사시기에 따라서 미국식 옵션과 유럽식 옵션으로 구분되는데, 옵션계약 만기일 이전에 옵션의 행사가 가능한 옵션을 미국식 옵션(American option)이라 하고 옵션계약 만기일에 한하여 옵션을 행사할 수 있는 옵션을 유럽식 옵션(European option)이라 한다.

통화옵션에 있어서 call 옵션이란 일정기간 이내에(또는 계약만기일에) 일정가격으로 일정량의 특정통화를 살 수 있는 권리를 뜻하며 put 옵션이란 팔 수 있는 권리를 뜻한다. 옵션을 산다는 것은 권리를 산다는 것이므로 매입한 권리를 행사할 것인지 아니할 것인지는 항상 행사가격과 행사하려는 시점에서의 현물환율간의 차이에 따라 결정된다.

즉, 옵션행사시의 현물환율이 행사가격보다 높으면 call 옵션 매입자는 옵션을 행사하여 현물환율보다 낮은 행사가격으로 특정통화를 확보할 수 있으므로 call 옵션을 매입하지 않았을 경우에 비해 보다 유리한 입장에 설 수 있게 된다. 한편 put 옵션 매입자는 이때 현물환율로 특정통화를 매도하는 것이 보다 유리해짐에 따라 옵션의 행사를 포기할 것이며 옵션행사의 포기에 대해서는 프리미엄만큼만 손해를 감수하면 된다.

이제 우리는 앞의 예에서 미국의 프레이저사가 환위험을 제거하기 위해 옵션을 이용하는 경우를 생각하기로 한다. 미국의 프레이저사는 파운드화 put 옵션을 매입함으로써 ￡1,000,000의 환위험을 제거할 수 있으며 ￡화가 평가절상할 경우에는 이익을 누릴 수도 있게 된다.

즉, 프레이저사는 ￡1,000,000의 환위험이 발생한 시점에서 3개월 만기 put 옵션을 매입하여 두었다가 3개월 후 현물환율이 행사가격보다 유리하면 현물환율로 ￡화 자금을 $화로 교환하고 반대로 행사가격이 현물환율보다 유리하면 put 옵션을 행사함으로써 일정한 수준의 $화 금액을 확보할 수 있게 된다.

프레이저사가 Philadelphia Stock Exchange에서 3개월 만기 put 옵션을 매입할 경우 그 비용은 다음과 같다.

옵션계약 1건당 프리미엄 = 파운드당 옵션프리미엄 × 옵션 1계약단위
= $0.025 × £12,500
= $312.50
옵션계약 1건당 수수료 = $25
옵션계약 1건당 총비용 = $337.50
필요한 옵션계약수 : £1,000,000/£12,500 = 80계약
옵션 80계약에 대한 총비용 : 80 × $337.50 = $27,000

한편 3개월 만기 파운드화 put 옵션을 은행으로부터 구입할 경우에는 '옵션비용=옵션거래규모×프리미엄×현물환율'이므로 $26,588(=£1,000,000×0.017×$1.5640)가 된다.

따라서 Philadelphia Stock Exchange를 이용하는 경우와 장외옵션을 이용하는 경우를 비교해 보면 우리는 프레이저사가 $412(=$27,000－$26,588)가 덜 드는 장외옵션을 이용하는 것이 더 유리하다는 것을 알 수 있다.

이제 결제가 이루어지는 3개월 후 시점을 생각해 보자. 미국의 90일 차입이자율은 연간 8%이므로 3개월 후 시점에서의 put 옵션비용은 $27,120($26,588×1.02)가 된다. 여기서 3개월 후의 현물환율이 행사가격인 $1.55/£보다 높다면 옵션을 행사하지 않고 현물환시장에서 £1,000,000를 $화로 바꿀 것이다. 가령 현물환율이 $1.56/£가 된다면 프레이저사는 현물환시장에서 £1,000,000를 $1,560,000로 바꾸어 여기에서 옵션비용을 차감하면 $1,532,880(=$1,560,000－$27,120)의 자금을 확보할 수 있다.

이러한 옵션시장 헷징의 특징은 환율이 유리한 방향으로 크게 변할 경우에는 높은 수준의 이익도 얻을 수 있는 기회가 존재한다는 것인데 put 옵션의 행사로 인해 최저 $1,522,880(=$1,550,000－$27,120)가 확보될 경우 이는 선물환시장 헷징이나 금융시장 헷징의 경우보다는 확보되는 $화 금액이 적지만 이들과는 달리 환율의 변화에 따라 금액의 상한선에 한계가 없다는 장점이 있으므로 투기적 성격도 갖고 있다고 볼 수 있다. 그러므로 옵션시장 헷징과 선물환시장 헷징 및 금융시장 헷징간의 상대적 선호도는 경영자의 위험회피도에 달려 있다고 할 수 있다.

4) 헷징전략의 비교

<그림 16-3>은 위의 예에서 미국의 프레이저사가 ￡1,000,000의 환위험에 대해 결제시점에서 확보되는 $화 금액을 확정시키기 위한 각 전략들을 요약한 것이다.

￡1,000,000의 환위험에 대해서 만약 프레이저사의 자금부서가 3개월 후의 예상현물환율을 선물환율($1.5540/￡)보다 높은 $1.56/￡나 또는 그 이상으로 예상하고 있고 이러한 자금부서의 환율예측능력을 경영진이 상당히 신뢰하고 있다면 프레이저사는 환노출을 헷징하기 위한 어떤 방법도 취하려 하지 않을 것이다. 그러나 이 경우 이익의 가능성과 똑같이 손실의 가능성도 존재한다는 것을 우리는 알고 있다.

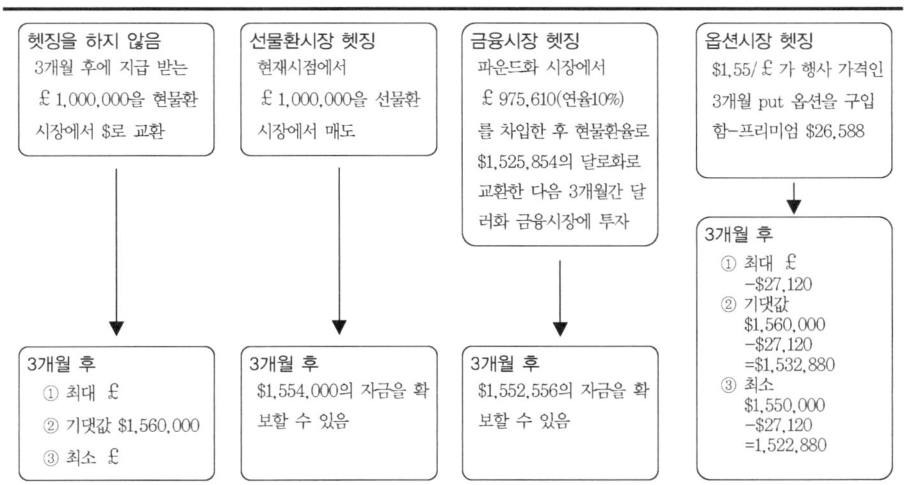

▶▶ 〈그림 16-3〉 헷징전략의 비교

위의 예에서 선물환시장을 이용한 헷징의 경우($1,554,000 확보)가 금융시장을 이용한 헷징의 경우($1,552,556 확보)에 비해 $1,444가 더 확보되므로 선물환시장을 이용하는 것이 더 유리할 것이다.

이제는 옵션시장 헷징과 기타 전략을 비교해 보기로 하자. 옵션시장 헷징은 put 옵션 매입에 따른 비용 $0.0271/￡(=$27,120/￡1,000,000)를 충당하여야 하므로 선물환율 $1.5540/￡보다 ￡가 더 절상되어 최소한 $1.5811 (=$1.5540+$0.0271)가 되거나 그 이상이 되어야 선물환시장을 이용하는 것보다는 옵션시장을 이용하는 것이 더 유리하게 될 것이다

만약 현물환율이 $1.55 이하가 되면 프레이저사는 put옵션을 행사할 것이므로 $1.55의 행사가격으로 ￡1,000,000를 매도할 것이다. 그러나 옵션의 매입비용 $0.0271/￡를 차감해야 하므로 ￡당 순수취액은 $1.5229가 된다. 만약 3개월 후의 현물환율이 $1.5229 이하가 된다면 옵션을 행사하는 것이 헤징을 하지 않은 경우보다 낮게 된다. 하지만 현물환율이 $1.5229 이상이 된다면 헤징을 하지 않은 경우가 보다 유리하게 된다.[3)]

5) 기타 대외적 환위험 관리기법

(1) 스왑헷징

스왑거래는 조달된 통화를 운용할 통화로 적절히 전환시킴으로써 환위험의 관리수단으로 이용될 수 있다. 이는 외환매매의 두 당사자가 현물환의 매매와 동시에 이에 대응하는 선물환의 반대거래를 행하는 것을 말한다. 그러나 최근의 세계 유수의 투자은행(investment bank)들이 개발한 스왑금융기법은 전통적 스왑거래와 달리 현물환 및 선물환시장을 통하지 않고 장기해외차입에 따르는 환위험, 금리변동위험 등의 관리를 위하여 형성되었다는 점에서 특징이 있다. 이러한 스왑거래기법은 크게 금리스왑(interest swap), 통화스왑(currency swap) 및 금리－통화스왑(interest-currency swap)으로 구분되고 있으나, 여기서는 환위험의 관리와 직접적인 관련이 있는 통화스왑(currency swap)에 대해 알아보도록 한다.

통화스왑은 기업의 대차대조표상에 기록되지 않는다는 점을 제외하고는 국제상호직접대출(back-to-back loan)과 매우 유사하다. 통화스왑은 자회사가 각각 상대국에 설치되어 있고 양국의 모회사 간에 대칭적 유동성구조를 갖는 경우에 환위험을 줄이면서 독자적인 자금조달에 부수되는 자본비용을 절

---

3) 강호상, 『국제기업재무론』, 법문사, 1995, pp.144~150.

감시키는 방안으로 서로 필요로 하는 통화자금을 현물환율로 적용하여 상호 매매하는 데서 거래가 시작된다. 그리고 약정기간이 지난 후 계약한 선물환율을 적용하여 역거래를 하는 방식이다. 통화스왑의 거래기간은 최소 10년까지 임의로 조정될 수 있다. 만약 자본비용이 특정 국가에서 상대국보다 더 높을 경우 이러한 이자율차이를 보상하기 위해 수수료가 지급된다.

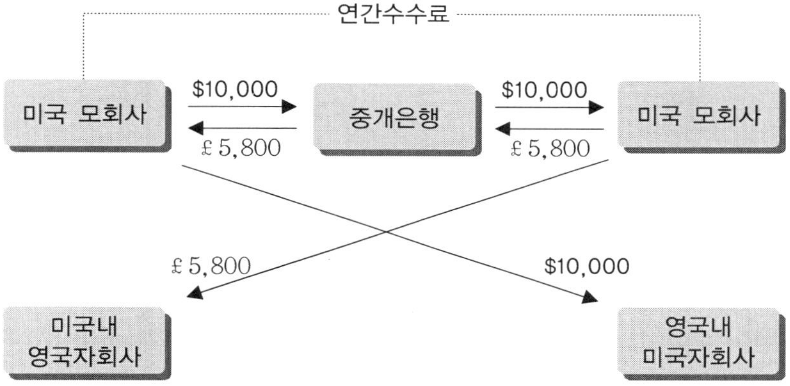

▶▶ 〈그림 16-4〉 통화스왑

일반적으로 통화스왑은 부채가 아닌 외환거래로 취급되며, 만기일에 반대 스왑거래를 해야 하는 의무, 즉 선물환계약으로 취급되어 대차대조표상에 계상되지 않고 주석에 기록되게 된다. 예를 들어 미국과 영국의 모회사는 현물환시장에서 £5,800와 U$10,000를 매입($1.72/£)하여 동시에 양 당사자간에 현재와 같은 환율로 10년 후에 본 거래와 반대되는 매매를 행할 것을 약정하는 선물환계약을 <그림 16-4>와 같이 체결한다.

미국의 모회사는 매년 영국의 모회사에 대하여 £화와 U$화의 이자율차이에 해당하는 만큼의 연간수수료를 송부한다. 10년 후 선물환계약의 만기에 자회사는 채무를 상환하고 그 상환된 금액으로 양국의 본사는 최초의 스왑시장의 환율대로 선물환거래를 이행한다. 통화스왑은 상호대출(parallel loan)에서 발전된 기법으로 상호대출이 독립된 두 개의 금융협정인 반면 스왑은 단일계약이라는 점에서 간편하다는 점을 제외하고는 목적이나 현금흐름, 권리, 의무 등의 측면에서는 상호대출과 비슷하다.[4)]

(2) 통화선물거래

통화선물 거래는 1972년 5월 미국의 CME(Chicago Mercantile Exchange)내의 IMM(International Monetary Market)을 효시로 거래가 개시되어진 금융선물거래(financial futures)의 일종으로 근년에 와서 높은 신장률을 보이고 있는 신종거래로서 선물환시장을 통한 거래와 동기, 목적, 환율결정권 등 기본 메커니즘을 같이 하고 있으나 구체적인 시장 운영면에서 <표 16-1>에서와 같이 많은 차이점을 가지고 있다.

▶▶ 〈표 16-1〉 통화선물시장 및 선물환시장 비교

구 분	통화선물 시장	선물환 시장
계약단위	표 준 화	개별적 요구에 따름
결 제 일	표 준 화	개별적 요구에 따름
시장 참가자	은행, 브로커, 다국적기업, 자격있는 개인투자가	은행, 브로커, 다국적 기업
보 증 금	소정의 증거금 납부	원칙적으로 없음
청산기능	중앙집중의 청산기관에 의하여 매일의 시가에 따라 청산	개별은행에 의하여 우발사항(contingency)으로 처리
거래장소	거래소 장내(floor)	店頭(주로 전화로 거래)
규제	Commodity Futures Trading Commission (CFTC) National Futures Association	자율규제
결제	거의 대부분의 포지션은 반대거래를 통하여 상쇄됨	거의 대부분의 계약은 당초약정대로 결제됨
거래비용	정액수수료 지급	수수료는 없으나 bid/offer 가격간의 스프레드가 있음

자료 : CME, Understanding Futures in Foreign Exchange.

4) 이필상 외 2인, 『국제재무관리』, 박영사, 2001, pp.120~121 재인용.

통화선물 거래는 <표 16-1>에서 보는 바와 같이 계약단위가 표준화되어 있으며 결제는 대부분 반대매매를 통하여 계약일 전에 상쇄된다는 점 등이 선물환시장 이용거래와 다르다.

(3) discounting & factoring

디스카운팅(discounting)이란 수출어음이 외국환어음(bill of exchange)에 의해 결제될 때 수출업자가 금융시장을 통해 할인 받음으로써 결제일 이전에 대금을 회수하는 것이다.

특히 장기수출어음할인(forfeiting)은 수혜자에 대한 구상권 없이(without recourse) 고정금리로 할인하는 것으로 자본재 수출이 증가되고 이에 따라 연불거래가 일반화되고 있는 우리나라 수출자의 입장에선 비교적 간편한 방법에 의하여 장기연불 수출자금을 즉시에 회수할 수 있기 때문에 환위험이나 이자율 위험을 부담하지 않을 뿐만 아니라 자금회수에 대한 책임을 지지 않는 금융방법이므로 그 유용성이 높다고 하겠다.

팩토링(factoring)이란 수출대금이 외국환어음에 의해서가 아니라 외상계정(open account)에 의해 결제될 때 사용되는 기법으로서, 수출업자는 팩터(factor)에게 수출에 따른 외상채권을 매출하고 자국통화를 받는다. 이때 비용에는 신용위험(credit risk), 금융비용(cost of financing) 그리고 환위험 커버의 비용이 포함된다. 따라서 환위험 관리기법으로서는 비용이 많이 드는 기법이다.

(4) 환변동보험전략

일반적으로 결제기간이 1년 미만인 단기수출입거래에 수반된 환위험은 선물환거래를 이용하여 쉽게 헷지할 수 있으나 중장기 수출거래에서는 환율예측의 불확실성이 증대됨으로써 단기선물환거래로는 환위험을 방지하기 어렵게 된다. 이 점을 제도적으로 뒷받침하기 위하여 만들어진 것이 환변동보험(foreign exchange fluctuation insurance)이다. 환변동보험은 환율의 변동에 의한 환차손을 보상하고 플랜트 수출과 같은 장기수출의 안정화를 꾀하는 보험을 의미한다.

이러한 환변동보험은 환차손준비금과 비교된다. 기업 외부적으로 환차손이 발생할 것이 우려되어 보험료를 부담하다가 일정한 비율이나 금액 이상의 환차손이 발생한 경우 이를 보전하기 위해 보험금을 청구하는 것이 환변동보험이다. 반면에 기업 내부적으로 환차손이 발생할 것을 우려하여 이익잉여금에 준비금을 설정하는 것이 환차손준비금이다. 따라서 두 경우 모두 사후적 관리전략이라는 동일한 성격을 가지며 다만 환변동보험은 외부적 성격을, 환차손준비금은 내부적 성격을 띤 것이라고 구분된다.

이러한 환변동보험은 수출보험제도의 일환이라고 볼 수 있다. 1970년대 초반 국제통화제도가 변동환율제도로 이행된 이후 독일, 프랑스, 벨기에, 스페인 등에서 결제기간이 통상 1년 이상인 중장기 플랜트수출의 환위험을 회피하기 위한 수단으로 환변동보험이 이용되어 왔다.

우리나라에서도 수출보험공사에서 환변동보험을 2000년 2월부터 시행하고 있다. 이는 수출대금지급기간이 1년 이상인 자본재를 수출할 때 계약시점과 대금결제시점 사이의 원화가치변동에 따른 손실을 보전해주는 수출보험상품이다. 보상범위는 달러화에 대한 원화가치가 보장환율보다 25% 이상 오르는 경우 24%의 환율변동분에 대해 손실을 보장받는다. 1% 이내의 환율변동에 따른 손실은 보상해 주지 않는다. 반대로 원화가치가 하락해 수출기업의 이익이 생기면 이익금은 수출보험공사에서 환수한다.

여기서 보장환율은 산업은행, 체이스맨하튼 등 5개 주요 금융기관이 제공하는 선물환율을 기초로 정해진다. 입찰단계에서는 일정한 보험료를 우선 내고 수출계약을 정식으로 체결하면 1% 이내의 보험료율을 적용받는다. 수출기업들은 환율변동이 클 것으로 예상된다면 이러한 환변동보험에 가입함으로써 환위험을 회피할 수 있을 것이다.[5]

---

5) 지호준, 『국제재무관리』, 경문사, 2000, pp.572~574.

CHAPTER 17

환위험의 측정

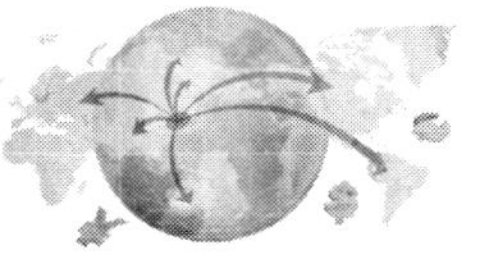

INTERNATIONAL FINANCIAL

1990년대 이후 들어 우리나라를 비롯하여 대부분의 주요국들이 변동환율제를 채택 운용하게 됨에 따라 국제거래관계를 행하는 민간인은 물론 기업들은 환위험에 직면하고 있다. 특히 2010년대에 와서는 세계 제8대 무역대국에서 보듯이 무역의존도가 높은 우리나라로서는 기업이 직면하는 환위험의 중요성이 매우 크며, 최근 들어 환율의 변화가 빠른 속도로 진행되고 있어 환위험의 관리문제는 더욱더 심각해질 전망이다.

환위험이란 장래의 환율변동으로 인한 외화표시 자산, 부채 및 손익흐름(income streams)의 자국통화 가치가 변화될 수 있는 위험을 뜻하는 것으로 오늘날과 같은 변동환율제도하에서는 어쩔 수 없는 일이다.

환위험의 종류는 외화표시 무역거래 및 자본거래와 관련하여 발생하는 거래적 환위험, 외화로 표시된 재무제표 항목들을 자국통화로 환산할 때 발생하는 환산(회계적) 환위험 그리고 미래의 매출액·가격·비용 등이 환율변동으로 인해 미래 자금흐름이 변화될 가능성을 말하는 경제적 환위험이 있다. 이 장에서는 환위험에 대한 기초적 이해를 위해 그 종류, 측정방법 등을 중심으로 살펴본다.

제1절 거래환위험의 노출

환위험은 흔히 환노출(foreign exchange exposure)이란 용어와 같이 사용되는데 이들 간에는 차이점이 있다. 즉 환위험은 환율이 변동함에 따라 외화로 표시된 자산, 부채, 손익 및 미래 현금흐름의 자국통화가치가 변하여 이득이나 손실이 발생할 수 있는 가능성을 의미한다. 그런데 환노출은 환율변동으로 인해 기업의 수익성이나 순현금흐름, 시장가치 등에 대하여 사전적으로 인식한 변화가능성 또는 변화된 금액을 나타낸다.

한편 이와는 달리 환위험과 환노출을 각각 환율의 변동으로 손실이나 이익을 볼 가능성과 환위험에 노출된 외화표시 자산과 부채의 양으로, 혹은 전자를 환율변동으로 인한 환차손위험으로, 후자를 환차손위험과 동시에 환차익의 발생가능성까지 포함한 중립개념으로 보는 견해도 있다. 여기서는 관례에 의해 양자를 구분하지 않고 환율변동으로 인해 기업가치가 변할 수 있는 가능성의 의미로 사용하기로 한다.[1)]

1. 거래환위험의 개념

거래환위험(transaction exchange risk)은 거래과정, 예컨대 상품의 수출이나 수입 또는 자금의 차입이나 대출을 할 때 계약시점과 결제시점에서 환율이 다름으로써 초래되는 환위험이다. 거래환위험은 외국통화로 실질적인 거래를 할 때 관련되는 것으로서 가장 일반적인 환위험이며, 뒤에서 살펴볼 환산위험이 해외영업 결과만을 평가하는 것과 구별된다.

즉, 거래환위험이란 외화로 표시된 거래의 결제(settlement)에 따르는 손실 가능성을 말한다. 가령 환율변동 이전에 발생한 계약의 의무를 환율변동 이후에 실행함으로써 실현되는 환위험이다.

1) 최해범, 『국제재무관리(개정판)』, 도서출판 대명, 2007, pp.267~288.

2. 수출입거래의 거래환위험 측정

거래에 따른 환위험이 발생하는 일반적인 예는 자국통화 이외의 통화표시에 의거하여 수출입거래를 하는 경우이다. 예컨대 수출입거래와 관련된 거래환위험에는 두 가지 종류가 있을 수 있다.

첫째는 최초 거래계약일로부터 수출면장 획득일까지의 거래환위험이다. 이는 회계적 관점에서는 노출되지 않아 장부에 기록되지 않는 거래환위험이며 이를 계약환위험이라고 부르기도 한다.

둘째는 회계적 장부에 나타나는 수출면장 획득일로부터 최종 수출대금 회수일까지의 거래환위험이라 할 수 있다. 따라서 본질적인 의미에서의 거래환위험은 최초 계약일로부터 최종 수출대금 회수일까지 발생하는 환위험이므로, 첫째와 둘째 모두를 포함한다고 할 수 있다.

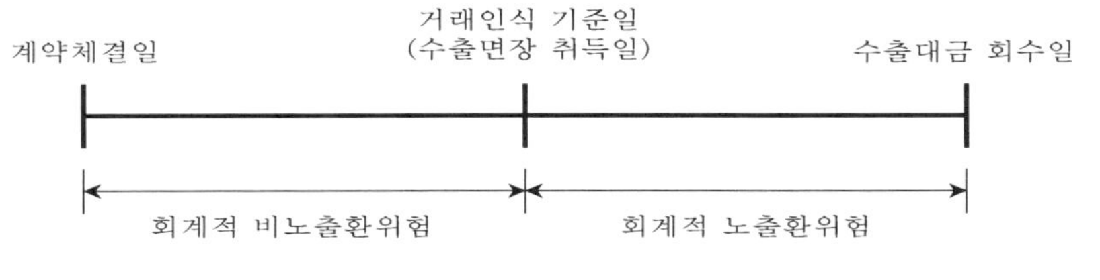

〈그림 17-1〉 기간에 따른 거래환위험

통상 우리나라의 수출업자로서는 원화가 평가절하되는 경우에는 환차익을 얻게 되고 평가절상이 되면 환차손이 발생하게 된다. 우리나라의 수입업자는 이와는 반대로 원화가 평가절하되면 환차손을 보게 되며 평가절상이 되면 환차익을 얻게 된다.

3. 외화자금거래의 거래환위험 측정

거래환위험은 본사와 지사간 혹은 은행과 기업간의 외화자금거래에서도 발생한다. 가령 기업이 자국통화 이외의 통화표시 형태로 투자재원 또는 운전자본을 조달하는 경우에 거래환위험이 발생하게 된다. 이때의 외화자금 거래환위험은 차입시기와 상환시기의 환율이 각기 다르기 때문에 발생하게 된다.

일반적으로 외화자금을 차입한 기업의 경우에 상환시점에서 차입통화의 환율이 예상외로 평가절상되었다면 차입기업에게는 절상폭만큼 자국통화표시 상환부담이 증가하게 된다. 다시 말해 환차손이 발생할 가능성이 커진다는 것이다. 반대로 평가절하되었다면 상환부담이 감소하게 되어 환차익이 발생할 수도 있다는 것이다.

한편 해외증권투자의 경우나 외화대출의 경우에도 그러한 종류의 환위험이 발생할 수 있다. 달러화 자금을 대출해 준 국내은행의 입장에서는 원화절상이 이루어지면 환차손이 발생하게 되고, 원화절하가 이루어지면 환차익이 초래된다.

특히 이 같은 외화자금거래의 거래환위험은 주로 기업들이 신규투자나 시설확충 등을 위하여 해외 금융기관 등으로부터 자금을 차입할 때 주로 발생한다. 국제화·개방화가 진전되고 상대적으로 자금조달비용이 싼 해외에서의 차입이 늘어나면서 우리나라의 기업들도 이러한 외화자금거래의 거래환위험에 직면하는 사례가 많아지고 있다.

4. 기업회계기준의 거래환위험

우리나라 기업회계기준 제55조에는 외화자산의 회수 또는 외화부채의 상환시에 발생하는 환차손익은 각각 외환차손과 외환차익으로 기재하도록 하고 있다. 그리고 제56조에 따르면 결산일에 화폐성 외화자산 또는 화폐성 외화부채를 환산하는 경우 환율의 변동으로 인하여 발생하는 환이익, 환손실은 각각 외화환산이익과 외화환산손실로 기재토록 돼 있다.

5. 거래환위험의 측정사례

여기서는 거래환위험의 측정사례를 수출입거래에서 발생하는 경우에 관해 설명하도록 한다. 앞에서 설명한 것처럼 회계적 관점에서 노출되지 않은 거래환위험과 회계장부에 나타나는 거래환위험을 합한 것이 총거래환위험의 크기라고 할 수 있다. 즉 수출입거래의 환위험이라면 계약일로부터 수출면장 취득일까지의 거래환위험과 수출면장 취득일로부터 수출대금 회수일까지의 거래환위험을 모두 고려해야 한다.

예를 들어 설명하면 수출입거래의 거래환위험은 다음과 같이 측정된다. ○○년 7월 1일 한국의 S사가 미국의 G사와 의류 100만 달러 어치를 ○○년 10월 1일에 수출선적하고 이를 3개월 연지급조건으로 계약을 체결한 경우를 가정해 보자. 이 계약에 따라 한국 S사로서는 계약체결일은 7월 1일이 되고 10월 1일이 거래인식 기준일, 즉 수출면장 취득일이 되며 그로부터 3개월이 지난 다음해 1월 1일에 비로소 수출대금의 회수가 가능하다.

하지만 7월 1일 계약 당시의 환율이 1,200/U$이라고 할 때 S사는 이번 수출거래로부터 12억 원의 수입이 있을 것으로 기대한다. 그런데 3개월 후인 거래인식 기준일의 환율이 1,100/U$, 수출대금 회수일인 다음해 1월 1일에는 1,000/U$으로 절상된 경우가 있다. 또한 이와 반대로 계약일 환율에 비해 수출면장 획득일인 10월 1일의 환율이 1,300/U$으로, 수출대금 회수일인 이듬해 1월 1일 환율이 1,400/U$으로 평가절하된 경우도 있는바, 각각의 거래환위험을 살펴본다.

첫째 경우, 즉 원화가 평가절상될 경우의 수출입거래의 거래환위험을 예로 들어 살펴보자. <그림 17-1>에서 대폭적인 원화절상의 사례를 살펴보면 원래 기대하던 기대금액은 12억 원이었으나 거래인식 기준일까지의 환율이 1,100/U$으로 변화하여 기대수익은 11억 원으로 감소하였다. 이에 따라 노출되지 않은 환위험이 1억 원 발생하였다. 그런데 최종 수출대금 회수일에 가서는 환율이 1,000/U$으로 변화하여 기대수익이 10억 원으로 감소되면서 회계장부에 기록되는 노출된 환위험이 1억 원 발생하였다. 따라서 총환위험은 노출되지 않은 환위험 1억 원과 노출된 환위험 1억 원을 합한 2억 원의 손실로 나타나게 되었다.

둘째, 원화가 평가절하된 예를 보면 원화가 평가절상된 경우와 반대가 되어 환이익이 발생할 것이다. 즉, 환율이 1,200/U$에서 거래인식 기준일에는 1,300/U$으로 그리고 최종 수출대금 회수일에 가서는 1,400/U$으로 원화가 평가절하된 경우에는 환위험의 발생으로 오히려 환차익으로 나타난다. 회계적으로 노출되지 않은 환위험의 경우 1억 원의 환차익이 발생하고, 회계적 관점에서 노출된 환위험에서도 1억 원의 환차익이 발생한다. 따라서 원화가 평가절하된 경우에서는 총환위험은 2억 원의 환차익으로 나타난다.

제2절 환산환 위험의 측정

1. 환산환위험의 개념

환산환위험(translation exchange risk) 또는 회계적 환위험(accounting exchange risk)이란 해외자회사의 재무제표를 모회사국의 통화로 모회사의 재무제표와 연결시킬 때 발생하는 환위험을 말한다. 해외 자회사의 재무제표가 모회사의 재무제표 작성통화인 보고통화로 작성되어 있으면 별문제가 없다. 하지만 이와 다른 통화로 작성되어 있다면 본사와 자회사 연결재무제표를 작성하기 위해서는 이를 모회사의 기준통화로 환산해야 한다. 이와 같이 기준통화로 환산할 때 환산손익이 발생할 수 있는데 이를 환산환위험이라 한다.

환산(translation)이란 외국통화로 표시된 금액을 그 기업의 기준통화 화폐단위로 통일하는 과정으로 볼 수 있다. 환산은 어느 통화를 다른 통화로 바꾸는 환전(exchange of money)과는 다르며 단지 화폐적 표현만을 달리할 뿐이다. 예컨대 달러로 표시되어 있는 재무제표의 각 계정들을 원화로 바꾸어 표시하는 것이 환산이다. 그러나 환전은 달러를 현재의 환율에 맞게 일정금액의 원화로 바꾸는 것이다.

한국의 모회사 K가 있고 미국의 자회사 A가 있을 때를 가정해 보자. 한국의 모회사 K의 회계처리는 당연히 원화로 이루어지지만 미국에 소재한 A사의 거래는 미 달러화로 이루어질 것이므로 회계처리도 미 달러화로 할 것이다. 모회사는 자회사의 이런 외화로 표시된 자산·부채를 결제 또는 평가하는 경우에 적절한 환율에 의거하여 모회사의 통화로 다시 가치를 측정해야 한다. 이때 환산환위험이 발생하게 된다.

우리나라는 1998년 주식회사의 외부감사에 관한 법률을 개정하여 모든 주식회사는 연결재무제표를 작성하여 외부감사를 받도록 하고 있다. 특히 기업집단에 대해서는 결합재무제표를 작성하여 외부감사를 받도록 의무화하였다. 그런 만큼 외화환산의 문제는 우리나라 기업들에게도 중요한 문제가 되고 있으며, 실제로 증권시장에서도 이 부분의 영향이 커지고 있다.

2. 환산환위험 측정시의 적용환율

환율의 변동의 효과를 반영하고자, 외화표시 재무제표를 자국통화로 환산할 때 적용환율에 따라 그 내용은 많이 다르다. 환산과 관련되는 환율은 다음과 같이 크게 세 가지로 나누어진다.

첫째로 현행환율(current rate)을 적용하는 것이다. 이는 재무제표일 현재의 환율로 결산일 환율이라고도 한다. 가령 연말기준으로 작성된 대차대조표에서 현행환율은 12월 31일 현재의 매매기준환율을 의미하고 5월 결산법인이면 5월 31일 현재의 환율을 말한다.

둘째로 적용될 수 있는 환산환율은 역사적 환율(historical rate)이다. 이는 외화로 표시된 자산 또는 자본을 처음 취득했거나 외화표시 부채가 처음 발생했던 시점의 환율을 의미한다. 때문에 하나의 재무제표에서도 항목에 따라 역사적 환율이 다를 뿐더러, 하나의 계정 속에서도 여러 개의 역사적 환율이 존재할 수 있다. 여러 개의 역사적 환율이 적용될 경우 각 환율별로 금액을 따로 계산하여 그 합계를 연결재무제표에 기재하면 된다.

셋째로는 평균환율(average rate)을 환산환율로 적용할 때도 있다. 이는 환산의 목적에 따라 현행환율 또는 역사적 환율을 기간별로 가중평균한 값을 적용하는 것으로, 주로 손익계산서 계정의 환산에 사용되는 환율이다. 일반적으로는 회계기간의 매월 말 또는 매일의 환율을 합산하여 단순평균한 값을 사용하고 있다.

각종 환율방법의 선택이 외화표시 재무제표의 환산에 어떠한 영향을 미치는지를 정확하게 이야기할 수 없으나, 일반적으로 환율의 변동에 의해 환산되는 외화표시 재무제표 항목의 값은 역사적 환율을 적용할 때는 별로 영향을 받지 않지만 현행환율을 적용할 때는 크게 영향을 받게 된다.

3. 환산환위험의 측정방법

환산환위험을 측정하는데 있어 가장 중요한 문제는 환율이 변화했을 때 자회사 대차대조표의 각 항목에 어떤 환율을 적용할 것인가 이며, 이것의 선택에 따른 환산방법에는 유동성－비유동성법, 화폐성－비화폐성법, 시제법, 현행환율법의 네 가지로 나누어진다.

유동성－비유동성법, 화폐성－비화폐성법 및 시제법은 역사적 환율과 현행환율을 모두 사용하는 복수환율방법이며, 현행환율법은 현행환율만 사용하는 단일환율방법이라고 할 수 있다. 문제는 네 가지 방법 가운데 어느 특정 방법이 절대적으로 우월한 방법이라고는 주장하기 어렵다. 뿐만 아니라 비록 같은 환산방법을 채택하더라도 실제의 운용에서는 차이점이 많이 나타난다.

1) 유동성－비유동성법(current/non-current method)

이 방법은 유동자산과 고정자산 그리고 유동부채와 고정부채로 구분하는 전통적 회계관습에 기초하고 있다. 즉 유동자산과 유동부채 등 유동항목(current items)은 현행환율로 평가하고, 만기 1년 이상의 고정자산과 고정부채 등 비유동항목(non-current items)은 역사적 환율을 적용하는 방법이다. 따라서 이 방법에 의하면 환산위험은 자회사의 유동자산과 유동부채의 차, 즉 순유동자산(net current assets) 또는 운전자산(working capital)으로 정의된다.

2) 화폐성－비화폐성법(monetary/non-monetary method)

화폐성－비화폐성법은 환위험 노출여부를 대차대조표 항목을 금융적(financial) 또는 실물적(physical) 특성에 따라 구분하는 것으로, 화폐성 항목은 현행환율로 환산하고, 비화폐성 항목은 역사적 환율로 환산하는 방법이다. 여기서 화폐성 항목이란 현금과 예금, 외상매출금, 받을 어음 및 시장성 있는 유가증권 등 일정통화로 표시된 일정액을 수취하거나 지급해야 할 계약상의 권리와 의무를 나타내고 있는 자산과 부채를 말한다. 반면에 재고자산이나 장비, 건물, 토지 등 즉시 현금화가 불가능한 실물고정자산은 비화폐성 자산에 속한다.

손익계산서를 작성할 때 비화폐성 항목에 관련된 수익, 비용은 역사적 환율을 적용한다. 즉, 감가상각비와 매출원가가 관련된 항목은 역사적 환율을 그대로 적용하고 나머지는 평균환율을 적용하는 방법인데 이는 유동성－비유동성법과 동일하다.

화폐성－비화폐성법이 유동성－비유동성법과 다른 점은 재고자산과 장기부채의 취급에 있다. 유동성－비유동성법에서는 재고자산을 유동성 자산으로 취급하여 현행환율로 환산하고 있다. 이에 반해 화폐성－비화폐성법에서는 재고자산을 비화폐성 자산으로 취급하여 역사적 환율을 적용한다. 또한 유동성－비유동성법에서는 장기부채를 비유동성 부채로 분류하여 역사적 환율로 환산하는 데 비하여, 화폐성－비화폐성법에서는 장기부채는 화폐성부채로 분류되므로 환위험에 노출된다.

오늘날 화폐성－비화폐성법은 대만, 필리핀, 스웨덴, 핀란드와 일부 남미국가에서 활용하고 있으며, 우리나라의 경우도 기업회계기준에서 원칙적으로 이 방법을 선택토록 하고 있다.

3) 시제법(temporal method)

시제법은 화폐성－비화폐성법과 유사하며, 속성유지법이라고도 한다. 시제법의 적용과정을 보면 역사적 환율로 산정되는 모든 항목은 당초에 기록될 때 적용된 환율로 환산하며, 현재기준으로 측정되는 항목은 대차대조표 작성기준일의 현재환율로 환산한다.

예컨대 현금, 매출채권, 매입채권 등 현재 또는 미래가격으로 측정되어 있는 자산, 부채항목은 현행환율을 그리고 역사적 가격으로 측정되어 있는 자산, 부채항목은 역사적 환율로 환산한다. 재고자산에 있어서는 당초의 재무제표에서 과거의 역사적 가격에 의해 평가되고 있으면 역사적 환율이, 현재 원가 또는 판매가격으로 평가되고 있으면 현행환율이 적용된다.

손익계산서를 작성할 때도 일반적인 항목들은 평균환율을 적용하되, 역사적 환율이 적용되는 대차대조표 항목에 관련되는 수익·비용에 대하여는 해당 역사적 환율을 적용한다.

시제법이 화폐성－비화폐성법에 의한 환산과 크게 다른 점은 재고자산의 처리에 있다. 시제법에서는 재고자산이 항상 역사적 환율에 의해 환산되는 데 비해, 화폐성－비화폐성법에서는 항상 그런 것만은 아니다. 즉, 재고자산이 매입가격이 아닌 시가로 산정된 경우에는 현행환율로 환산한다는 점에서 차이가 있다.

4) 현행환율법(all-current rate method)

이 방법에 따르면 대차대조표의 모든 항목이 환산일자의 현행환율로 환산하여 평가된다. 따라서 자회사의 자산과 부채가 모두 똑같이 환위험에 노출되며, 환산환위험은 단순히 자회사의 대차대조표상의 자본계정(net equity)과 같게 된다.

5) 우리나라의 환위험 환산제도

우리나라는 '기업회계기준' 제76조에서 외화자산 및 부채의 환산 규정에 따르면 화폐성 외화자산 및 화폐성 외화부채는 대차대조표일 현재의 적절한 환율로 환산하고, 비화폐성 외화자산 및 비화폐성 외화부채는 원칙적으로 해당 자산 또는 부채가 발생할 당시의 환율로 환산하도록 되어 있다.

그리고 화폐성 자산과 부채를 환산하여 발생한 손익을 외화환산 손익이라는 과목으로 당기손익으로 기록하도록 하고 있다. 이 경우에도 화폐성 자산 및 부채는 일정액의 화폐액으로 고정되어 있는 경우로 규정하면서 유가증권과 같이 화폐성, 비화폐성의 양면적인 성격을 갖고 있을 때는 보유목적 또는 성격에 따라 구분할 수 있도록 하였다.

해외지사나 사업소의 외화자산, 부채를 원화로 환산하는 경우에는 기업회계기준 제77조 화폐성-비화폐성법에 의하도록 하고 있다. 다만 외화표시 자산·부채 및 손익항목을 일괄하여 원화로 환산하는 경우에는 해당 자산·부채는 대차대조표 현재의 환율을, 손익항목은 평균환율을 적용할 수 있도록 하고 있다.

이처럼 우리나라 기업회계기준에서는 원칙적으로 화폐성-비화폐성법을 적용하도록 규정하고 있으며 다만 일괄하여 환산할 경우에는 현행환율법을 적용할 수 있도록 하고 있다.

4. 환산환위험의 측정사례

N-Korea사는 한국에서 전자제품을 생산, 판매하고 있는 미국의 N사의 자회사이다. N-Korea사의 2012년 12월 31일 현재 대차대조표는 <표 17-1>과 같다.

〈표 17-1〉 N-Korea사의 대차대조표

(2012년 12월 31일, 단위 : 1,000, 환율 : ₩1,000/U$)

자산 :		부채 및 자본금 :	
현 금	₩160,000	외상매입금	₩80,000
외상매출금	320,000	단기차입	160,000
재고자산	240,000	장기부채	160,000
고정자산	480,000	보통주	180,000
		유보이익	620,000
합 계	₩1,200,000	합 계	₩1,200,000

대차대조표의 자산과 부채항목 중에서 고정자산, 장기부채 그리고 보통주는 달러대 원화환율이 U$1/\900일 때 장부에 기입되었다. 2012년 12월 31일 현재 환율이 U$1/\1,000이다. 그런데 2013년에는 달러화가 10% 평가절상(원화의 평가절하)되어 환율이 U$1/\1,100으로 바뀔 것이 예상된다. 이와 같은

원화의 평가절하에 따라 N-Korea사가 직면하게 되는 환산위험을 각각의 방법에 따라 계산하여 보기로 한다.

1) 현행환율법

이 회사가 현행환율법을 사용한다면, 보통주 및 유보이익 항목만 제외하고 전 항목을 새로운 환율로 환산하여 모기업에 보고할 것이다. 이에 따라 각 항목에 대하여 달러환산을 하면 <표 17-2>와 같다.

▶ 〈표 17-2〉 현행환율법을 이용한 환산위험의 측정

(단위 : 1,000)

	원화평가절하 이전			원화평가절하 이후	
	₩금액	환율(₩/U$)	U$금액	환율(₩/U$)	U$금액
자산 :					
현　금	₩160,000	1,000	U$160	1,100	U$145
외상매출금	320,000	1,000	320	1,100	291
재고자산	240,000	1,000	240	1,100	218
고정자산	480,000	1,000	480	1,100	436
합　계	₩1,200,000		U$1,200		U$1,090
부채 및 자본금 :					
외상매입금	₩80,000	1,000	U$ 80	1,100	U$ 73
단기차입	160,000	1,000	160	1,100	145
장기부채	160,000	1,000	160	1,100	145
보통주	180,000	900	200	900	200
유보이익	620,000	–	1,000	–	1,000
누적환산위험	*		(400)		(473)
합　계	₩1,200,000		U$1,200		U$1,090

* 누적환산위험계정은 자회사의 원화로 표시된 대차대조표상에는 나타나지 않음.

<표 17-2>에서 보통주에 대한 환율은 역사적 환율인 U$1/\900이 그대로 적용되었고 유보이익은 발생할 때마다 그 때의 역사적 환율이 적용되므로 역사적 누적치 U$1,000,000가 그대로 기입된다. 그 외에 모든 항목들은 환율이 U$1/\1,000에서 U$1/\1,100으로 변한 새로운 환율이 적용되어 달러가치로 환

산된다. 현행환율법의 경우 환율의 변화로 발생하는 이익이나 손실은 유보이익의 증감으로 계상되지 않고 누적환산위험(cumu lative translation risk)계정을 별도로 관리하여 그 변화를 따로 볼 수 있다.

<표 17-2>에서 누적환산위험 U$473,000은 자산의 합계와 부채의 합계가 동일해야 하는 회계방정식에서 계산된다. 이와 같은 누적환산위험 U$473,000은 원화의 평가절하 이전의 U$400,000에 비해 손실이 U$73,000만큼 증가되었음을 뜻한다. 따라서 달러화의 10% 평가절상으로 인한 N-Korea사의 환산위험은 손실 U$73,000가 된다. 이 손실 U$73,000의 내용은 <표 17-3>과 같이 설명될 수 있다.

〈표 17-3〉 환산위험의 평가(현행환율법)

(단위 : 1,000)

손실(자산가치의 하락) :		
현금	U$ 15	(U$160−145)
외상매출금	29	(U$320−291)
재고자산	22	(U$240−218)
고정자산	44	(U$480−436)
합계	U$110	
이득(부채가치의 하락) :		
외상매입금	U$ 7	(U$ 80− 73)
단기차입	15	(U$160−145)
장기부채	15	(U$160−145)
합계	U$37	
환산위험 : 이득의 합계 − 손실의 합계 = −U$73		

즉 원화의 평가절하로 인하여 자산 및 부채가치가 모두 줄어들게 되는데, 자산의 달러가치가 줄어든다는 것은 모기업 입장에서 그만큼 손실을 본 것이며 부채의 달러가치가 줄어든다는 것은 그만큼 이득이 되는 것이다. 따라서 N-Korea사의 경우 자산가치의 하락과 부채가치의 하락을 비교하여 자산가치의 하락이 U$73,000만큼 크므로 결국 환산노출은 손실 U$73,000가 된다.

2) 화폐성-비화폐성법

<표 17-4>는 <표 17-1>의 사례에 화폐성-비화폐성법을 적용하여 환위험을 측정한 것이다. 보통주는 역사적 환율인 U$1/\900이 그대로 적용되었고, 재고자산 역시 역사적 환율인 U$1/\1,000이 적용되었다.

▶▶ 〈표 17-4〉 환산위험의 계산(화폐성-비화폐성법)

(단위 : 1,000)

	원화평가절하 이전			원화평가절하 이후	
	₩금액	환율(₩/U$)	U$금액	환율(₩/U$)	U$금액
자산 :					
현 금	₩160,000	1,000	U$160	1,100	U$145
외상매출금	320,000	1,000	320	1,100	291
재고자산	240,000	1,000	240	1,100	240
고정자산	480,000	900	533	900	533
합 계	₩1,200,000		U$1,253		U$1,209
부채 및 자본금 :					
외상매입금	₩80,000	1,000	U$ 80	1,100	U$ 73
단기차입	160,000	1,000	160	1,100	145
장기부채	160,000	1,000	160	1,100	145
보 통 주	180,000	900	200	900	200
유보이익	620,000	–	653	–	646
합 계	₩1,200,000		U$1,253		U$1,209

▶▶ 〈표 17-5〉 환산위험의 평가(화폐성-비화폐성법)

(단위 : 1,000)

손실(자산가치의 하락) :		
현 금	U$15	(U$160-145)
외 상 매 출 금	29	(U$320-291)
합 계	U$44	
이득(부채가치의 하락) :		
외 상 매 입 금	U$ 7	(U$ 80- 73)
단 기 차 입	15	(U$160-145)
장 기 부 채	15	(U$160-145)
합 계	U$37	
환산위험 : 이득의 합계 - 손실의 합계 = -U$7		

그리고 원화평가절하 이전의 유보이익에는 그 때까지 달러표시 누적차인 U$653,000가 나타나 있다. 그 외의 항목들은 환율 U$1/\1,000에서 U$1/\1,100으로 새로운 환율이 적용되어 있다. 한편 화폐성－비화폐성법의 경우 환율의 변화로 발생하는 이익이나 손해는 유보이익에 그대로 반영된다. 원화평가절하 이후의 유보이익 U$646,000는 자산의 합계와 부채 및 자기자본의 합계가 동일해야 하는 회계방정식에서 계산된다. 여기서 유보이익이 U$653,000에서 U$646,000로 감소한 것은 환율변화로 인하여 손실이 U$7,000만큼 발생했다는 것이 된다. 따라서 원화 10% 평가절하로 인한 N-Korea기업의 환산위험은 손실 U$7,000가 된다. 이 손실 U$7,000의 내역은 <표 17-5>에서와 같이 설명될 수 있다. 즉 자산가치의 하락으로 인한 손실은 U$44,000이며 부채가치의 하락으로 인한 이득은 U$37,000이므로 환산손실은 손실 U$7,000가 되는 것이다.

여기서 화폐성－비화폐성법으로 계산된 환산손실 U$7,000가 현행환율법에서 계산된 환산손실 U$73,000보다 적음을 알 수 있다. 이것은 현행환율법에서 노출된 일부 자산이 화폐성－비화폐성법에서는 노출되지 않기 때문이다. 이것은 매우 중요한 관리적 의미를 지닌다. 왜냐하면 경영진은 자국통화의 평가절하 예상시 노출된 자산을 줄이거나, 노출된 부채를 증가시킴으로써 환산손실을 감소시킬 수 있기 때문이다.

3) 유동성－비유동성법(current－noncurrent method)

이제 유동성－비유동성법을 사용해 N-Korea사의 환산환위험을 측정해 보자. 유동성－비유동성법에서는 유동자산과 유동부채는 현행환율로 환산하고, 고정자산 및 고정부채와 같은 비유동항목은 역사적 환율로 환산한다.

<표 17-6>에서 유동자산인 현금, 외상매출금, 재고자산과 유동부채인 외상매입금, 단기차입금 등은 U$1/\1,100의 현행환율이 적용되며, 고정자산과 장기부채, 보통주 등의 비유동항목은 U$1/\900의 역사적 환율이 그대로 적용된다. 원화평가절하 이전의 유보이익은 그 때까지의 달러표시 누적치인 U$635,000이다. 유동성－비유동성법의 경우 화폐성－비화폐성법과 같이 환율의 변화로 발생하는 이익이나 손해는 유보이익에 그대로 반영된다.

▶ 〈표 17-6〉 환산위험의 계산(유동성-비유동성법)

(단위 : 1,000)

	원화평가절하 이전			원화평가절하 이후	
	₩금액	환율(₩/U$)	U$금액	환율(₩/U$)	U$금액
자산 :					
현 금	₩160,000	1,000	U$160	1,100	U$145
외상매출금	320,000	1,000	320	1,100	291
재고자산	240,000	1,000	240	1,100	218
고정자산	480,000	900	533	900	533
합 계	₩1,200,000		U$1,253		U$1,187
부채 및 자본금 :					
외상매입금	₩80,000	1,000	U$ 80	1,100	U$ 73
단기차입	160,000	1,000	160	1,100	145
장기부채	160,000	1,000	178	1,100	178
보 통 주	180,000	900	200	900	200
유보이익	620,000	–	635	–	591
합 계	₩1,200,000		U$1,253		U$1,187

<표 17-6>에서 원화평가절하 이후의 유보이익 U$591,000는 자산의 합계와 부채 및 자기자본의 합계가 동일해야 하는 회계방정식에서 계산한 것이다. 이를 바탕으로 환산위험을 계산해 보자.

여기서 유보이익이 U$635,000에서 U$591,000로 감소한 것은 환율변화로 인하여 손실이 U$44,000가 발생했다는 것이다. 따라서 이것이 유동성-비유동성법에 의한 N-Korea사의 환산위험이 된다. 이 환산위험 U$44,000의 내역은 <표 17-7>에서와 같이 설명할 수 있다. 즉 자산가치의 하락으로 인한 손실은 U$66,000가 되고 부채가치의 하락으로 인한 이득은 U$22,000이므로 환산위험은 손실 U$44,000가 되는 것이다.[2)]

2) 이필상 외 2인, 『국제재무관리』, 박영사, 2001, pp.76~81.

▶▶ 〈표 17-7〉 환산위험의 평가(유동성-비유동성법)

(단위 : 1,000)

손실(자산가치의 하락) :		
현 금	U$15	(U$160-145)
외 상 매 출 금	29	(U$320-291)
재 고 자 산	22	(U$240-218)
합 계	U$66	
이득(부채가치의 하락) :		
외 상 매 입 금	U$ 7	(U$ 80- 73)
단 기 차 입	15	(U$160-145)
합 계	U$22	
환산위험 : 이득의 합계 - 손실의 합계 = -U$44		

제3절 경제적 환위험의 측정

1. 경제적 환위험의 개념

경제적 환위험은 환율변화가 비교적 장기간에 걸쳐 기업의 수익성에 어떤 영향을 미치는가를 측정하는 것으로, 장래에 실현될 환위험의 현재적 평가이다. 경제적 환위험은 환율변동이 기업이 생산하는 제품의 판매량과 판매가격 그리고 제비용에 영향을 미침으로써 장래에 현금의 흐름을 변화시키기 때문에 발생한다. 다시 말하면, 순현재가치로 평가되는 기업의 가치(value of the firm)가 변화할 가능성을 말한다. 따라서 거래환위험이 환율변동의 단기적 영향을 측정하는 데 대하여 경제적 환위험은 환율변동의 장기적 효과를 측정하는 것이라고 말할 수 있다.[3)]

즉 일반적으로 어떤 자산(asset)의 가치는 그 자산으로부터 얻게 되는 장래

3) 이효구, 『새외환론』, 박영사, 1994, pp.369~378.

의 현금흐름을 순현재가치로 할인함으로써 구할 수 있다. 이것이 소위 순현재가치(NPV: net present value)방법이다. 그러나 해외자산의 가치를 측정할 때에는 현금의 흐름의 NPV를 일정한 환율을 적용하여 모회사국 통화로 환산하지 않으면 안 된다. 따라서 해외자회사의 NPV는 다음과 같이 정의할 수 있다.

$$NPV_0 = \sum_{t=0}^{n} \frac{(CIF_t - COF_t)ER_t}{(1+d)^t} \quad \cdots\cdots (17.1)$$

단, NPV : 순현재가치(모회사국 통화)
CIF : 현금의 유입(자회사국 통화)
COF : 현금의 유출(자회사국 통화)
ER : 환율
d : 할인율
t : 기간
n : 현금유입이 기대되는 마지막 기간

환율변화가 자회사의 장기적인 영업실적에 영향을 미치는 것은 분명히 이와 같이 정의된 경제적 환위험이다. 따라서 환위험의 경제적 가치는 환율변화로 인해 모회사국 통화로 표시된 자회사의 현금의 흐름의 순현재가치(NPV)가 불리하게 영향을 받을 가능성으로 이해되어야만 할 것이다.

환율변화로 인한 경제적 영향은 경제이론에서 보는 기본적인 가격효과와 수량효과로 구분할 수 있다. 환율변화는 1차적으로 자회사의 현금흐름을 모회사국 통화로 환산시키는 가격, 즉 ER을 변화시키는 직접적인 효과뿐만 아니라, 현금흐름의 량(CIF－COF)과 그리고 그 시간(t)에 영향을 미친다. 따라서 환위험의 경제적 분석은 환율변화가 자회사의 현금의 유입(판매수입=판매량×판매단가)과 현금의 유출(제조원가와 경영비용 그리고 금융비용)에 미치는 영향을 모두 포함시켜야만 한다.

2. 경제적 환위험의 측정방법

경제적 환위험을 측정함에 있어서 제기되는 문제는 그 정확도이다. 환위험은 환산환위험이나 거래환위험보다 그 내용과 규모가 실제로 훨씬 큼에도 불구하고 회계장부에서 바로 측정될 수 없으며, 더구나 정확도가 떨어지므로 주관적인 해석이 나오는 경우가 적지 않다.

따라서 예상환율변동과 실제환율변동과의 차이에 따라서 요소들에 대한 영향이 다르겠지만 여기에서는 예상환율변동과 실제환율변동이 같다고 본다. 즉, 예상환율변동이나 실제환율변동이 일정하다는 가정을 하고 각 경제적 요소들에 미치는 영향을 측정하게 된다. 일반적으로 경제적 환위험을 측정하는 방법에는 bottom-up 측정법과 top-down 측정법이 있다.[4)]

1) bottom-up 측정법

경제적 환위험을 측정하는 방법 중에 bottom-up 측정법이 있다. 이는 해당 기업과 그 경쟁자들 사이에 생산원재료를 구매하고 그 제품을 판매하는 시장의 구조와 판매제품 구성, 원재료 구매 및 기술의 변경 가능성 정도를 측정함으로써 해당 기업의 경제적 환위험을 측정하는 방법이다.

예컨대 다음과 같은 세부적 질문을 통해 그 기업이 보유한 경쟁력을 파악함으로써 환율이 변동될 경우 기업을 유지할 수 있는 한계치가 어디인지를 측정하는 것이다. 예를 들면 각종 시장에서 누가 실질적이고 잠재적인 경쟁자인가, 누가 낮은 비용의 생산자인가, 누가 가격의 선도자인가, 과거 실질환율이 과대·과소평가되었을 때 수익에 어떤 일이 생겼었는가, 그 기업이 과소평가 통화국으로 생산을 이전할 수 있는 융통성은 어떠한가 등을 통해서 경쟁력을 측정하여 보는 것이다. 이와 같이 경쟁력이 측정되면 예상과 다른 환율변동이 그 기업에 미치는 효과를 각 요소별로 측정하게 된다.

특히 이 방법은 이론상으로 뿐만 아니라, 구체적으로 환위험의 영향을 측정할 수 있다는 장점이 있다. 문제는 주관적인 경쟁력 분석을 토대로 할 뿐

---

4) 지호준, 『국제재무관리』, 경문사, 1998, pp.417~423.

만 아니라 환율변동으로 인한 영향과 그 영향에 대한 요소 모두를 찾아내어 각 요소별 경제적 환위험을 측정한다는 것은 그리 쉬운 일이 아니다.

2) top-down 측정법

경제적 환위험을 측정하는 또 다른 방법은 top-down 측정법이다. 이 측정법은 그 해당 기업이 과거에 보인 경험적 수익성(historical profitability)으로 경제적 환위험을 측정하는 방법이다. 간단한 방법이며, 일반적으로 많이 사용되고 있다.

bottom-up 측정법이 시간과 비용이 많이 소비되는데 비해, top-down 측정법은 신속하게 측정할 수 있는 특징이 있다. 특히 해당 기업의 경제적 환위험이 국내시장에서의 수입경쟁력(import competition)과 관련될 때 더욱 유용하다.

이 방법은 비교기간 동안은 해당 기업의 경쟁적 지위가 불변이며 총체적 기준에서 보아 측정 중에 있는 해당 기업에 큰 구조적 변화가 없었다는 가정하에서 출발한다. 실질환율변동 기준으로 예상되는 수익성의 변동과 과거의 경험적 수익성과를 분석적으로 비교하여 측정하는 방법이다. top-down 측정법은 그 기업이 환위험에 노출되어 있는 수익과 비용부문을 모두 확인시켜 주는 기능도 하게 된다.

구체적으로는 환율의 예상하지 못한 변동이 있을 경우에 미래 현금흐름에 영향을 미치는 상황을 가상하여 설정한다. 예를 들면 예상치 못한 환율변동이 있다 하더라도 그 기업이 내부적으로 충분히 소화할 수 있는 경우를 가정할 수 있다. 이 경우에는 수익과 비용에 아무런 영향을 미치지 못하게 된다.

반면에 환율변동의 영향을 자체적으로 소화할 수 없어 부득이 환율변동폭의 절반만큼 반영하여 판매가격이 상승하게 되면서 원가도 상승하는 경우를 가정할 수 있다. 이 경우에는 환율변동으로 영업수익과 비용에 차이를 보이게 된다. 이외에도 환율변동으로 인해 원가상승 압력이 있지만 판매량으로 수익을 조절하는 경우도 가정해 볼 수 있다.

이와 같이 각각의 가상상황을 설정하고 상황별로 그 기업이 처하게 될 영업환위험, 즉 실질현금흐름상의 차이를 측정하는 것이 top-down 측정법이다.

3. 경제적 환위험의 측정사례

C기업은 프랑스의 전자제품을 생산, 판매하는 미국회사로 제품의 반은 프랑스에 팔고 반은 수출하고 있다. 이 회사의 2012년 대차대조표는 다음과 같다.

▶▶ 〈표 17-8〉 C기업의 대차대조표

(2012년 12월 31일)

자산 :		부채 및 자본금 :	
현 금	FFr 1,600,000	외상매입금	FFr800,000
외상매출금	3,200,000	단 기 차 입	1,600,000
재 고 자 산	2,400,000	장 기 부 채	1,600,000
고 정 자 산	4,800,000	보 통 주	1,800,000
		유 보 이 익	6,200,000
합 계	FFr12,000,000	합 계	₩12,000,000

2012년 12월 31일 환율은 FFr6.4/U$이고 앞으로 20% 평가절하될 것으로 예상하고 있다. 모든 매출은 FFr로 표시하고 외상매출금은 연간 매출액의 1/4에 달한다. 재고자산 역시 연간 매출액의 1/4에 달하며 이는 매출단가의 75%에 해당하는 직접제조원가로 장부상에 기입된다. 감가상각비는 매년 FFr240,000이고 법인세는 50%이며 향후 결정시계는 5년, 세후자본비용은 20%이다. 이 기업의 추정손익 및 향후 현금흐름은 다음과 같다고 한다.

▶▶ 〈표 17-9〉 C기업의 추정손익 및 현금흐름계산서

매출액(1,000,000단위@ FFr12.8)	FFr 12,800,000
제조원가(1,000,000단위@ FFr9.6)	9,600,000
일반관리비(고정비)	1,200,000
감가상각비	240,000
법인세공제 전 이익	FFr 1,760,000
법인세(50%)	880,000
법인세공제 후 이익	880,000
감가상각 가산	240,000
추정현금흐름(projected cash flow)	FFr 1,120,000
달러환산현금흐름(환율 FFr6.40/U$1)	U$ 175,000

이때 다른 조건은 모두 동일하고 FFr의 환율이 20% 평가절하되고 수출가격이 25% 상승하였을 때 경제적 위험을 계산하여 보자. 먼저 상황의 변화로 인한 추정손익 및 향후 현금흐름을 구하면 다음과 같다.

〈표 17-10〉 C기업의 추정손익 및 현금흐름계산서

국내판매(500,000단위@ FFr12.8)	FFr 6,400,000
수출판매(500,000단위@ FFr16)	8,000,000
총매출액(1,000,000단위)	14,400,000
제조원가(1,000,000단위 @ FFr9.6)	9,600,000
일반관리비(고정비)	1,200,000
감가상각비	240,000
법인세공제 전 이익	FFr 3,360,000
법인세(50%)	1,680,000
법인세공제 후 이익	1,680,000
감가상각 가산	240,000
추정현금흐름(projected cash flow)	FFr 1,920,000
달러환산현금흐름(환율 FFr6.40/U$1)	U$ 240,000

또 추가적으로 필요한 운전자금의 양은 다음과 같이 구할 수 있다.

〈표 17-11〉 추가적으로 필요한 운전자금

외상매출금의 증가	FFr400,000(증분매출액의 1/4)
재고액수준	불변
달러환산액	U$50,000

여기서 C기업의 결정시계가 5년이므로 5년간의 NPV를 구하면 아래와 같이 U$172,817가 된다.

▶ 〈표 17-12〉 C기업의 향후 5년간 NPV

연도	환율변동 후(A)	환율변동 전(B)	증가(A-B)
1	U$240,000-50,000	U$175,000	U$15,000
2	U$240,000	U$175,000	U$65,000
3	U$240,000	U$175,000	U$65,000
4	U$240,000	U$175,000	U$65,000
5	U$240,000+50,000	U$175,000	U$115,000
		NPV(20%)	U$172,817

즉, C기업은 5년간 투자에 있어 환율변화와 수출가격변동으로 U$172,817의 이익을 보게 된다.5)

5) 이필상, 『국제재무관리』, 박영사, 2001, pp.109~111.

찾아보기

ㅈ

저 자 약 력

❖ 최해범(崔海範)

부산대학교 경제학과 졸업
부산대학교 대학원 경제학과 졸업(경제학석사)
부산대학교 대학원 경제학과 졸업(경제학박사)
제23회 행정고시 합격(1979)
재무부, 관세청(1980~1987.2)
경남신문 논설위원
창원대학교 경상대학장 겸 경영대학원장 역임
창원대학교 교무처장 역임(총장 직무대행)
경남도립대학 총장 역임
창원대학교 총장 역임
(사)한국관세학회장 역임
경남지방노동위원회 공익조정위원
창원시 인사위원
현) 창원대학교 국제무역학과 교수

〈주요 저서 및 논문〉
경제학원론(박영사, 공저)
무역학원론(일신사)
최신국제통상론(대학문화, 공저)
한국 관세체제의 산업보호효과
국제수지의 화폐론적 접근법
한국의 여신변화와 국제수지 및 환율과의 상호관계 분석
산업기지개발의 지역파급효과 측정
외환선물거래의 헷징효과에 관한 분석
1990년대 이후 한국무역의 구조분석
Exchange Rate Trends, Portfolio Balance, and Relative Prices 외 다수

글로벌시대의 국제금융론 : 개정3판

초　판 1쇄 발행 —— 2009년 3월 7일
개 정 판 1쇄 발행 —— 2013년 2월 28일
개정2판 1쇄 발행 —— 2013년 8월 30일
개정3판 1쇄 발행 —— 2021년 8월 28일
지은이 —— 최 해 범
펴낸이 —— 전 두 표
펴낸곳 —— 도서출판 두남
서울시 강동구 성내로6길 34-16 두남빌딩
신 고 : 제25100-1988-9호
TEL : 02) 478-2065, 2066, 2067, 2311
FAX : 02) 478-2068
E-mail : dunam1@unitel.co.kr
http://www.dunam.co.kr

정가 24,000원

ISBN 978-89-6414-910-2 93320